三聯人文書系

陳平原 主編

儒教的聖域

黃進興 著

JPC HK

三聯人文書系
主　　編　陳平原

責任編輯　李　斌
書籍設計　鍾文君

書　　名　儒教的聖域
著　　者　黃進興
出　　版　三聯書店（香港）有限公司
香港北角英皇道四九九號北角工業大廈二十樓
Joint Publishing （H.K.） Co., Ltd.
20/F, North Point Industrial Building,
499 King's Road, North point, Hong Kong
香港發行　香港聯合書刊物流有限公司
香港新界大埔汀麗路三十六號三字樓
印　　刷　中華商務彩色印刷有限公司
香港新界大埔汀麗路三十六號十四字樓
版　　次　二〇一五年十二月香港第一版第一次印刷
規　　格　大三十二開（141 × 210 mm）三二八面
國際書號　ISBN 978-962-04-3844-8

總序

陳平原

老北大有門課程，專教「學術文」。在設計者心目中，同屬文章，可以是天馬行空的「文藝文」，也可以是步步為營的「學術文」，各有其規矩，也各有其韻味。所有的「滿腹經綸」，一旦落在紙上，就可能或已經是「另一種文章」了。記得章學誠說過：「夫史所載者，事也；事必藉文而傳，故良史莫不工文。」我略加發揮：不僅「良史」，所有治人文學的，大概都應該工於文。

我想像中的人文學，必須是學問中有「人」——喜怒哀樂，感慨情懷，以及特定時刻的個人心境等，都制約着我們對課題的選擇以及研究的推進；另外，學問中還要有「文」——起碼是努力超越世人所理解的「學問」與「文章」之間的巨大鴻溝。胡適曾提及清人崔述讀書從韓柳文入手，最後成為一代學者；而歷史學家錢穆，早年也花了很大功夫學習韓愈文章。有此「童子功」的學者，對歷史資料的解讀會別有會心，更不要說對自己文章的刻意經營了。當然，學問千差萬別，文章更是無一定之規，今人著述，盡可別立新宗，不見得非追韓摹柳不可。

錢穆曾提醒學生余英時：「鄙意論學文字極宜著意修飾。」我相信，此乃老一輩學者的共同追求。不僅思慮「說什麼」，還在斟酌「怎麼說」，故其著書立說，「學問」之外，還有「文章」。當然，這裏所說的「文章」，並非滿紙「落霞秋水」，而是追求佈局合理、筆墨簡潔，論證嚴密；行有餘力，方才不動聲色地來點「高難度動作表演」。

與當今中國學界之極力推崇「專著」不同，我欣賞精彩的單篇論文；就連自家買書，也都更看好篇幅不大的專題文集，而不是疊床架屋的高頭講章。前年撰一《懷念「小書」》的短文，提及「現在的學術書，之所以越寫越厚，有的是專業論述的需要，但很大一部分是因為缺乏必要的剪裁，以眾多陳陳相因的史料或套語來充數」。外行人以為，書寫得那麼厚，必定是下了很大功夫。其實，有時並非功夫深，而是不夠自信，不敢單刀赴會，什麼都來一點，以示全面；如此不分青紅皂白，眉毛鬍子一把抓，才把書弄得那麼臃腫。只是風氣已然形成，身為專家學者，沒有四五十萬字，似乎不好意思出手了。

類似的抱怨，我在好多場合及文章中提及，也招來一些掌聲或譏諷。那天港島聚會，跟香港三聯書店總編輯陳翠玲偶然談起，沒想到她當場拍板，要求我「坐而言，起而行」，替他們主編一套「小而可貴」的叢書。為何對方反應如此神速？原來香港三聯書店向有出版大師、名家「小作」的傳統，他們現正想為書店創立六十週年再籌劃一套此類叢書，而我竟自己撞到槍口上來了。

記得周作人的《中國新文學的源流》一九三二年出版，也就五萬字左右，錢鍾書對周書有所批評，但還是承認：「這是一本小而可貴的書，正如一切的好書一樣，它不僅給讀者以有系統的事實，而且能引起讀者許多反想。」稱周書「有系統」，實在有點勉強；但要說引起「許多反想」，那倒是真的——時至今日，此書還在被人閱讀、批評、引證。像這樣「小而可貴」、「能引起讀者許多反想」的書，現在越來越少。既然如此，何不嘗試一下？

早年醉心散文，後以民間文學研究著稱的鍾敬文，晚年有一妙語：「我從十二三歲起就亂寫文章，今年快百歲了，寫了一輩子，到現在你問我有幾篇可以算作論文，我看也就是有三五篇，可能就三篇吧。」如此自嘲，是在提醒那些在「量化指標」驅趕下拚命趕工的現代學者，悠着點，慢工方能出細活。我則從另一個角度解讀：或許，對於一個成熟的學者來說，三五篇代表性論文，確能體現其學術上的志趣與風貌；而對於讀者來說，經由十萬字左右的文章，進入某一專業課題，看高手如何「翻雲覆雨」，也是一種樂趣。

與其興師動眾，組一個龐大的編委會，經由一番認真的提名與票選，得到一張左右支緻的「英雄譜」，還不如老老實實承認，這既非學術史，也不是排行榜，只是一個興趣廣泛的讀書人，以他的眼光、趣味與人脈，勾勒出來的「當代中國人文學」的某一側影。若天遂人願，舊雨新知不斷加盟，衣食父母繼續捧場，叢書能延續較長一段時間，我相信，這一「圖景」會日漸完善的。

最後，有三點技術性的說明：第一，作者不限東西南北，只求以漢語寫作；第二，學科不論古今中外，目前僅限於人文學；第三，不敢有年齡歧視，但以中年為主——考慮到中國大陸的歷史原因，選擇改革開放後進入大學或研究院者。這三點，也是為了配合出版機構的宏願。

二〇〇八年五月二日
於香港中文大學客舍

目錄

自序

上世紀著名的神學和宗教史家伊里亞德（Mircea Eliade, 1907-1986），於探討「宗教」的本質，曾特別關注神聖的空間、時間、神話等構成因素，而受到學界的注目。【一】顯然，孔廟便是儒教的聖域，但我研究孔廟純出偶然，與伊里亞德的學說並無關聯。

初始，與友人懵懵懂懂參訪臺北孔廟，無意間卻打開了聖殿之旅。好奇心的驅使，讓我的孔廟探索，變成心靈的朝拜之旅（pilgrimage）。孔廟在歷史上曾遍佈東亞世界，中國之外，尚包括朝鮮、日本、琉球與臺灣，甚至南抵越南為止。雖說各地的孔廟另有它獨特的性格，但此一跨域的共通文化現象的確值得注意；它不僅是一個耀眼的宗教聖域，還具有濃厚的政治與文化意涵。

孔廟作為儒教的聖域，乃無庸置疑；只要略加一窺史料的記載，便了然於心。試舉一

【一】Mircea Eliade, *The Sacred and the Profane: The Nature of Religion*, trans. by Willard R. Trask（New York: Harcourt Brace Jovanovich, 1959）.

例，以概其餘：明弘治二年（一四八九年）所撰的〈重建清真寺記〉即明確地傳達了此一訊息。它言道：

> 愚惟三教，各有殿宇，尊崇其主。在儒則有「大成殿」，尊崇孔子。在釋則有「聖容殿」，尊崇尼牟（照原碑）。在道則有「玉皇殿」，尊崇三清。在清真，則有「一賜樂業殿」，尊崇皇天。【一】

「大成殿」位居孔廟的主殿，其得與釋、道、猶太教諸殿宇相提並論，可見作為儒教的聖域，孔廟的宗教象徵樣樣俱全，毫不遜色。是故，聚焦孔廟以彰顯儒教的宗教性格，便成為我的研究重點。

拙作首選的論文，係新近刊行的〈象徵的擴張——孔廟祀典與帝國禮制〉。該文從宏觀的角度，比較完整地勾勒出孔廟祀典與帝國禮制的整合過程，盼能涵蓋較豐富的文化面相。之前，個人對孔廟的研究著重其緣起，尤其是儒生和人君的互動。本文則將焦點放在制度層面，特別聚焦孔廟制度在歷史上變易的動態過程。誠然，孔廟祭典在不同時代、不同地域各有出入，但整體而言，則與帝國禮制的運作趨於一致。若說孔廟祭典是項「象徵」，那必然相當於英文語詞裏大寫的「Symbol」或複數的「symbols」，其緣由則是孔廟祭祀在中國綿延長達兩千多年，不止堆積並且衍生了許多附加的意義和功能。尤其在帝國中晚期，上至朝廷、下迄地方行政的運作，皆可見證孔廟祭典的擴張與提升。作為國家宗教的聖域，孔廟亦充分地顯現出官方壟斷與排他的特性。

【一】轉引自：陳垣，〈開封一賜樂業教考〉，收入吳澤主編，《陳垣史學論著選》（上海：上海人民出版社，一九八一年），頁六七—六八。另見：徐珂編撰，《清稗類鈔》（臺北：臺灣商務印書館，一九六六年），第十五冊宗教類（稗三七），「青回回教」，頁四〇。惟需注意的是，〈重建清真寺記〉所言及的「清真」並非後世所習稱的伊斯蘭教（Islam），而是指猶太教。參見陳垣，〈開封一賜樂業教考〉，頁七七：「一賜樂業，或翻以色列，猶太民族也。」至於儒家或儒教是否為宗教的問題，拙作已有詳細討論，請參閱〈作為宗教的儒教：一個比較宗教的初步探討〉，初載《亞洲研究》（香港），第二十三期（一九九七年），頁一八四—二二三；後收入拙著《聖賢與聖徒：歷史與宗教論文集》（北京：北京大學出版社，二〇〇五年），頁一一七—一四三。另收入游子安編，《中國宗教信仰：中國文化中心講座系列》（香港：香港城市大學，二〇〇六年）；以及陳明編，《儒教新論》（貴陽：貴州人民出版社，二〇一〇年），頁四三—六三。日譯本〈宗教としての儒教：比較宗教による初步的檢討〉，收入奧崎裕司、石漢椿編，《宗教としての儒教》（東京：汲古書院，二〇一一年），頁七四—一一〇。

次之，〈學術與信仰——論孔廟從祀制與儒家道統意識〉一文，則是由孔廟「從祀制」的運作來偵測儒家「道統意識」的具形化。牽涉其中的，當然是儒家主流思潮的呈現，但政治、社會力量的介入，亦不可忽視。

第三篇〈《野叟曝言》與孔廟文化〉，則是剖析儒家道統思想如何影響了該書作者的學術觀點及創作的取捨。換言之，孔廟的知識可以充作文學創作的資源。

第四篇〈清末民初儒教的「去宗教化」〉，旨在闡述儒教原是中華帝國時期的國家宗教，然而在清末民初卻一步步崩解為「非宗教」的過程。此一歷程適可佐證儒家或儒教是否為宗教，基本上乃是歷史的問題，而非哲學的析論。

末篇〈研究儒教的反思〉，則是檢討個人近年來研究孔廟文化的基本觀點和進路，可與第四篇合觀並讀。

總之，近年來孔廟研究的熱度，不敢說「蔚為風潮」，但絕對稱得上是「方興未艾」。國際上已刊行的論文與專著，不在少數。雖然個人研究孔廟起步稍早，但今日無論在深度與廣度都已見到他人清新可喜的成果，不由得萌生「道不孤，必有鄰」的喜悅。簡言之，過去二十年，個人僅專注於中國境內整體孔廟的探討，而對各地孔廟細緻的認識顯然有所不足，尤其不曾著墨跨地域、跨文化的比較研究，這些都尚待他人繼續努力，以增添一份對傳統文化「同情的瞭解」。

最後，我想以這本選集紀念甫辭世的芝加哥大學余國藩教授（Anthony C. Yu, 1938-2015），藉以表達我對他的懷念，並感謝他對我研究孔廟一路走來的鼓勵和支持。我與余教授在臺北雖然只有一面之緣，但相談甚歡，日後竟成忘年之交，常透過電郵筆談。近年，他尤其不厭其煩、再三催促我動手撰寫一本英文專著，綜合之前探討孔廟的心得，俾與西方宗教史家直接對話。余教授認為我聚焦宗教「神聖空間」的手法別有特色，容與西方比較宗教學界互相參照。但個人因另有其他研究課題刻在進行，分身乏術，一時只有辜負他的好意。唯一稍可補償的是，個人攸關孔廟的研究不久將有兩大冊日譯本刊行，聊可回報他的厚望。至於撰述英文專著一事，則猶待來日的努力了，盼時時以此鞭策自己。是為序。

二〇一五年十月
於臺北南港

象徵的擴張——孔廟祀典與帝國禮制*

孔子之道，垂憲萬世。有國家者，所當崇奉。——元成宗【一】

孔子之道，垂範古今。朕願學之志，時切於懷。——清聖祖【二】

上述兩段引言，特意取自異族之君；無論係個人的傾慕之辭，或著眼治理的方便，均可彰顯孔子之教與治國密不可分。職是，亙古以來，孔廟祭典即鑲嵌在中華帝國的禮制之中，並且變成帝國運作的要件，自可理解。拙文則旨在探討孔廟祭典如何變成帝國禮制的元素及其所扮演的角色。

孔子廟，簡稱孔廟，顧名思義，為祭祀儒學宗師孔子所設。原先只是家廟或祠堂的性質，但在後世則蛻化成官廟而具有強烈的公共性格。惟有在後一階段，孔廟祭典方與帝國禮制產生關聯。

一、從家廟到官廟

為了方便與後世官廟化的孔廟比對，讓我們先行簡略考察孔廟原初家廟的狀況。根據《左傳》所述，魯哀公十六年（公元前四七九年），夏四月己丑，孔子卒，哀公為之誄，以

「尼父」稱之，卻遭到子貢「生不能用，死又誄之」的「非禮」之議。【三】至於孔子立廟，《左傳》記述簡要，對孔子身後並無著墨。但千載之後，孔家後裔在南宋所編的《東家雜記》，或於金代所撰的《孔氏祖庭廣記》卻逕言「魯哀公十七年，立廟於舊宅，守陵廟百戶」，

* 拙文寫作過程中，曾受到劉增貴教授、石守謙教授和朱溢博士的賜教，謹此致謝。初刊於《中央研究院歷史語言研究所集刊》第八六本第三分（二〇一五年九月），頁四七一—五一一。

【一】（元）佚名撰，王頲點校，《廟學典禮》（杭州：浙江古籍出版社，一九八六年），卷四，頁八五。

【二】清聖祖，〈御製重修闕里孔子廟碑〉，收入駱承烈彙編，《石頭上的儒家文獻——曲阜碑文錄》（濟南：齊魯書社，二〇〇一年），下冊，頁七九五。編者誤繫該碑為康熙二十二年（癸亥）二月，實誤。碑中已提到康熙三十年（辛未）、三十一年（壬申）修繕之事，斷不可能為二十二年。復查，康熙三十二年（癸酉）十月丙子日之聖祖實錄，載有廟碑全文，故此碑當立於康熙三十二年（一六九三年）；參見馬齊、張廷玉等奉敕修，《大清聖祖仁（康熙）皇帝實錄》（臺北：新文豐出版公司，一九七八年），卷一百六十，頁一七下—一九下。拙文〈權力與信仰：孔廟祭祀制度的形成〉前將此碑誤繫為清世宗，於此一併訂正；在拙著《優入聖域：權力、信仰與正當性》（北京：中華書局，二〇一〇年），頁一四三及該頁注三。

【三】洪亮吉，《春秋左傳詁》（北京：中華書局，一九八七年），卷二十，頁八八二—八八三。

圖一　孔子墓（筆者攝）

衡諸史實，該說頗值存疑。【一】

孔子歿世為弟子所葬，蓋孔子生鯉（伯魚），年五十（哀公十二年），先孔子而逝，其孫孔伋（子思）尚屬年幼。【二】職是之故，清初孔繼汾（一七二一——一七八六年）雖為孔子六十九代孫，遠較晚出，卻能獨排眾議，其記述反為信實。他說：

先聖之沒也，弟子葬於魯城北泗上。既葬，後世子孫即所居之堂為廟，世世祀

【一】孔傳，《東家雜記》（《景印文淵閣四庫全書》第四四六冊；臺北：臺灣商務印書館，一九八三年），卷上，頁六下。此說頗為流行，值得檢討。例如：南宋魏了翁（一一七八——一二三七年）在〈瀘州重修學記〉即接受此一說法；另外金代孔元措（一〇四八——一一二五年）在《孔氏祖庭廣記》亦沿襲上述之說。參見魏了翁，《鶴山集》（《景印文淵閣四庫全書》第一一七二——一一七三冊），卷四十五，頁八下；又孔元措，《孔氏祖庭廣記》（《叢書集成初編》第三三一六冊；上海：商務印書館據琳琅秘室叢書本排印，一九三六年），卷三，頁二一，「魯哀公十七年」條。詳論則請參見拙文〈權力與信仰：孔廟祭祀制度的形成〉，頁一四三——一四六。

【二】司馬遷，《史記》（北京：中華書局，一九八二年），卷四十七，頁一九四六。胡仔，《孔子編年》（《景印文淵閣四庫全書》第四四六冊），卷三，頁一九下。

圖二　曲阜孔廟大成殿　孔廟主體建築，是祭祀孔子的殿堂。現殿係清雍正二年（一七二四年）重建。（圖片來源：孔德平主編，《曲阜古跡通覽》〔北京：文物出版社，二〇一〇年〕，頁二一。）

之。然塋不過百畝，封不過三版，祠宇不過三間。【一】

因此孔子為弟子所葬，而廟堂則為後世子孫所立，以祭祀孔子，不無道理。距離孔子逝世三百餘年的司馬遷（公元前一四五—公元前八九年？）曾經歷魯，親眼目睹仲尼廟堂車服禮器，他對孔子身後事有番記載。他寫道：

孔子葬魯城北泗上。……弟子及魯人往從冢而家者百有餘室，因命曰「孔里」。魯世世相傳以歲時奉祠孔子冢，而諸儒亦講禮鄉飲大射於孔子冢。孔子冢大一頃。故所居堂弟子內，後世因廟藏孔子衣冠琴車書，至於漢二百餘年不絕。【二】

據此，可以獲悉瞻仰孔子之處有二：一為「孔子冢」，一為「孔子故宅」；但「冢」不可複

【一】孔繼汾，《闕里文獻考》（收入《儒藏》史部第二冊．孔孟史志二；成都：四川大學出版社據清乾隆二十七年刻本影印，二〇〇五年），卷十一，頁一上（四七四上）。

【二】司馬遷，《史記》，卷四十七，頁一九四五。

製移植，真正影響後世乃是立於孔子故宅的「廟」。值得注意的是，該時所謂的「廟」應是「家廟」，或後世所稱「祠堂」之屬，與今之「孔廟」性質迥異。

司馬遷另有番陳述，涉及孔子祭禮，必得一提。他記述道：「（漢）高皇帝過魯，以太牢祠焉。諸侯卿相至，常先謁然後從政。」【一】析言之，迄秦漢之際，孔門聲勢定然不容忽視，否則素以賤儒見稱的高祖，【二】必不致於過魯，以「太牢」重祀孔子。於此之前，生當戰國末季的韓非就說：「世之顯學，儒、墨也。儒之所至，孔丘也。」【三】《呂氏春秋》亦記載到：「（孔、墨）皆死久矣。從屬彌眾，弟子彌豐，充滿天下。」又云：「王公大人從而顯之，有愛子弟者隨而學焉，無時乏絕。」【四】毋怪秦始皇阬殺諸生時，長子扶蘇以「諸生皆誦法孔子，今上皆重法繩之，臣恐天下不安」諫之。【五】可見孔子後學不可勝數，高祖初定天下，必不致看輕此股力量。至於他過魯之後，「諸侯卿相至，常先謁然後從政」，則只能說是上行下效之情，毋足為奇。但之後卻形成施政之初，地方祭孔的先行慣例。

馴至漢代，由於獲得朝廷的支持，孔廟祭典進行一連串的改造，由家廟蛻化為官廟。首先，孔子奉祀後裔取得官方襲封的地位。在秦之前，魯人歲時奉祀孔子，其主邑之人、圭田之制弗可得考。迄漢高祖過魯，封孔子九代孫——孔騰為「奉祠君」，立下孔家奉祀

後裔領有官方身分的先例。元帝時，復有封戶；平帝時，又有國邑。自是孔子後裔世世封爵，尊貴與日俱增。【六】

【一】司馬遷，《史記》，卷四十七，頁一九四五—一九四六。

【二】《史記》中即記載：「沛公（劉邦）不好儒，諸客冠儒冠來者，沛公輒解其冠，溲溺其中。與人言，常大罵。未可以儒生說也。」卷九十七，頁二六九二。

【三】韓非撰，陳奇猷校注，《韓非子集釋》（臺北：河洛圖書出版社，一九七四年），卷十九，頁一〇八〇。

【四】呂不韋撰，陳奇猷校注，《呂氏春秋校釋》（臺北：華正書局，一九八五年），卷二，頁九六。

【五】司馬遷，《史記》，卷六，頁二五八。

【六】孔傳，《東家雜記》，卷上，頁三三下。孔貞叢，《闕里志》（中央研究院歷史語言研究所藏明萬曆年間刊本；首有明弘治十八年李東陽序，明萬曆三十七年黃克纘序，孔貞叢撰新志紀因），卷二，頁一九上：九代孫孔騰，「漢高帝過魯，封為奉嗣君，以奉孔子祀後。……按，封孔子後裔奉祀始此」；頁一九下，十三代孫孔霸，元帝「賜爵關內侯，食邑八百户，號褒成君」；頁一九下—二〇上，十六代孫孔均，「平帝元始元年改封褒成侯，食邑二千户。……按，自漢高以來，雖以聖裔寵異之，猶未襲封也。至十三代孔霸封關內侯，傳十四代福、十五代房俱嗣侯，雖襲封矣，猶稱關內侯，是為尊帝師而封也。至平帝始改封，均為褒成侯，則專為奉先聖而封矣。自是封爵，世世不絕云。」

要之，孔子之所以獲得漢代人君的祭祀，除了先前所述孔門在戰國末期已形成頗大的聲勢，漢代的儒生尤推波助瀾，將孔子化身為有漢一代的預言者與守護之神。西漢今文大儒董仲舒（公元前一七九—公元前一〇四年），力持「獨尊儒術，罷黜百家」，以「有德無位」的「素王」尊稱孔子；【一】這是先秦以降前所未有的稱譽。董氏說：

（孔子）西狩獲麟，受命之符是也。然後託乎《春秋》正不正之間，而明改制之義。一統乎天子，而加憂於天下之憂也，務除天下所患，而欲以上通五帝、下極三王，以通百王之道。【二】

既然是「通百王之道」，就非為一家一姓所設。這種普遍意涵，為其門生——司馬遷所承繼，司馬氏於〈太史公自序〉說道：

仲尼悼禮廢樂崩，追脩經術，以達王道，匡亂世反之於正，見其文辭，為天下制儀法，垂《六藝》之統紀於後世。【三】

但上述對孔子之道普遍的闡釋與推衍，卻為後起的讖緯所坐實化、在地化，孔子遂變成專為漢廷制法張目了。【四】東漢王充（公元二七—九七年？）的立論，即是一個絕佳的證言。他道：

夫五經亦漢家之所立，儒生善政大義皆出其中。董仲舒表《春秋》之義，稽合於律，無乖異者。然則《春秋》，漢之經；孔子制作，垂遺於漢。【五】

三幢立於東漢末年的孔廟碑文，在在透露了此些訊息。立於東漢桓帝永興元年（一五三年）的〈孔廟置守廟百石孔龢碑〉，為今存最古攸關孔廟的碑文，它即稱頌：

【一】班固，《漢書》（臺北：鼎文書局，一九八七年），卷五十六，頁二五〇八—二五二二。

【二】董仲舒，《春秋繁露》（臺北：世界書局，一九七五年），卷六，〈符瑞第十六〉，頁一二六—一二七。

【三】司馬遷，《史記》，卷一百三十，頁三三一〇。

【四】請參見拙文〈權力與信仰：孔廟祭祀制度的形成〉，頁一五七—一六五。

【五】王充撰，劉盼遂集解，《論衡集解》（臺北：世界書局，一九九〇年），卷十二，頁二四九。

孔子大聖，則象乾坤，為漢制作。【一】

稍後所立的〈魯相韓敕造孔廟禮器碑〉（建於桓帝永壽二年，一五六年）另言道：

孔子近聖，為漢定道。自天王以下，至于初學，莫不驩思，嘆仰師鏡。【二】

孔子距漢數百年之遙，竟得未卜先知，為漢預定制法，未免神乎其神。又，該碑碑陰及兩邊碑側所登錄的捐貲名單，從山東至河南、浙江地區，其地理分佈之廣，恰又反應各地官僚及士大夫對闕里孔廟預置禮器的支持熱況，【三】足證孔子於其時備受擁戴。

立碑更遲的〈魯相史晨祠孔廟奏銘〉（靈帝建寧二年，一六九年），【四】除開重複上述之主題，謂「孔子乾坤所挺，西狩獲麟，為漢制作」；【五】該碑且透露了一則孔子之祭的轉折：原來，在此之前，京城的「辟雍禮」並未行祀「先聖師」；而孔廟的侍祠者僅孔子子孫，四時來祠，事已即去。故，前魯相乙瑛特請置守廟「百石卒史」，因而在永興元年（一五三年）立下〈孔廟置守廟百石孔龢碑〉，又名〈漢魯相乙瑛請置孔廟百石卒史碑〉、〈孔廟置守廟百石卒史碑〉、〈孔廟置百石孔龢碑〉、〈孔廟百石卒史碑〉、

〈乙瑛碑〉等。乙瑛所況完全符合歷史實情，東漢明帝於永平二年（公元五九年），雖令祀聖師周公、孔子，然僅行於郡、縣、道的地方學校，「牲以犬」，祭祀等級尚低，

【一】洪适，《隸釋》（北京：中華書局影印洪氏晦木齋刻本，一九八五年），卷一，頁一五上—一五下。

【二】洪适，《隸釋》，卷一，頁一八上。

【三】韓敕，〈魯相韓敕造孔廟禮器碑〉，收入《石頭上的儒家文獻——曲阜碑文錄》，上冊，頁一九—二六。

【四】按，立於東漢靈帝建寧二年的〈魯相史晨祠孔廟奏銘〉，又名〈魯相史晨祀孔子奏疏〉、〈魯相史晨祀孔子廟碑〉、〈史晨孔子廟碑〉，此塊碑石的陰、陽兩面均有刻字，〈奏銘〉位於碑石的陽面。

【五】洪适，《隸釋》，卷一，〈魯相史晨祠孔廟奏銘〉，頁二五下。

並不及辟雍。【一】

之後十數年，孔子的後裔雖世享褒成之封，但仍是四時來祭、畢即歸國。而京師的辟雍，卻緣「尊先師重教化」之故，已開始擇日祀孔子以太牢，長吏備爵，誠為孔子祭典的一大躍進。然而，孔子本國舊居，復禮之日卻仍「闕而不祀」。魯相史晨茲是奏請「依社稷，出王家穀，春秋行禮，以共煙祀，餘〔胙〕賜先生、執事」。【二】依社稷之禮，意謂祭孔名目有可比附，蓋係提升之舉。另外，值得點出的是，史晨無意間覺察至該時辟雍祀孔禮重、闕里祀孔禮輕的窘境，令朝廷祭祀孔子的政治目的，呼之欲出。

此外，與〈魯相史晨祠孔廟奏銘〉同塊碑石的陰面，則刻有〈史晨饗孔廟後碑〉（靈帝建寧二年，一六九年）【三】，保存了魯相史晨所舉行的春饗禮，從中可以獲悉該時祀孔的盛況：史晨以建寧元年四月十一日到官，乃以令日，拜謁孔子。復因春饗，依社稷品制，述修辟雍禮，與會者包括各級地方官吏與孔家代表；其中守廟百石孔讚顯為永興元年議立典守孔廟之職，秩祿雖僅止「百石」，但參與盛典者涵蓋地方長官、國縣員冗，吏無大小，並畔官文學先生、執事諸弟子，合九百七人，雅歌吹笙，奉爵稱壽，相樂終日。而作為地方長官的魯相「乃以令日，拜謁孔子」，無非遵循漢高祖所立的先例，顯見孔廟已徹底地官廟化了。【四】

二、釋奠禮的確立

雖說如此，至東漢末年，孔子之祭仍無法入列國家常祀祭典的範疇。《禮記》雖規範：凡始立學，必先釋奠於先聖、先師，及行事，必以幣；【五】惟史書載：「漢世雖立學，斯禮

【一】范曄，《後漢書》（臺北：鼎文書局，一九八三年），卷十四，頁三一〇八。又，孔繼汾（一七二一—一七八六年）的《闕里文獻考》據此條，謂東漢明帝永平二年冬十月，令郡縣道行鄉飲酒禮於學校，皆祀周公、孔子，牲以犬，「此國學郡縣祀孔子之始」云云，蓋不確，既不符該時東漢碑文，亦為杜佑《通典》所不取。唐代的許敬宗更直言：「秦、漢釋奠，無文可檢。」秦蕙田的《五禮通考》亦表示僅及地方學校。參較孔繼汾，《闕里文獻考》，卷十四，頁四八四下。杜佑撰，王文錦等點校，《通典》（北京：中華書局，一九八八年），卷五十三，頁一四七二。劉昫等，《舊唐書》（臺北：鼎文書局，一九七九年），卷二十四，頁九一七，貞觀二十一年許敬宗等上奏條。秦蕙田著，盧文弨、姚鼐等校，《五禮通考》（桃園：聖環圖書公司據味經窩藏板初刻試印本影印，一九九四年），卷一百一十七，頁九上。

【二】洪适，《隸釋》，卷一，〈魯相史晨祠孔廟奏銘〉，頁二五下—二六上。

【三】按，〈史晨饗孔廟後碑〉，又名〈魯相史晨饗孔廟碑〉、〈魯相史晨祀孔廟碑〉。

【四】洪适，《隸釋》，卷一，〈史晨饗孔廟後碑〉，頁二七下—二八上。

【五】（清）孫希旦撰，沈嘯寰、王星賢點校，《禮記集解》（北京：中華書局，一九八九年），卷二十，頁五六〇。

無聞。」【一】析言之，後世國家常祀祭典所明定的「大祀」、「中祀」及「小祀」的等級禮制，【二】原是本諸先秦禮書《周禮》所謂：「立大祀，用玉、帛、牲牷；立次祀，用牲、幣；立小祀，用牲。」東漢的經師鄭眾（?—公元八三年），即注云：「大祀，天地。次祀，日月星辰。小祀，司命以下。」東漢末年的經解大儒鄭玄（一二七—二〇〇年）復指稱：「大祀又有宗廟，次祀又有社稷、五祀、五嶽，小祀又有司中、風師、雨師、山川、百物。」【三】要知二鄭均舉祭祀對象以代解，無疑反映了漢代官方祭祀的情況，但毋論「大祀」、「次祀」、「小祀」的名目等級，孔子之祭仍無緣列入。【四】

惟見東漢光武帝幸魯，使大司空祀孔子。【五】尤具意義的是，其繼承者明帝曾幸孔子宅（闕里孔廟），祀仲尼及七十二弟子，親御講堂，命皇太子、諸王說經。【六】其子章帝東巡狩，過魯，亦幸闕里，以太牢祀孔子及七十二弟子，作六代之樂，大會孔氏男子，命儒者講《論語》。【七】此漸次形成成規，或開後世人君講經畢、祀孔子的先例。下迄魏晉南北朝則頻頻出現捨遠求近的情況，於宮廷講經畢，皇帝或其代表（皇太子、太常）行「釋奠禮」。舉其例，《三國志》載有：

（魏齊王正始）二年（二四一年）春二月，帝初通《論語》，使太常以太牢祭孔子於辟雍，以顏淵配。……（正始五年，二四四年）五月癸巳，講《尚書經》通，使太常以太牢祀孔子於辟雍，以顏淵配。……（正始七年，二四六年）冬十二月，講《禮記》通，使太常以太牢祀孔子於辟雍，以顏淵配。【八】

【一】房玄齡等，《晉書》（臺北：鼎文書局，一九八七年），卷十九，頁五九九。

【二】（唐）蕭嵩等奉敕撰，《大唐開元禮》（《景印文淵閣四庫全書》第六四六冊），卷一，頁一上：「凡國有大祀、中祀、小祀。」

【三】出自《周禮》的〈春官宗伯第三．肆師〉。孫詒讓撰，王文錦、陳玉霞點校，《周禮正義》（北京：中華書局，一九八七年），卷三十七，頁一四六五。

【四】雖說「大祀」、「次祀」、「小祀」的名目等級，在隋代禮制方告確立。參見高明士，〈隋代的制禮作樂——隋代立國政策研究之二〉，收入黃約瑟、劉健明編，《隋唐史論集》（香港：香港大學亞洲研究中心，一九九三年），頁一九—二〇。

【五】范曄，《後漢書》，卷一上，頁四〇。

【六】范曄，《後漢書》，卷二，頁一一八。明帝於永平十五年（七二年）三月臨幸闕里孔廟。

【七】范曄，《後漢書》，卷七十九上，頁二五六二。章帝於元和二年（八五年）春臨幸闕里孔廟。其後，安帝於延光三年（一二四年）亦曾祀孔子及七十二弟子於闕里，規模且有擴大的趨勢，「自魯相、令、丞、尉，及孔氏親屬、婦女、諸生悉會，賜褒成侯以下帛各有差。」見同書，卷五，頁二三八。

【八】陳壽，《三國志》（臺北：鼎文書局，一九八三年），卷四，頁一一九—一二一。

但《三國志》此段引言，轉至唐人所修的《晉書》，則明白將行祀辟雍與「釋奠禮」連結在一起。《晉書》如此說道：

魏齊王正始二年（二四一年）二月，帝講《論語》通；五年五月，講《尚書》通；七年（二四六年）十二月，講《禮記》通，並使太常釋奠，以太牢祠孔子於辟雍，以顏回配。【一】

又說：

（西晉）武帝泰始七年（二七一年），皇太子講《孝經》通；咸寧三年（二七七年），講《詩》通；太康三年（二八二年），講《禮記》通。惠帝元康三年（二九三年），皇太子講《論語》通。（東晉）元帝太興二年（三一九年），皇太子講《論語》通，太子並親釋奠，以太牢祠孔子，以顏回配。成帝咸康元年（三三五年），帝講《詩》通。穆帝升平元年（三五七年）三月，帝講《孝經》通。孝武寧康三年（三七五年）七月，帝講《孝經》通。並釋奠如故事。【二】

「釋奠如故事」不啻意謂祭孔已為成規。但上述的釋奠禮均舉行於京城的辟雍或太學，而非遙處闕里專祀孔子的「廟」。

然而，此段時期，祭孔有三件要事，值得大筆特書：其一、孔廟與學校密切的結合；其二、訪求聖裔；末了、孔廟的外地化。

首先，探討孔廟衍生的教育功能。黃初二年（二二一年），魏文帝履位之初，「訪求」孔氏後裔，得孔氏二十一代孫孔羨，拜議郎。魏文帝除了詔封孔羨為「宗聖侯」，復令魯郡修起舊廟，置「百石吏卒」以資守衛，於其外又廣為室屋以居學者；形成廟、學相倚的

【一】房玄齡等，《晉書》，卷十九，頁五九九。

【二】同上注。更多的事例則見杜佑，《通典》，卷五十三，頁一四七二——一四七四。另，余嘉錫曾以「晉辟雍碑」指證泰始年間非關釋奠禮。請參較余嘉錫，〈晉辟雍碑考證〉，收入氏著，《余嘉錫論學雜著》（北京：中華書局，二〇〇七年），頁一三三——一七三。惟據東漢靈帝建寧二年〈魯相史晨祠孔廟奏銘〉，行辟雍禮時，已「祠孔子以太牢」，見洪适，《隸釋》，卷一，頁二六上。況且《三國志．魏書》載有齊王芳屢緣講經通，使太常祀孔子於辟雍，見注三七。故時人有言「漢舊立孔子廟，褒成侯歲時奉祠，辟雍行禮，必祭先師」之辭，見陳壽，《三國志》，卷二十四，頁六八一。想該時行辟雍禮與釋奠禮，應可融通。

格局，這已初具後世「廟學制」的雛形。【一】繼而，北齊文宣帝天保元年（五五〇年），下詔「郡學於坊內立孔顏廟」；【二】唐貞觀四年（六三〇年），太宗進而下詔州、縣學皆立孔廟，【三】使得「廟學制」由闕里孔廟「依廟立學」的先例，躍入地方普遍「依學立廟」的榮景。從此，孔廟與學校（不論中央或地方）環環相扣。

另外，必須一提的，在漢平帝王莽秉政時，祭孔大有進展。朝廷封孔子後裔孔均為「褒成侯」，專奉其祀；復追謚孔子為「褒成宣尼公」，甫開後世崇封孔子的先例。【四】及王莽敗亡，孔裔失國。建武十三年（三七年），光武帝復封孔子後裔「褒成侯」，世世相傳，直迄獻帝初，緣漢代政權潰亡，遂國絕失傳。【五】

然而，劉氏王朝在歷史上固然一去不返，孔氏聖裔卻必須彷彿千年火鳳凰，得應時重現。承戰亂之餘，三國甫一統，魏文帝及後代人君所以必得汲汲於「訪求聖裔」，其著眼點無非為了祭孔的正當性。因為，原先的孔廟係家廟的性質，由孔子後裔主祭乃理所當然之事；爾後，雖漸次蛻化為官方的公廟，但猶不脫血緣性格，因此闕里祖廟固需仰仗孔子聖裔主祭，日後人主於京師互相競立孔廟，尤需孔子聖裔助祭；是故，維持萬世一系的孔子嫡裔，實有其必要。【六】

其次，先是永嘉之亂，曲阜所屬的豫州闔境沒入胡人石勒手中。【七】闕里孔廟一時化為煙塵。太元十一年（三八六年），東晉孝武帝詔封孔靖之為「奉聖亭侯」，奉宣尼祀，【八】並於南方京畿首立宣尼廟，專供祀孔之所，【九】自此開啟南北王朝於都城競立孔廟的風

【一】陳壽，《三國志》，卷二，頁七八。《三國志》記「置百户吏卒」，據〈魏脩孔子廟碑〉改正為「置百石吏卒」，見洪适，《隸釋》，卷十九，頁一二下。洪适據碑文謂「黃初元年」，非「黃初二年」，不確。參較施蟄存，《水經注碑錄》（天津：天津古籍出版社，一九八七年），卷六，頁二六〇—二六一。又，朱彝尊（一六二九—一七〇九年）精於金石考證，則作「百石卒史」。見氏著，《曝書亭集》（臺北：世界書局，一九六四年），卷四十七，頁五六四。

【二】潘相纂修，《曲阜縣志》（臺北：臺灣學生書局據清乾隆三十九年刊本影印，一九六八年），卷二十一，頁一一下。

【三】歐陽修、宋祁，《新唐書》（臺北：鼎文書局，一九八〇年），卷十五，頁三七三。

【四】班固，《漢書》，卷十二，頁三五一。

【五】范曄，《後漢書》，卷七十九上，頁二五六三。另載「建武十四年」光武帝復封孔子後裔為褒成侯，見同書，卷一上，頁六三。

【六】參見拙文〈權力與信仰：孔廟祭祀制度的形成〉，頁一六五—一六八。

【七】房玄齡等，《晉書》，卷十四，頁四四二。其時，曲阜屬魯縣，為豫州轄下。

【八】同上書，卷九，頁二三五。

【九】許嵩，《建康實錄》（北京：中華書局，一九八六年），卷九，頁二八三。《晉書》不載立宣尼廟。

氣。【一】譬如：南齊武帝於永明七年（四八九年），興學，立孔廟於京畿（建康）；同年（太和十三年，四八九年），北魏孝文帝亦於京師（平城）立孔廟，此可能為對應之舉。卻不意打破孔廟不出闕里的陳規，並且促成孔廟向外拓殖的契機。

但祭孔的禮儀，立成亟待解決的問題。譬如，孝武帝時，即為了祭孔的禮制舉行過論辯，當時的禮學名臣「陸納、車胤謂宣尼廟宜依亭侯之爵；范寧欲依周公之廟，用王者儀；范宣謂當其為師則不臣之，釋奠日，備帝王禮樂」等等。【二】惟從時人研議宣尼廟宜「依亭侯之爵」或「依古周公之廟，備王者儀」莫衷一是的情狀度之，其時孔廟祀典仍混沌未明，尚待定位。【三】

事過境遷，逢南齊武帝永明三年（四八五年）正月因詔下立學，復面臨如何釋奠先聖先師的情境。當時的尚書令王儉（四五二—四八九年）回溯晉朝時的議禮，便以為「車（胤）、陸（納）（論禮）失於過輕，二范（范寧、范宣）傷於太重」，又說：「中朝以來，釋菜禮廢，今之所行，釋奠而已。金石俎豆，皆無明文。方之七廟則輕，比之五禮則重。」【四】這種摸索過程直至南齊永明三年（四八五年）秋，因朝廷論定「皇朝屈尊弘教，待以師資，引同上公，即事惟允」，依此，孔廟釋奠禮「設軒縣之樂，六佾之舞，牲牢器用，悉依上公」，方暫告段落。【五】

但孔廟祭典猶俟有唐一朝，方克底定規模。初起，孔子之祭尚需與周公之祭纏鬥不休，致迭有勝負；而後，復需與後起的太公之祀相互較勁。

原先《禮記》云：「凡始立學者，必先釋奠於先聖、先師。」東漢的經師鄭玄謂：「先聖，周公若孔子。」【六】不意此卻埋下後世釋奠禮競逐祀主的伏筆。唐初，釋奠禮起伏不定，領饗正位的對象屢有更動，導致周公、孔子互有更替，恰是反映此一錯綜情結。

武德二年（六一九年），高祖令國子學立周公、孔子廟各一所，四時致祭。【七】細繹詔

【一】蕭子顯，《南齊書》（臺北：鼎文書局，一九八〇年），卷三，頁五六。魏收，《魏書》（臺北：鼎文書局，一九八〇年），卷七下，頁一六五。

【二】蕭子顯，《南齊書》，卷九，頁一四四。

【三】同上書，頁一四三—一四四。

【四】同上書，頁一四四。

【五】同上書，頁一四四。南齊武帝永明三年（四八五年），「其冬，皇太子講《孝經》，親臨釋奠，車駕幸聽」。

【六】孫希旦，《禮記集解》，卷二十，頁五六〇。唐時人解為「若周公、孔子也」，見王溥，《唐會要》（北京：中華書局據上海商務印書館一九三五年國學基本叢書本影印，一九五五年），卷三十五，頁六三六。

【七】潘相，《曲阜縣志》，卷四，頁七上。

書所持祭祀周公的理據如下：

爰始姬旦，匡翊周邦，創設禮經，尤明典憲。啟生人之耳目，窮法度之本源，化起〈二南〉，業隆八百，豐功茂德，冠於終古。【一】

高祖為開國君主，其祭周公似取後者創業之功，並溯治道之源。惟周公與孔子時稱「二聖」，並無軒輊之意。【二】武德七年（六二四年），高祖幸國子學，親臨釋奠，以周公為先聖，孔子配。復引道士、沙門有學業者，與博士雜相駁難，久之乃罷。【三】可見儒學於唐初仍未穩居朝廷的主導意識，孔子一時屈居下風。

貞觀二年（六二八年），太宗反其道罷祀周公，升孔子為先聖，以顏回配。【四】蓋取左僕射房玄齡（五七九—六四八年）、博士朱子奢（？—六四一年）之建言。他們二者道出：

武德中，詔釋奠於太學，以周公為先聖，孔子配饗。臣以周公、尼父俱稱聖人，庠序置奠，本緣夫子。故晉、宋、梁、陳，及隋大業故事，皆以孔子為先聖，顏回為先師，歷代所行，古人通允。【五】

此中的要點是：(一) 釋奠於學，本為孔子之故；(二) 大業之前，皆孔子為先聖，顏回為先師。按諸史實，房、朱二氏所言不差。周公歷史上固稱「上聖」、「至聖」，實政治意涵居多，【六】故魏晉以降，釋奠於學，皆以孔子為尊。故太宗詔從之，遂有以上之更動。貞觀四年（六三〇年），太宗進而下詔州、縣學皆作孔子廟。【七】這是官方由上至下推行孔廟

【一】劉昫等，《舊唐書》，卷一百八十九上，頁四九四〇。
【二】同上書，卷一百八十九上，頁四九四〇。
【三】同上書，卷二十四，頁九一六。
【四】歐陽修、宋祁，《新唐書》，卷十五，頁三七三。
【五】王溥，《唐會要》，卷三十五，頁六三五—六三六。
【六】周公稱「聖」，意指居攝事蹟居多。例如：班固，《漢書》，卷七十七，頁三二六二稱周公為「上聖」。范曄，《後漢書》，卷四十上，頁一三三〇—一三三一稱「先聖」；卷二十九，頁一〇一二稱「至聖」。房玄齡等，《晉書》，卷四十七，頁一三二五稱「聖人」；卷九十九，頁二五八六稱「大聖」。沈約，《宋書》（臺北：鼎文書局，一九八〇年），卷六十八，頁一七九六稱「上聖」。
【七】歐陽修、宋祁，《新唐書》，卷十五，頁三七三：「武德二年，始詔國子學立周公、孔子廟；……貞觀二年，左僕射房玄齡、博士朱子奢建言：『周公、尼父俱聖人，然釋奠於學，以夫子也。大業以前，皆孔丘為先聖，顏回為先師。』乃罷周公，升孔子為先聖，以顏回配。四年，詔州、縣學皆作孔子廟。」

祭祀最徹底的舉動。

然而，高宗永徽中（六五〇—六五五年），又徒生波折，周公扳回一城，復為「先聖」，孔子則降為「先師」。【一】孔廟祭祀，禮有等差，「配饗」猶停正殿，「從祀」則退居兩廡。漢魏以來，「聖」則非周（公）即孔（子），「師」則偏善一經；高下之分，昭然若判。依此，「永徽令」意在貶抑孔子，至為顯然。後代的經師動輒將此一變動，歸罪漢代的古文學家劉歆（公元前五〇？—公元二三年）。例如：清代的今文家廖平（一八五二—一九三二年）說：「（劉歆）牽引周公以敵孔子，古文家說以經皆出周公是也。後人習聞其說，遂以周公、孔子同祀學宮，一為先聖，一為先師，此其誤也。」【二】皮錫瑞（一八五〇—一九〇八年）亦云：「太史公謂：『言六藝者折衷於孔子，可謂至聖。』……後漢以降，始有異議，不盡以經為孔子作。《易》則以為文王作〈卦辭〉，周公作〈爻辭〉；《春秋》則以〈凡例〉為出周公；《周禮》、《儀禮》皆以為周公手定。……唐時，乃尊周公為先聖，降孔子為先師。配饗、從祀與漢韓敕、史晨諸碑所言大異。」【三】

所幸，顯慶二年（六五七年），太尉長孫無忌（五九四—六五九年）、禮部尚書許敬宗（五九二—六七二年）等挺而進言，指出永徽與貞觀之制有所違異。【四】

長孫無忌、許敬宗所力爭的，即是「改令（永徽）從詔（貞觀）」。他們以「進」孔子，

「出」周公的策略，達成釐清文廟祭統的性質。他們辯稱：「成王幼年，周公踐極，制禮作樂，功比帝王，所以禹、湯、文、武、成王、周公為六君子。」【五】是故，論其鴻業，周公合同王者祀。長孫氏對周公績業的陳述，清楚地反映了儒者對「治」、「道」之分殊。

蓋漢明帝時，雖有周公、孔子並為「聖師」之祀；三國以下、唐之前，則文廟祀統獨不見「先聖」周公蹤影。【六】顯慶二年（六五七年），長孫氏的建言終獲得人君的首肯。於

【一】歐陽修、宋祁，《新唐書》，卷十五，頁三七三。
【二】廖平，《古學考》（臺北：臺灣開明書店，一九六九年），頁三〇。
【三】皮錫瑞，《經學通論》（《續修四庫全書》第一八〇冊；上海：上海古籍出版社據清光緒三十三年思賢書局刻本影印，一九九五年），〈自序〉，頁一上—一下。
【四】《舊唐書》、《通典》以禮部尚書許敬宗領名，《新唐書》、《唐會要》則以太尉長孫無忌領名。參見劉昫等，《舊唐書》，卷二十四，頁九一八；杜佑，《通典》，卷五十三，頁一四八一；歐陽修、宋祁，《新唐書》，卷十五，頁三七四；王溥，《唐會要》，卷三十五，頁六三六。
【五】王溥，《唐會要》，卷三十五，頁六三六。
【六】魏晉南北朝中的北周太祖素以「黜魏、晉之制度，復姬旦之茂典」為標榜，其後代子孫亦以提升孔廟為己任，遑論他人。參見令狐德棻等，《周書》（臺北：國史研究室，一九七三年），卷七，頁一二三；卷四十五，頁八〇六。

是孔子復升「先聖」，周公乃依別禮，歸王者之統，配饗武王。【一】治統、道統涇渭分明，周公不納入道統祭祀，成為共識。至此，孔子穩居文廟饗主之首的地位，明列國家祀典之中，未曾動搖。

魏晉南北朝之際，朝廷時有措意釋奠禮，但執行上間斷間續。直迄北齊，則「新立學，必釋奠禮先聖先師；每歲春秋二仲，常行其禮」；【二】郡學則於坊內立孔、顏廟。此制為隋朝所承繼，惟增為四時行祀。【三】孔廟間亦溢出釋奠儀的名目，例如：北齊時，國家每逢水旱癘疫有事，必祈禱者有九處，孔、顏廟亦在其中。【四】但在後代則罕有是舉，或是祭祀功能分化所致。無論如何，祭孔迄隋代仍未進入「三祀」的常秩範圍。【五】直俟唐初，孔子之祭方有改觀，堂堂納入國家「三祀」的等級制度。【六】

唐玄宗時，官修的《唐六典》明列國家祀典有四：一曰祀天神，二曰祭地祇，三曰享人鬼，四曰釋奠於先聖、先師。【七】末項的「釋奠」禮，細分則包括孔宣父與齊太公之祀；此在《唐六典》、《大唐開元禮》的禮儀階序上皆並列「中祀」，州縣釋奠則列「小祀」；

【一】王溥，《唐會要》，卷三十五，頁六三七：「今請改令從詔，於義為允。其周公仍依別禮配享武王。從之。」

【二】魏徵等，《隋書》（臺北：鼎文書局，一九八〇年），卷九，頁一八〇—一八一。

【三】同上書，卷九，頁一八一—一八二。

【四】同上書，卷七，頁一二七：「後齊……祈禱者有九焉：一曰雩，二曰南郊，三曰堯廟，四曰孔、顏廟，五曰社稷，六曰五岳，七曰四瀆，八曰滏口，九曰豹祠。水旱癘疫，皆有事焉。」又參閱雷聞，《郊廟之外：隋唐國家祭祀與宗教》（北京：三聯書店，二〇〇九年），頁六八—七四。

【五】參較魏徵等，《隋書》，卷六，頁一一七。

【六】參閱金子修一，〈唐代の大祀・中祀・小祀について〉，《高知大學學術研究報告》，第二五卷人文科學第二號（一九七六年），頁一三—一九。朱溢，〈唐至北宋時期的大祀、中祀和小祀〉，《清華學報》（新竹），新三九卷第二期（二〇〇九年），頁二八七—三二四。高明士對金子氏論文之若干內容，有不同的意見。參閱高明士，《中國傳統政治與教育》（臺北：文津出版社，二〇〇三年），頁二四八—二五一。

【七】李林甫等，《唐六典》（北京：中華書局，一九九二年），卷四，頁一二〇。王涇的《大唐郊祀錄》撰於孔宣父、齊太公追謚為「王」之後，因此其稱呼略有微異。王氏曰：「凡祭祀之禮，天神曰祀，地祇曰祭，人鬼曰享，文宣王、武成王曰釋奠。」見王涇，《大唐郊祀錄》（《百部叢書集成．指海叢書第七函》；臺北：藝文印書館據清道光錢熙祚校刊、子培讓培傑續刊本影印，一九六六年），卷一，頁二上—二下。

形式上雖無差異，實質上頗有先後、輕重之別。【一】

考諸史籍，古並無恆祭太公之文，貞觀中，始於磻溪置祠。【二】玄宗開元十九年（七三一年），令兩京與天下諸州各置「太公尚父廟」，以漢留侯張良配饗。【三】從此釋奠禮兼及齊太公。初時，象徵武人之神的「太公廟」，以仿效代表文廟的孔廟為主。例如：開元二十七年（七三九年），孔子追謚為「文宣王」；肅宗上元元年（七六〇年），隨追贈太公望為「武成王」，饗祭之典，一同「文宣王」。【四】「太公廟」又仿照孔廟從祀制，以張良為「亞聖」，復選歷代良將為「十哲」。一時文、武兩廟亦步亦趨，無分軒輊。

然唐初以下，士人文化興起，包括科舉制度的落實，終使得孔子廟凌駕太公廟。【五】其間太公廟雖偶因兵革之興，受到重視，但難挽大勢所趨。【六】其實，肅宗時代此一差別已見端倪：肅宗一度因歲旱罷中、小祀，太公廟遂不祭，而文宣之祭，至仲秋猶祀之於太學。【七】其輕重之分，判然有別。在祭祀範圍，誠如韓愈（七六八—八二四年）所云「自天子至郡邑守長通得祀而遍天下者，唯社稷與孔子為然」，【八】反之，「太公廟」非天下通祀，主祭者至高僅為上將軍；然而祭孔者可上抵天子至尊，其祭祀範圍域內無遠弗屆，絕非太公祭祀可比。唐德宗貞元四年（七八八年）兵部侍郎李紓以「武成王廟」（即前「太公廟」）崇敬過禮，上疏朝廷祈求改正，其中有段奏辭最能代表士人意識。李氏言道：

文宣垂訓，百代宗師，五常三綱，非其訓不明，有國有家，非其制不立，故孟軻稱，有生人以來，一人而已。由是正素王之法，加先聖之名，樂用宮懸，獻差太尉，尊師崇道，雅合正經。且太公述作，止於《六韜》，勳業形於一代，豈可擬其盛德，均其殊禮哉！【九】

【一】李林甫等，《唐六典》，卷四，頁一二〇。其曰：「凡祭祀之名有四，……其差有三：若昊天上帝、五方帝、皇地祇、神州、宗廟為大祀，日、月、星、辰、社稷、先代帝王、岳、鎮、海、瀆、帝社、先蠶、孔宣父、齊太公、諸太子廟為中祀，司中、司命、風師、雨師、眾星、山林、川澤、五龍祠等及州縣社稷、釋奠為小祀。」另見蕭嵩等，《大唐開元禮》，卷一，頁一上至一下。

【二】王涇，《大唐郊祀錄》，卷十，頁一四上。

【三】劉昫等，《舊唐書》，卷八，頁一九六—一九七。

【四】杜佑，《通典》，卷五十三，頁一四八四。

【五】可略參較金諍，《科舉制度與中國文化》（上海：上海人民出版社，一九九〇年）。

【六】歐陽修、宋祁，《新唐書》，卷十五，頁三八〇。

【七】同上書，頁三七六—三七七。

【八】韓愈撰，馬其昶校注，《韓昌黎文集校注》（臺北：華正書局，一九七五年），卷七，頁二八三。

【九】杜佑，《通典》，卷五十三，頁一四八四。

當時朝臣泰半附和李氏之見，激進者甚而主張去「武成」追封及王位。時因兵興，僅依李紓之請。【一】但李氏之議事實上預示了「武成王廟」難以挽回的命運；洪武二十年（一三八七年）明太祖終究以呂尚人臣「稱王不當」，廢「武成王廟」祭祀。【二】至此，「釋奠」禮復回歸為一。

三、人君與孔廟祭典

總之，有唐一代底定了祀孔的格局，無論配饗、從祀均臻完備，在國家祭典裏備位「中祀」，復為統治集團所獨厚，得通祀天下。此後，祭孔均在此一軌道運作無礙，且有步步高升的態勢。在南宋一度曾晉升「大祀」（一一四〇年）、【三】西夏且尊孔子為「文宣帝」（一一四六年）。【四】由於世代迫近，或有朝代競逐之勢。前此，北宋神宗熙寧七年（一〇七四年），判國子監常秩等請追尊孔子以帝號，下兩制禮官詳定，以為非是而止。【五】徽宗崇寧三年（一一〇四年），詔辟雍文宣王殿以「大成」為名，並增文宣王冕十有二旒，【六】此為宣聖用天子冕旒之始。【七】大致而言，迄元代為止，孔廟間逢戰亂，容有停祀或破壞，祭祀禮儀卻是日增月益，尊崇有加。即使在異族王朝亦少有例外，譬如大定十四

年（一一七四年），金世宗加宣聖像冠十二旒、服十二章。【八】元武宗即位（一三〇七年），

【一】此一論爭各方文字，收入王涇，《大唐郊祀錄》，卷十，頁一七上—二三下。

【二】董倫、李景隆、姚廣孝等修纂，《明太祖實錄》（收入由黃彰健校勘的《明實錄》；臺北：中央研究院歷史語言研究所，一九六六年），卷一百八十三，頁三上。詳細討論見拙文〈武廟的崛起與衰微（七迄十四世紀）：一個政治文化的考察〉，收入《聖賢與聖徒：歷史與宗教論文集》（臺北：允晨文化公司，二〇〇一年），頁一八一—二二七。

【三】脫脫等，《宋史》（臺北：鼎文書局，一九七八年），卷二十九，頁五四六。南宋高宗紹興十年（一一四〇年），以釋奠文宣王為大祀。寧宗慶元元年（一一九五年），又降為中祀。另見孔繼汾，《闕里文獻考》，卷十四，頁四九一上。

【四】惟止行於西夏。西夏仁宗人慶三年（一一四六年，南宋高宗紹興十六年），尊孔子為文宣帝。脫脫等，《宋史》，卷四百八十六，頁一四〇二四—一四〇二五。

【五】同上書，卷一〇五，頁二五四八。

【六】同上書，卷一〇五，頁二五四九—二五五〇。惟宋末孔傳所記孔子始服王者之冕為大觀元年（一一〇七年），見孔傳，《東家雜記》，卷上，頁二八下。又，金朝孔元措的《孔氏祖庭廣記》則作崇寧四年（一一〇五年），且誤記始服王者之「服」。蓋孔子之服僅九章，蓋「公服」，非「王服」也。因此金大定年間方有加「十二章」之舉。孔元措之見，見《孔氏祖庭廣記》，卷三，頁二八，「崇寧四年八月」條。

【七】孔傳，《東家雜記》，卷上，頁二八下。

【八】不著撰人，《大金集禮》（《景印文淵閣四庫全書》第六四八冊），卷三十六，頁二上—二下。

加封「至聖文宣王」為「大成至聖文宣王」。

可是，孔廟祭典也非全然一帆風順，每逢烽火連天，孔廟即遭大厄。首先是廟學制的變化。宋承五代兵燹之亂，唐以來「廟、學相倚」的格局，學校遭到極大的破壞，但「廟」由於釋奠之禮，著以令，故常得保存。如歐陽修（一〇〇七—一〇七二年）所云：

隋唐之際，天下州縣皆立學，置學官生員。而釋奠之禮遂以著令，其後州縣學廢，而釋奠之禮，吏以其著令，故得不廢。學廢矣，無所從祭，則皆廟而祭之。【一】

是故，王安石（一〇二一—一〇八六年）在其〈繁昌縣學記〉遂也有以下的觀察：

事先師先聖於學而無廟，古也。近世之法，廟事孔子而無學。【二】

王氏所謂的「古」，便是指漢迄南北朝；「近世」則指戰亂頻仍的五代迄宋初，該時致有廢學為廟，以祀孔子的窘境。【三】直如馬端臨（一二五四—一三二三年）所述：「自唐以來，州縣莫不有學，則凡學莫不有先聖之廟矣。……蓋衰亂之後，荒陋之邦，往往庠序頹圯，教養廢弛而文廟獨存。」【四】故北宋朝廷便曾於慶曆四年（一〇四四年）下詔「立學州縣」，【五】此不啻與唐貞觀四年的詔下「州縣學立廟」，形成強烈的對比。

【一】歐陽修，〈襄州穀城縣夫子廟記〉，《居士集》（收入《歐陽修全集》上冊；臺北：華正書局，一九七五年），頁一〇八。

【二】王安石，〈繁昌縣學記〉，在《臨川先生文集》（臺北：華正書局，一九七五年），卷八十二，頁八六三。

【三】王安石，〈慈溪縣學記〉，《臨川先生文集》，卷八十三，頁八七〇。又袁征，〈從孔廟制度看宋代儒學的變化〉，在鄧廣銘、王雲海等主編，《宋史研究論文集》（開封：河南大學出版社，一九九三年），頁四九〇—五〇九。慶曆前後，「廟記」與「學記」文類的交替，是個有趣的觀察。

【四】馬端臨，《文獻通考》（北京：中華書局據上海商務印書館一九三六年萬有文庫十通本影印，一九八六年），卷四十三，考四一一。對重「學」遠逾於「廟」的馬氏，委實痛心。

【五】脫脫等，《宋史》，卷一百五十七，頁三六五八—三六五九：「慶曆四年，……建學興善，以尊子大夫之行；更制革敝，以盡學者之才。……其令州若縣皆立學，本道使者選部屬官為教授，……由是州郡奉詔興學。」（清）徐松輯，《宋會要輯稿》（北平：國立北平圖書館，一九三六年），第五十四冊，崇儒二（卷二萬一千九百五十五），頁「崇儒二之四」至「崇儒二之五」云：「（慶曆）四年三月詔，諸路州府軍監，除舊有學外，餘並各令立學。如學者二百人以上，許更置縣；若州縣未能頓備，即且就文宣王廟或係官屋宇。」

復如前述，孔廟祭祀在異族王朝時有進展，反倒在漢人主其事的大明王朝，首挫於太祖，再挫於明世宗。茲分述如下。

洪武元年（一三六八年）二月，明太祖朱元璋循開國之君慣例，以太牢祀先師孔子於國學，並遣使詣曲阜致祭。為此，他說道：

仲尼之道，廣大悠久與天地相並，故後世有天下者，莫不致敬盡禮，脩其祀事。朕今為天下主，期在明教化，以行先聖之道。【一】

太祖的措詞充分顯示：他深悉，對創業之君而言，「祭孔」作為強化「繼統」的象徵意義實不可或缺。之前，在初入江淮府，明太祖首謁孔子廟，即是明證。【二】

然而元明更迭之際，因朱氏與曲阜孔家聖裔交涉不順，心生嫌隙；【三】洪武二年（一三六九年），太祖的態度急轉直下，驟然下令孔廟春秋釋奠止行於曲阜，天下不必通祀。【四】此一舉措委實耐人尋味，時值開國之際，百廢待舉，太祖屢詔儒臣大修禮事。【五】同年即詔天下普祀城隍，而孔子反不得通祀。太祖所持的理由是：

自漢之下，以神（孔子）通祀海內，朕代前王統率庶民，目書檢點，忽覩神之訓言：「非其鬼而祭之，諂也；敬鬼神而遠之，祭之以禮。」此非聖賢明言，他何能道。

【一】董倫等纂，黃彰健校勘，《明太祖實錄》，卷三十，頁五下—六上。

【二】張廷玉等，《明史》（臺北：鼎文書局，一九七九年），卷五十，頁一二九六。

【三】詳論請參閱拙作〈道統與治統之間：從明嘉靖九年（一五三〇年）孔廟改制論皇權與祭祀禮儀〉，收入《優入聖域：權力、信仰與正當性》，頁一〇七—一三一。亦可參閱宋濂，〈洪武三十年衍聖公孔克堅神道碑〉，收入《石頭上的儒家文獻——曲阜碑文錄》，上冊，頁三六五—三六八。

【四】《明史》之〈太祖本紀〉或〈禮志〉皆不載洪武二年，孔廟停天下通祀。《明實錄》亦然。蓋後世史臣為太祖隱諱。此一資料惟見於張廷玉等，《明史》，卷一百三十九，〈錢唐傳〉，頁三九八一。秦蕙田更誤引王圻的《續文獻通考》，誤置洪武二年夏四月丙戌為詔天下通祀之日，其實應為洪武十五年夏四月丙戌。見董倫等纂，黃彰健校勘，《明太祖實錄》，卷一百四十四，頁二上。請參較秦蕙田，《五禮通考》，卷一百二十，頁一上；王圻，《續文獻通考》（中央研究院歷史語言研究所藏明萬曆三十一年刊本），卷五十七，頁七下—八上。

【五】董倫等纂，黃彰健校勘，《明太祖實錄》，卷三十，頁一上—四下；卷三十八，頁一上—一〇上。

故不敢通祀，暴殄天物，以累神之聖德。【一】

觀上，太祖明白歷代統治者皆通祀孔子於天下，卻反其道而行，適見其專橫獨斷，旨在伸張專制王權。又，洪武五年（一三七二年），太祖因覽《孟子》，至「君之視臣如土芥，則臣視君如寇讎」，謂非臣子所宜言，乃罷孟子配饗，且詔有諫者劾大不敬。錢唐（一三二四—一三九四年）抗疏入諫曰：「臣為孟軻死，死有餘榮。」史書載「帝鑑其誠懇，不之罪」。【二】其實錢唐所體現的殉道行為，代表了政治權威與文化信仰正面的衝突，而其代價正是一個專制統治者所難以承擔的。洪武六年（一三七三年），太祖旋復孟子配饗。【三】惟遲至洪武十五年（一三八二年），方詔天下通祀孔子。〈上諭〉中但曰：

孔子明帝王之道，以教後世，使君君、臣臣、父父、子子，綱常以正，彝倫攸序，其功參於天地。【四】

他復刻意援引後周太祖（郭威，九〇四—九五四年）謂「孔子百世帝王之師，敢不拜乎」的故事以自惕、自重，【五】其著眼於統治意理，昭然若揭。

之後，又有世宗緣大禮議，對儒生集團心生怨懟，竟致牽怒祭孔一事，遂於嘉靖九年（一五三〇年）對儒學宗師的祭典大加砍殺。概括而言，計有下列四項：

（一）謚號：「孔子不稱王」。

（二）毀塑像，用木主；去章服，祭器減殺。

（三）更定從祀制：削爵稱、進退諸儒。

【一】徐一夔，《大明集禮》（《景印文淵閣四庫全書》第六四九—六五〇冊），卷十六，頁二〇上。《大明集禮》成於洪武三年九月，故載有洪武二年〈致祭曲阜孔子御製祝文〉。

【二】張廷玉等，《明史》，卷一百三十九，頁三九八二。

【三】王圻，《續文獻通考》，卷五七，頁一一下。又孫承澤，《春明夢餘錄》（香港：龍門書局，一九六五年），卷二十一，頁三六下。

【四】董倫等纂，黃彰健校勘，《明太祖實錄》，卷一百四十四，頁二上。明太祖，〈祭孔希學文〉，在姚士觀等編校，《明太祖文集》（《景印文淵閣四庫全書》第一二二三冊），卷十八，頁一四上。

【五】後周太祖郭威的故事，參見薛居正等，《舊五代史》（臺北：鼎文書局，一九八〇年），《周書》，卷一百一十二，頁一四八二。明太祖的援引，參見龐鍾璐，《文廟祀典考》（臺北：中國禮樂學會據清光緒四年刊本影印，一九七七年），卷四，頁四下。

（四）「大成殿」改稱「孔子廟」，內增設「啟聖祠」。【一】約言之，嘉靖帝的舉措一反唐宋以降孔廟祭典日趨崢嶸之勢。

首先，唐開元二十七年（七三九年），孔子受冊贈為「文宣王」，以表尊崇；從祀諸儒則贈「公」（若顏子贈兗國公）、贈「侯」（若卜子夏贈魏侯）、贈「伯」（若曾參贈郕伯），封爵不一。【二】此一制度為歷代王朝所承襲，北宋一代致議封「帝」，未得施行，竟行之於蠻夷之邦的西夏。

又，唐朝顯慶之前，國家祭典雖有大祀、中祀、小祀的等級，但其祭祀禮器品項卻相當凌亂：先農、先蠶，俱為中祀；籩、豆之數，或六或四，理不可通。遂更定大祀同為十二，中祀同為十，小祀同為八，而釋奠既準中祀，則為十。【三】但歷代實際行禮，溢出中祀名目之均，卻不在少數。【四】例如：唐開元二十七年（七三九年），業允孔子塑像坐於南面，著「王者衮冕之服」，樂用「宮懸」天子之樂。【五】而永泰二年（七六六年）兵興之際，連宰相、常參官、六軍軍將皆畢集就國子學聽講。其時雖郊廟大祭，只有登歌樂，而廟庭猶具「宮懸」之樂於講堂前。【六】

朝代之間雖有變化起伏，但明憲宗成化十二年（一四七六年），雖未能如祭酒周洪謨（一四二一——一四九二年）所奏請加孔子「帝號」，但復增樂舞為八佾，籩、豆各十二；孝宗弘治九年（一四九六年）更增樂舞為七十二人，如天子之制。【七】到明嘉靖九年之前，祭孔已全用「祀天儀」、「天子之禮」，職是不能見容於心繫專制皇權的世宗。【八】

【一】詳見拙作〈道統與治統之間：從明嘉靖九年（一五三〇年）孔廟改制論皇權與祭祀禮儀〉，頁一一一七——一一一八。

【二】杜佑，《通典》，卷五十三，頁一四八一——一四八三。此為孔子封王，弟子封公侯之始。丘濬，《大學衍義補》（《景印文淵閣四庫全書》第七一二——七一三冊），卷六十五，頁一四下。

【三】劉昫等，《舊唐書》，卷二十一，頁八二五；卷二十四，頁九一一。

【四】按，「三祀」的祭品雖有一定的規格，但衡諸孔廟祭祀的歷史，卻常有溢出其祭祀的等級。綜觀，相應的祭祀儀式與祭品，唯有「齋戒」最能體現三級制的等級。參閱朱溢，〈唐至北宋時期的大祀、中祀和小祀〉，頁二九二。

【五】劉昫等，《舊唐書》，卷二十四，頁九二一。

【六】同上書，卷二十四，頁九二三。

【七】張廷玉等，《明史》，卷五十，頁一二九八。

【八】同上注。

原本皇明開國之初（一三七〇年），太祖詔革諸神封號，謂此舉「庶幾神人之際，名正言順，於禮為當」，【一】唯獨對孔廟諸賢網開一面。【二】可是孔廟爵封終究難逃其子孫——世宗之手。明初，太祖只允「樂舞用六佾，籩豆為十」，比起前代若干君主，未免略顯寒酸，但世宗卻謂：「可謂尊崇孔子，極其至矣，無以加矣！」【三】他甚至大言不慚道「我太祖高皇帝，雖道用孔子之道，而聖仁神智武功文德，宜與堯舜並矣，恐有非孔子所可擬也」，【四】遂以孔子「人臣封王」為僭禮，橫行削免孔子以下諸賢的爵稱。

然而日後，卻為異族之君——清世宗所譏斥，清世宗道出「三代以上之王號，即後世之帝稱，非諸侯王之謂」，【五】刻意突顯嘉靖議禮君臣的不學無文。【六】雍正深切知曉其父皇——康熙獎掖孔廟祭典「漢唐莫及」，繼志述事，故對孔子祭典優禮有加。「康熙甲子東巡狩，臨幸闕里。謁奠廟林，殷禮隆儀，漢唐莫及。」【七】雍正元年（一七二三年），遂追封孔子五代王爵，【八】逕與嘉靖九年削奪孔子王封，形成強烈的對比。有趣的是，雍正持論與嘉靖全然相反，所以他雖未直接復孔子王封，卻行之乃祖，未嘗不寓深意。

【一】董倫等纂，黃彰健校勘，《明太祖實錄》，卷五十三，頁一下—二上。

【二】同上書，卷五十三，頁一下，洪武三年（一三七〇年）六月癸亥，「惟孔子善明先王之要道，為天下師，以濟後世，非有功於一方一時者可比，所有封爵，宜仍其舊。」另，因太祖定都的應天府（今南京）並無武成王之祀，以致洪武三年「武成王」當亦保有爵封，然稍後即廢。洪武二十年（一三八七年）秋七月，明太祖否決禮部奏請立武學、用武舉、祀太公、建武成王廟，並下令「太公之祀，止宜從祀帝王廟，遂命去王號，罷其舊廟」，故武成王因而失去爵封。同上書，卷一百八十三，頁三上。

【三】明世宗，〈御製孔子祀典說〉，收入李之藻，《頖宮禮樂疏》（《景印文淵閣四庫全書》第六五一冊），卷一，頁五五上。

【四】同上書，頁五五下—五六上。

【五】清世宗撰，鄂爾泰等奉敕編，《雍正硃批諭旨》（臺北：文海出版社，一九六五年），頁四一二〇。

【六】清世宗，〈雍正八年重建先師孔子廟碑〉，收入《石頭上的儒家文獻——曲阜碑文錄》，下冊，頁八六三—八六四：「至明嘉靖時，議禮諸臣進退從祀，貶損禮儀，蓋感於匹夫不敢干天子禮樂之說，是以逞其鄙私臆斷，夫吾夫子以萬世為上，春秋筆削已撰二百四十二年，南面之權安在，無土不王，曲學陋儒，何從涯量高深。……我皇上……以天子尊天子之師，用天子之制，然後典禮崇重，萬世無以復加。」

【七】清世宗，〈雍正八年御製重修闕里聖廟碑〉，收入《石頭上的儒家文獻——曲阜碑文錄》，下冊，頁八六一—八六二。

【八】雍正元年六月十二日，冊封孔子五代為肇聖王、裕聖王、詒聖王、昌聖王、啟聖王。見清世宗，〈雍正元年冊封至聖先師五代王碑〉，收入《石頭上的儒家文獻——曲阜碑文錄》，下冊，頁八五〇—八五三。

又乾隆蒞臨闕里，次數之多為歷代人君之冠。清光緒三十二年（一九〇六年），孔廟升格為「大祀」，與天地、宗廟同，至此無以復加。【一】究其實，異族人君崇奉孔教，正由於他們明白「帝王之政，非孔子之教，不能善俗」，而「政不能善俗，必危其國」。上述引語見諸元代曹元用（一二六八—一三三〇年）所撰〈遣官祭闕里廟碑〉之內，【二】適透露了人君尊崇孔廟的真意。

外族入侵，一時難以領略孔廟祭典的意義，例如金人侵凌中國，焚掠殆盡，曲阜遂亦墮為煙塵。【三】但一旦需治理中土，即能理解祭孔為治國不可或缺，若金熙宗者，不只立孔子廟於上京，並親祭孔子，北面再拜；【四】金章宗明昌二年（一一九一年），孔子廟門則置「下馬碑」。【五】元朝，武宗則下詔（一三〇七年），加號先聖曰「大成至聖文宣王」。【六】晚明文人張岱（一五九七—一六七九年）晉謁曲阜孔廟，便發覺廟裏所藏歷代帝王碑記，「獨元碑高大」，而「廟中凡明朝封號，俱置不用，總以見其大」的趣聞。【七】

又，遼太祖甫建國，以受命之君，理當敬天事神；群臣均舉以佛為先以對。遼人本篤信佛教，諸臣以佛對，原屬意料中事。然遼太祖卻曰：「佛非中國教。」並接受太子建言，

【一】趙爾巽等撰，啟功等點校，《清史稿》（北京：中華書局，一九九四年），卷八十四，頁二五三七—二五三八；卷二十四，頁九五七：光緒三十二年十一月「戊申，詔升孔子為大祀，所司議典禮以聞。」

【二】孔貞叢，《闕里志》，卷十，頁四〇下。

【三】毀廟之舉，見（宋）莊綽撰，蕭魯陽點校，《雞肋編》（北京：中華書局，一九八三年），卷中，頁七六。

【四】龐鍾璐，《文廟祀典考》，卷三，頁一四下。金熙宗天會十五年（一一三七年）立孔子廟於上京。脱脱等，《金史》（臺北：鼎文書局，一九八〇年），卷四，頁七六—七七，熙宗遂言：「朕幼年游佚，不知志學，歲月逾邁，深以為悔。孔子雖無位，其道可尊，使萬世景仰。大凡為善，不可不勉。」

【五】呂元善，《聖門志》（《叢書集成初編》第三三一八—三三二一冊；上海：商務印書館據鹽邑志林本排印，一九三六年），卷四，頁二七三。「下馬碑」亦稱「下馬牌」。

【六】宋濂等，《元史》（臺北：鼎文書局，一九八〇年），卷二，頁四八四；卷七十六，頁一八九二。〈祭祀志〉繫在至大元年（一三〇八年），本紀繫在大德十一年（一三〇七年）七月，方為正確。宋綬、宋敏求編，司義祖點校，《宋大詔令集》（北京：中華書局，一九六二年），卷一百五十六，〈追謚元聖文宣王詔〉，頁五八三，北宋真宗大中祥符元年（一〇〇八年），先追謚孔子為「元聖文宣王」。

【七】張岱，〈孔廟檜〉，在氏著，《陶菴夢憶》（上海：世界書局，一九四七年），頁一〇。

圖三　下馬碑　碑立於孔廟欞星門兩側，東西各一塊。金明昌二年（一一九一年）始立，明永樂十五年（一四一七年）重刻。（圖片來源：孔子故里編委會編，《孔子故里：東方智慧的文化殿堂》〔杭州：浙江人民美術出版社，二〇〇〇年〕，頁二五。）

以「孔子大聖，萬世所遵，宜先」，遂建孔子廟，詔皇太子春秋拜奠。【一】其實，遼太祖該時不止建了孔廟，另同時興建佛寺、道觀。【二】但值得注意是竣工之後，太祖自身晉謁孔廟，卻命皇后、皇太子分謁寺、觀，輕重之分，不言而喻。【三】

四、孔廟祭典象徵意義的擴張

（1）地方官與孔廟祭典

貞觀二十一年（六四七年），許敬宗等有次奏言，影響祭孔甚鉅，特別是制定了祭孔者主祭的身分。他們上奏道：

> 秦、漢釋奠，無文可檢。至於魏武，則使太常行事。自晉、宋以降，時有親行，

【一】脱脱等，《遼史》（臺北：鼎文書局，一九八〇年），卷七十二，頁一二〇九。
【二】同上書，卷一，頁一二—一三。
【三】同上書，卷二，頁一五。

而學官主祭，全無典實。且名稱國學，樂用軒懸，罇俎威儀，蓋皆官備，在於臣下，理不合專。況凡在小神，猶皆遣使行禮，釋奠既準中祀，據理必須稟命。今請國學釋奠，令國子祭酒為初獻，祝辭稱「皇帝謹遣」，仍令司業為亞獻，國子博士為終獻。其州學，刺史為初獻，上佐為亞獻，博士為終獻。縣學，令為初獻，丞為亞獻，博士既無品秩，請主簿及尉通為終獻。【一】

從此，在京城國學由學官代理皇帝負責主祭，但地方孔廟則下放給地方首長（刺史、縣令等）行三獻禮，成為爾後的定式。

況且，孔廟祭典在國家禮制所據的位置，令地方孔廟於官方祀典亦脫穎而出，而享有祭祀的優先性。如前述漢初以來，地方官初任職，即晉謁孔廟，雖已成不成文的規矩，但只行於曲阜一隅。可是在後代地方孔廟林立，遂推衍成普遍的慣例。例如：唐代以來，地方官到任謁廟的慣例逐漸形成；【二】但迄宋代，地方官甫上任之始，則首需晉謁地方孔廟，方及其他諸神。北宋的文彥博（一〇〇六—一〇九七年）便說到：

五年（宋仁宗天聖五年，一〇二七年），某以進士舉中甲科，得大理評事，宰是邑。秋八月二十九日，始蒞事。故事：守令始至，則郡縣之祠廟悉詣之，恭於神，訓於民，政之本也。由是詢於邑吏，質之縣圖，載祀典、饗廟食者，惟宣聖之祠焉。翌日，伸祠謁之禮。【三】

「質之縣圖」則意謂核按地方官修的「圖經」，僅明載「孔廟」方為必行的祀典。【四】這項祭祀舉動若屬「故事」，可見已成慣例，行之久遠。至晚，在南宋紹興十四年，宋高宗（一一〇七—一一八七年）用左奉議郎羅長源之請，明白下詔：「州縣文臣初至官，詣學祇謁先聖，乃許視事。」蓋羅氏言：「士大夫皆學夫子之道以從政，而不知所自，望令先詣

【一】劉昫等，《舊唐書》，卷二十四，頁九一七—九一八。

【二】雷聞，《郊廟之外：隋唐國家祭祀與宗教》，頁二四六—二五〇。

【三】文彥博，《潞公文集》（《四庫全書珍本．六集》第二四五—二四六冊；臺北：臺灣商務印書館，一九七六年），卷十二，〈絳州翼城縣新修至聖文宣王廟碑記〉，頁一上—一下。

【四】攸關州、縣「圖經」的發展，請參見倉修良、陳仰光，〈從敦煌圖經殘卷看隋唐五代圖經發展〉，《文史》（北京：中華書局），二〇〇一年第二輯（總第五五輯），頁一一七—一三九。

學宮，以彰風化之本。」後遂著為令。[一]

職是之故，南宋的張孝祥（一一三二—一一六九年）到任時，於〈先聖廟文〉裏遂撰有「服事之始，敬拜廟下，尚惟聖師相其微衷」之辭。[二] 朱熹（一一三〇—一二〇〇年）也見證到「建安熊君可量為衢之江山尉，始至，以故事見于先聖先師之廟」；[三] 而其所自撰的〈鄉飲舍菜二先師祝文〉、[四]〈南康謁先聖文〉、[五]〈漳州謁先聖文〉，[六] 亦皆反映此一規制。後繼的王朝遂蕭規曹隨，例如金朝、元朝亦著令：「凡職官到任謁廟，先詣宣聖廟，奠拜訖，方許詣以次神廟。」[七] 此處的「宣聖廟」乃泛指地方上的孔廟而言，顯見孔廟的政治象徵凌越他廟之上。而官員倘怠忽祀典者，立遭激烈地譴責，例如明儒周雙溪（生卒年不詳）爭之上官：

> 丁祀先師，國之大祭也，而有司失之略，況使民乎？[八]

這種理直氣壯的心態，實為長久政治文化塑模所致。但「職官到任先詣宣聖廟」的規定，自明代起則未見於詔令；[九] 個人揣測，當與明太祖洪武二年（一三六九年）廢止地方通祀孔子攸關。而後，雖於洪武十五年（一三八二年）再次恢復天下通祀孔子，但前朝行之

【一】李心傳，《建炎以來繫年要錄》（北京：中華書局據商務印書館國學基本叢書本重印，一九八八年），卷一百五十二，頁二四五四，「紹興十有四年（一一四四年）冬十月庚子條」。

【二】張孝祥著，徐鵬點校，《于湖居士文集》（上海：上海古籍出版社，一九八〇年），卷二十七，〈先聖廟文〉，頁二七二。

【三】朱熹撰，陳俊民校編，《朱子文集》（臺北：德富文教基金會，二〇〇〇年），卷七十八，〈衢州江山學記〉，頁三八九四—三八九五。熊可量係建安崇泰里人，生卒年不詳，南宋孝宗乾道五年（一一六九年）進士，曾任江山尉，歷官兩浙運幹。

【四】朱熹，《朱子文集》，別集卷七，〈鄉飲舍菜二先師祝文〉，頁五二五九：「某為縣長吏，敢不以時奉行，即事之初，以禮舍菜於先聖至聖文宣王，以公等配。」

【五】朱熹，《朱子文集》，卷八十六，〈南康謁先聖文〉，頁四二五〇：「祗事之初，敢以誠告，惟先聖先師之靈，實誘其衷。」

【六】朱熹，《朱子文集》，卷八十六，〈漳州謁先聖文〉，頁四二六一：「茲荷誤恩，復叨郡寄。涖事之始，載見祠廷。」又，朱熹辭吏告歸，復有〈辭先聖文〉，不知為常規或特例？參同書，卷八十六，頁四二四九。

【七】金朝於天德初，修禮儀所制。參見孔元措，《孔氏祖庭廣記》，卷三，頁三〇，「天德初」年條。又，「元成宗大德初，敕到任先詣先聖廟拜謁，方許以次詣神廟，著為令。」參見呂元善，《聖門志》，卷四，頁二七三。秦蕙田以為元朝大德初的敕令為「此後世到任謁廟之始」，蓋誤。參較秦蕙田，《五禮通考》，卷一百一十九，頁六下。

【八】楊起元，《太史楊復所先生證學編》（《四庫全書存目叢書》子部第九〇冊；台南：莊嚴文化公司據北京圖書館藏明萬曆四十五年余永寧刻本影印，一九九五年），卷三，頁九下。

【九】承蒙我的同事邱仲麟博士和陳熙遠博士告知，明代以下未見著錄此一詔令。

有年「職官到任先詣宣聖廟」的慣例，並未見恢復。

（2）儒生與孔廟從祀制

另外必須一提的，唐貞觀二十一年（六四七年）除了訂定祭孔的各地主祭者身分之外，同時還確立了孔廟的從祀制。略言之，自從東漢明帝永平十五年（公元七二年）祀孔子並及七十二弟子起，孔廟從祀制已啟其端。【一】明帝以降，孔廟附祭制度陸續發展，間有從祀七十二弟子、或顏子配饗，層次不一。整體而言，均朝向從祀制的完備邁進。貞觀二十一年，唐太宗詔左丘明等二十二人與顏回並為先師，俱配尼父於太學，從此奠立孔廟從祀制的規模。【二】依此，從祀諸儒自然是儒生至高的典範和科考的準則，而期盼身後得以進入孔廟從祀，則成為儒生內心嚮往的價值。但從祀制度的運作，則經常頡頏於儒生集團與統治者的勢力之間。【三】此外，孔廟復為儒生改變身分的場所。自唐代舉行科考以來，貢舉人有進謁先師之禮，後遂成常規。這是根據開元五年（七一七年）朝廷敕令所辦理的，【四】爾後，國子監或太學的孔廟復成為進士釋褐之所。舉明朝為例，「洪武四年，令進士釋褐，詣國學行釋菜禮」。【五】「釋褐禮」若此：「廷試後，頒狀元及諸進士冠服於國子監，傳臚日服之。上表謝恩後，謁先師行釋菜禮畢，始易常服，其巾袍仍送國子監藏之。」明清以降，「舉人」列作功名，地方孔廟亦順勢成為舉人釋褐之處。「釋褐」乃由布衣晉身

【一】范曄，《後漢書》，卷二，頁一一八，永平十五年三月，明帝「幸孔子宅，祠仲尼及七十二弟子。親御講堂，命皇太子、諸王説經」。

【二】王溥，《唐會要》，卷三十五，頁六三六：「貞觀二十一年，以孔子為先聖，更以左丘明等二十二人，與顏回俱配尼父於太學，並為先師。」按，二十二人為左丘明、卜子夏、公羊高、穀梁赤、伏勝、高堂生、戴聖、毛萇、孔安國、劉向、鄭眾、杜子春、馬融、盧植、鄭康成、服子慎、何休、王肅、王輔嗣、杜元凱、范寧、賈逵。

【三】詳論孔廟從祀制，請參閱拙著，〈學術與信仰：論孔廟從祀制與儒家道統意識〉，初刊於《新史學》，五卷二期（一九九四年六月），頁一——八二；另收入拙作，《優入聖域：權力、信仰與正當性》，頁一八五——二六〇。

【四】劉昫等，《舊唐書》，卷二十四，頁九一九。脫脫等，《宋史》，卷一百零五，頁二五五三——二五五四。《舊唐書》及《宋史》皆言：開元二十六年敕，諸州鄉貢見訖，令引就國子監謁先師，學官為之開講，質問疑義，有司設食。《新唐書》卻繫在開元五年，參閱該書卷四十四，頁一一六四。查《五代會要》亦是繫在開元五年。王溥，《五代會要》（臺北：九思出版社，一九七八年），卷八，頁一二七。

【五】李東陽等奉敕修，申時行等重修，《明會典》（北京：中華書局，一九八九年），卷九十一，頁五二〇。

圖四　石刻孔子與眾徒像（圖片來源：首都博物館主編，《孔子：紀念孔子誕辰二五四〇周年》〔京都：株式会社見聞社，一九八九年〕，頁八二。）

圖五　北京孔廟乃進士釋褐之處（筆者攝）

仕宦之禮，孔廟則為其行禮之處。【一】

而明清時期，文士輒借「哭廟」以抗議官府的舉動，更突顯出孔廟乃儒生集體的精神堡壘。【二】

（3）孔廟與祭告之禮

孔廟並且為舉行「祭告」之禮的場域，《通典》載有：「古者天子將巡狩，必先告於祖，命史告群廟及社稷、圻內名山大川。」【三】之前祭告之禮，常局限於天地、宗廟及社稷；但隨著孔廟的祭典在帝國禮制日趨核心的地位，北宋太宗淳化三年（九九二年）將郊，所謂祭告「群廟」，已涵蓋「文宣、武成」等廟，【四】顯見「告禮」於後代不斷地演化而有所擴充。【五】

《明史．禮志》便載明：「凡即位之初，並祭告闕里孔廟及歷代帝王陵寢。」【六】此係根據太祖洪武二年「遣使詣曲阜致祭，定列聖登極，永著為令」的規定。【七】職是之故，明代新立之君，便須遣官祭告孔廟。究其故，太祖乃循行前朝異族之君的故事：元代仁宗至大四年（一三一一年）登基，遣官詣曲阜致祭孔子；爾後蒙元統治者便遵行此典，【八】明太祖遂亦有是舉。而有清一朝蕭規曹隨，凡登極授受大典、凱旋奏功，釋奠先師、告祭先師、闕里，均為必行之典。【九】

《禮記．王制》復載有天子「出征，執有罪；反，釋奠於學，以訊馘告」，【一〇】意謂：天子出師征伐，執有罪之人；返而歸釋奠於學，以克敵之事，告祭先聖先師。而明初太祖業廢武成廟，因此，以有清一代為例，便有諸多克捷告祭孔廟之文留下；若

【一】張廷玉等，《明史》，卷六十七，頁一六四一。又，龐鍾璐，《文廟祀典考》，卷五，頁二五下。「傳臚」係科舉制度裏，廷試結束後，由皇帝親自宣佈登第進士名次的典禮。傳臚日指舉行典禮的當天。

【二】陳國棟，〈哭廟與焚儒服：明末清初生員層的社會性動作〉，《新史學》第三卷第一期（一九九二年三月），頁六九—九四。

【三】攸關古代告禮，參閱杜佑，《通典》，卷五十五，頁一五三六。

【四】脫脫等，《宋史》，卷一百零二，頁二四九八：「淳化三年十二月將郊，常奏告外，又告太社、太稷及文宣、武成等廟。」

【五】馬端臨，《文獻通考》，卷八十九，頁考八〇九—八一七。

【六】張廷玉等，《明史》，卷四十九，頁一二七六—一二七七。

【七】龐鍾璐，《文廟祀典考》，卷四，頁一下。

【八】宋濂等，《元史》，卷七十六，頁一八九九。

【九】趙爾巽等，《清史稿》，卷八十二，頁二五〇〇—二五〇一。

【一〇】孫希旦，《禮記集解》，卷十二，頁三三三。「訊」，所生獲當訊問者；「馘」，殺之而割取左耳者。

聖祖的〈剿滅噶爾丹告祭先師孔子文〉，【一】世宗的〈平定青海告成太學碑文〉，【二】高宗的「平定金川」、「平定準噶爾」、「平定回部」等等的告成太學碑文。【三】以乾隆帝之言，無非是「武成而勒碑文廟」的例行之舉。【四】所以孔廟的象徵意義便日漸擴大，原是「明教化大原，使民敬學知嚮」，遂演變成「雖行師伐罪，亦受成於學」，以示崇敬了。【五】職是之故，魏源（一七九四——一八五七年）在《聖武記》才會說到：「故帝王武功，或命將，或親征，惟以告於廟社，未有告先師者，在泮獻馘復古制，自我聖祖始。」【六】

以上所述，本諸動態形構（structuration）的觀點，【七】大致勾勒了孔廟祀典融入帝國禮制的過程。至於遭逢政治、社會失序，造成孔廟祀典出現非屬祭典禮制的常態，則非本文著眼所在。例如，北魏孝文帝延興二年（四七二年）致祭孔子的詔書言道：「頃者淮徐未賓，廟隔非所，致令祠典寢頓，禮章殄滅。」詔書中更透露孔廟有遭褻瀆、鳩佔鵲巢的景象：「遂使女巫妖覡，淫進非禮，殺生鼓舞，倡優媟狎，豈所以尊明神、敬聖道者也？」因此孝文帝下令，「自今已後，有祭孔子廟，制用酒脯而已，不聽婦女合雜，以祈非望之福。犯者以違制論」。【八】「犯者以違制論」，則表示此一現象非為官方禮制所允許。此外，

【一】清聖祖製，張玉書、允祿等奉敕編，〈剿滅噶爾丹告祭先師孔子文〉，《聖祖仁皇帝御製文第二集》（《景印文淵閣四庫全書》第一二九八冊），卷四十一，頁八上—九上。

【二】清世宗製，〈平定青海告成太學碑文〉，《世宗憲皇帝御製文集》（《景印文淵閣四庫全書》第一三〇〇冊），卷十四，頁五上—八下。

【三】清高宗製，于敏中等奉敕編，〈平定金川告成太學碑文〉，《御製文集．初集》（《景印文淵閣四庫全書》第一三〇一冊），卷十七，頁一二下—一六上；〈平定準噶爾告成太學碑文〉，同書，卷十九，頁一上—六下；〈平定回部告成太學碑文〉，同書，卷二十，頁五下—一一下。

【四】清高宗，〈平定準噶爾告成太學碑文〉，同上書，卷十九，頁四下。

【五】馬浮（一八八三—一九六七年），〈紹興縣重修文廟記〉，《華國》，第一卷第四期，一九二三年，頁一。

【六】魏源，《聖武記》（收入魏源全集編委會編校，《魏源全集》第三冊，長沙：岳麓書社，二〇〇四年），卷三，〈康熙親征準噶爾記〉，頁一一八。本文付梓之際，有幸得讀朱玉麒先生的訪談，其中提到清季文廟此類紀功碑甚至普及地方孔廟的現象，值得留意。見黃曉峰、錢冠宇，〈朱玉麒談清代邊塞紀功碑與國家認同〉，刊於上海《東方早報》二〇一五年七月十二日「上海書評」第一篇。

【七】「structuration」譯為「動態形構」或「結構化」的概念，乃是英國社會學家安東尼．季登斯（Anthony Giddens, *b*. 1938）所闡發的核心社會理論。參見 Anthony Giddens, *The Constitution of Society: Outline of the Theory of Structuration*（Cambridge: Polity Press, 1986）。拙文只不過便宜行事，用來指稱歷史上「制度」和「行為者」彼此形塑的動態過程。

【八】魏收，《魏書》，卷七上，頁一三六。

《大金國志》也載有類同北魏時期的狀況。【一】

由於上述這些情狀不符祠典的常禮，因此必然受到朝廷的糾舉。此不啻呼應了「公家有事，自如常禮」的規範。【二】

五、餘論：孔廟祭典的宗教性格

供奉儒教諸賢的孔廟，乃係國家宗教的神聖之域，除了統治者與儒生集團得以參拜，外人並不得隨意進入；此一獨特的情況，竟連明太祖都覺得不可思議。他注意到：

> 如三教，惟儒者凡有國家不可無。夫子生於周，立綱常而治禮樂，助國宏休，文廟祀焉。祀而有期，除儒官叩仰，愚民未知所從。夫子之奇，至於如此。【三】

「除儒官叩仰，愚民未知所從」，其實太祖的詫異有其淵源。宋代有位儒臣，因辟雍始成，請開學殿，使都人士女縱觀，然而卻大為士論所貶，【四】可見孔廟的封閉性，其來有自。又元朝有道詔令適足以說明孔廟獨特的境況，這道詔令攸關曲阜廟學的復立，並特別指示有司「益加明絜、屏遊觀、嚴汎掃，以稱創立之美，敬而毋褻神明之道」。【五】明末朱國禎（一五五八——一六三二年）恭謁孔廟，亦云：「入廟，清肅莊嚴，遠非佛宮可擬。」【六】朱氏的觀感透露了孔廟的特質與普通廟宇頗有違異之處。這不禁提醒我們一樁趣事：明末散

【一】（宋）宇文懋昭撰，（清）紀昀等奉敕重訂，《欽定重訂大金國志》（《景印文淵閣四庫全書》第三八三冊），卷十八，頁六，金大定二十六年（宋淳熙十三年，一一八六年）二月，詔曰：「曩者邊場多事，南方未賓，致令孔廟頹落，禮典陵遲，女巫雜覡，淫進非禮。自今有祭孔廟制，用酒脯而已，犯者以違制論。」

【二】魏收，《魏書》，卷七上，頁一三六。

【三】明太祖，〈釋道論〉，在《明太祖文集》，卷十，頁一五上——一五下。

【四】脱脱等，《宋史》，卷三百五十一，頁一一一〇一。

【五】袁桷，《清容居士集》（《四部叢刊初編．縮本》第二九五——二九七冊；臺北：臺灣商務印書館，一九六五年），卷三十五，頁五一六。此一詔令應是元世祖中統二年（一二六一年）所頒〈先聖廟歲時祭祀禁約搔擾安下〉，之後亦屢下類似的詔令。參見佚名，《廟學典禮》，卷一，頁一二；卷二，頁四一——四二。

【六】朱國禎，《湧幢小品》（《筆記小説大觀》二二編第七冊；臺北：新興書局，一九八四年），卷十九，頁三上。

文家張岱，其進闕里孔廟，原來竟是「賄門者，引以入」。【一】不但如此，地方孔廟除特定時節，亦門禁森嚴。即使下迄清代末葉，孔廟照舊是「非尋常祠宇可比，可以任人入內游觀」。【二】毋怪清末保教甚力的康有為（一八五八—一九二七年）亦非得坦承：「吾教自有司朔望行香，而士庶遍禮百神，乃無拜孔子者。」【三】這充分顯示作為儒教聖域的孔廟，具有排他、壟斷的性質。

另一方面，金朝朝廷有段君臣對話，甚能反映儒教的俗世特質。【四】明昌五年（一一九四年），金章宗對於佛徒、道士常能維持寺觀，反而儒者「於孔子廟最為滅裂」殊感不解；他的大臣完顏守貞（？—一二〇〇年）則解說道：「儒者不能長居學校，非若僧道久處寺觀。」【五】守貞的答話透露了僧人、道士得專司職守，固守廟觀；而孔廟雖有國家的支持，但儒生與百姓同樣處身俗世，顯現了儒教「擴散型宗教」的特徵。【六】

析言之，始自漢代，孔廟領有官廟地位之後，其政治性格便一步步地深化。這從分析參與祭祀者的成員，立可清楚地反映出來：唐宋之後，孔廟祭祀者無論上自天子、孔家聖裔，下及朝廷命官、地方首長，一律享有官員身分，至於官學的儒生只是參與典禮的陪祭者而已。普通老百姓，甚至閒雜人士，更不得隨意參拜。所以孔廟對一般老百姓便顯得隔膜了。

【一】張岱，〈孔廟檜〉，《陶菴夢憶》，頁九：「己巳，至曲阜，謁孔廟。賄門者，引以入。」己巳是明崇禎二年（一六二九年）。這種狀況在民初無大改變，蔣維喬於民國二年謁曲阜孔廟，仍需「有人引導，持鑰啟各殿宇」。蔣維喬，《曲阜紀遊》，在王文濡序，姚祝萱校，《新遊記彙刊續編》（上海：中華書局，一九二五年），第一冊，卷之七，頁二〇。

【二】《申報》光緒二十四年四月初十日（一八九五年五月二十九日），〈聞報紀毀聖訛言一則率書其後〉。

【三】康有為，〈兩粵廣仁善堂聖學會緣起〉，收入姜義華等編，《康有為全集》（上海：上海古籍出版社，一九九〇年），第二集，頁六二一。

【四】由義理層次析論儒教的俗世性格，則請參閱拙作〈論儒教的俗世性格：從李紱的〈原教〉談起〉，《思想史》創刊號（二〇一三年九月），頁五九—八四。後收入拙著《從理學到倫理學：清末民初道德意識的轉化》（北京：中華書局，二〇一四年），頁三一二—三四〇。

【五】脫脫等，《金史》，卷十，頁二三四。

【六】C. K. Yang, *Religion in Chinese Society* (Berkeley and Los Angeles: University of California Press, London: Cambridge University press, 1961), chaps. 10 & 12。依楊慶堃的觀點：所謂「擴散型宗教」（diffused religion）乃與「制度性的宗教」（institutional religion）相對而言。前者的宗教的思想與制度滲透或拓展至世俗的社會組織，而無獨立的存在；而後者的宗教組織卻與俗世的社會組織涇然有別，例如佛教、基督教等。職是，儒者猶具世俗的身分，而釋、道則別具出世的身分，從宗教組織的類別截然不同，明顯映照出儒教具有「擴散型宗教」的特質。楊氏的見解啟發自西方宗教社會學家瓦赫（Joachim Wach, 1898-1955），確有見地。唯獨無法涵蓋作為儒教聖域的孔廟。

從官方的觀點，供奉孔子乃係壟斷性的儀式。不止明太祖於「首定天下之時，命天下崇祀孔子於學，不許祀於釋、老宮」，【一】後繼的朝廷亦三申五令禁絕天下祀孔子於釋、老宮廟。【二】有趣的是，即使進入民國，臺灣民間建立奉祀孔子之廟宇，概不得用「孔廟」或「孔子廟」為名稱。【三】從另一個角度視之，孔廟猶殘存官方獨擅的特質。

簡言之，孔子與釋、老不得同廟，顯示了官方的孔子之祭與民間的三教，存有不可言喻的緊張關係。一則，孔子係帝王師，乃為統治階層所專擅的祭祀。其次，孔子在三教廟經常屈處於陪神的位置，對統治者造成礙眼之忌。宋僧志磐（生卒年不詳，一二五八—一二六九年前後）《佛祖統紀》即透露：

> 舊來僧居多設三教像，遂為院額殿名。釋迦居中，老君居左，孔聖居右。【四】

又宋理宗時，畫院待詔馬遠（一一六〇—一二二五年）的「三教圖」即畫有「黃面老子」（佛陀）跏趺坐，「猶龍翁」（老子）儼立於旁，孔夫子乃作禮於前，顯有輕蔑儒教之意。【五】後世朝廷雖屢加禁止，但宋代以降，民間三教流行，其成效則有待保留。舉其例，乾隆初，河南一地所立三教堂，合釋迦、老子、孔子偶像於一殿，即達五百九十餘處。【六】末了，光緒三十二年（一九〇六年），孔廟雖然晉升為大祀，但不出數年，便成為帝國落日的餘暉。【七】隨著帝制崩解，民國成立，孔子之祀遂「際亘古未有之變」，俎豆廢祀，弦誦

【一】明世宗，〈御製孔子祀典說〉，收入《頖宮禮樂疏》，卷一，頁五五上。

【二】張廷玉等，《明史》，卷五十，頁一二九七。趙爾巽等，《清史稿》，卷八十四，頁二五三六。又龐鍾璐，《文廟祀典考》，卷一，頁一六上、頁二九下；卷四，頁六上。

【三】此事為臺灣省政府民政廳一九六六年十一月二十一日民甲字第二五〇八六號電告各縣市政府，「查本省各地民間建立奉祀孔子之廟宇甚多，……甚至廟宇內將孔子塑像與其他神像並列，若不予分別，勢必與政府所建孔廟混淆不清，頃電奉內政部核示，該等廟宇不得用孔廟或孔子廟為名稱。」見《臺灣省政府公報》五十五年冬字第四十四期（一九六六年十一月二十四日出版），「政令」，頁二。

【四】志磐，《佛祖統紀》（收入《大正新修大藏經》第四九冊；臺北：新文豐出版公司，一九八三年），卷四十六，頁四一九a。

【五】周密（一二三一——一二九八年），《齊東野語》（《景印文淵閣四庫全書》第八六五冊），卷十二，「三教圖讚」條，頁一五b。

【六】徐珂編纂，《清稗類鈔》（臺北：臺灣商務印書館，一九六六年），第一五冊宗教類（稗三七），頁三。

【七】嘲諷的是，此次祭孔升大祀，卻是光緒帝奉慈禧太后所頒的懿旨辦理的。陳寶琛等纂，《大清德宗景（光緒）皇帝實錄》（臺北：新文豐出版公司，一九七八年），卷五百六十六，頁一二。

圖六　三教圖　明代丁雲鵬繪「三教圖」軸，現藏北京故宮博物院。紙本設色，縱一一五點六厘米，橫五五點七厘米。圖左下款署「善男子丁雲鵬敬寫」。鈐「丁雲鵬印」「南羽氏」。丁為安徽休寧人（一五四七－一六二八年）。畫上有陳繼儒題記。（圖片來源：北京故宮博物院 http://www.dpm.org.cn/shtml/117/@/ 5822.html）

絕聲」。【一】古人云：「皮之不存，毛將焉附？」孔廟祭典頓時墜入風雨飄搖之中，遊離於共和體制，無所掛搭。居間雖曾有康有為力圖復振，四處呼籲將孔子祭典「入憲」共和，但終告功敗垂成。【二】自此，孔廟便淪為當今華人社會的文化遊魂，妾身未明，亟待重新定位。

簡言之，孔廟祭典在中華帝國史由於政教合一，遂與帝國禮制形成有機的結合，並獲得長足的發展。但一旦帝制崩潰，則未免陷入土崩瓦解的窘境，此正應驗了「水能載舟，亦能覆舟」的諺語。在今日社會，孔廟也唯有去政治化，重新尋覓立基點，方能再浴火重生。

【一】康有為，〈致北京孔教會電〉，收入湯志鈞編，《康有為政論集》（北京：中華書局，一九八一年），下冊，頁九二一。

【二】請參閱拙作〈清末民初儒教的「去宗教化」〉，收入《從理學到倫理學：清末民初道德意識的轉化》（北京：中華書局，二〇一四年），頁二五一——二五三。

學術與信仰——論孔廟從祀制與儒家道統意識*

一、引言

在帝制中國，孔廟作為官方祭祀制度，恰是傳統社會裏政治與文化兩股力量最耀眼的交點。以皇權為代表的政治勢力，其對孔廟祭祀制度的作用，個人已略有著墨；【一】本文則企圖從文化的角度，探討儒學主流思想如何透過道統意識來左右孔廟從祀制，並造成歷史上諸多的變遷。

宋末元初的熊鉌（一二五三——一三一二年）說：「尊道有祠，為道統設也。」【二】此處的「祠」，指的即是孔廟。孔子（公元前五五一——公元前四七九年）為道統之源，素為儒者所宗；祭祀孔子，即是為了尊崇道統。明代的程徐（？——一三七〇年）於上疏太祖勿停天下通祀孔子時，將這一點陳述得十分透徹，他說：

> 孔子以道設教，天下祀之。非祀其人，祀其教也、祀其道也。【三】

此外，孔廟祭祀對象，除了孔子之外，尚包括歷代儒教正統的承繼者，這就涉及孔廟從祀制了。

孔廟之所以有從祀者，旨在「佐其師（孔子），衍斯世之道統」；【四】據王世貞（一五二六——一五九〇年）所云：「（斯禮）雖德之者，不能舉無功之祀；怨之者，不能廢應祀之功。」【五】循此，學者於從祀人選應無歧見才是；但衡諸史實則不然，學者各持己見、莫衷一是，反是常事。究其由，歷代諸儒、甚至並世諸儒，對「道統」一義的瞭解多有分歧，導致從祀標準迭有變異。誠如朱門高弟——黃榦（一一五二——一二二一年）所

＊拙文承蒙陳弱水、王汎森兩位學兄訂正，謹此致謝。本文初載《新史學》，五卷二期（一九九四年六月），頁一——八二。後收入拙著，《優入聖域：權力、信仰與正當性》（北京：中華書局，二〇一〇年），頁一八五——二六〇。二〇一四年九月校訂。

【一】拙作，〈清初政權意識形態之探究〉，《中央研究院歷史語言研究所集刊》，第五八本第一分（一九八七年三月），頁一〇五——一三二；〈道統與治統之間〉，《中央研究院歷史語言研究所集刊》，第六一本第四分（一九九〇年十二月），頁九一七——九四一；〈權力與信仰：孔廟祭祀制度的形成〉，《大陸雜誌》，第八六卷第五期（一九九三年五月），頁八——三四。

【二】熊鉌，《熊勿軒先生文集》（《叢書集成初編》第二四〇七冊；上海：商務印書館，一九三六年），卷四，頁四八。

【三】張廷玉等，《明史》（臺北：鼎文書局，一九八〇年），卷一百二十九，頁三九八二。

【四】王世貞，《弇州山人四部稿》（臺北：偉文圖書公司，一九七六年），卷一百一十五，頁二上。

【五】同上注。

感歎：

> 嗚呼！道之在天下未嘗亡也，而統之相傳，苟非其人，則不得而與。【一】

這也就是儒者堅持「道之正統，待人而後傳」的道理。【二】由於這項堅持，歷代從祀人選的標準難免隨著儒家思想脈動，而有所變遷。

然而孔廟究屬國家祭祀要典，儒者本身對從祀人選並無法私相授受。孔廟所奉祀的人物，無論進退與否，均須受朝廷的認可與節制。依慣例，從祀諸儒必得由廷議產生。私下之間，學者對於何人可從祀孔廟，往往議論紛紛、各有所是。但若經儒臣具疏建言，復經皇上下詔廷議，則可進行正式的辯論。明代的沈鯉（一五三一——一六一五年）就曾說明廷議的功能。他說：

> 從祀一事，持久不決，必煩廷議者，則以在廷之臣可以盡天下之公議，而眾言僉同，人品自定，所以要之於歸一之論也。【三】

可知廷議主旨在於匯集共識，亟求從祀至當歸一。

可是，究其實廷議仍僅是從祀孔廟的程序而已，真正的裁量權仍握在皇帝手中。以明世宗嘉靖十九年（一五四〇年）為例，眾議薛瑄（一三八九—一四六四年）宜從祀文廟否；《明實錄》記錄完備，足供參考：

先是御史楊瞻、樊得仁奏：「故禮部侍郎薛瑄，國朝大儒，宜從祀文廟。」詔下儒臣議。時尚書霍韜，……二十三人議宜祀；庶子童承敘、贊善浦應麒議宜緩；贊善兼檢討郭希顏以瑄無著述功，議不必祀。【四】

觀此，薛瑄已獲得絕多數儒臣（二十三人）的支持，入祀孔廟似不成問題。是故，其時「給

【一】王懋竑，《朱子年譜》（《叢書集成初編》第三四二〇—三四二五冊），卷四下，頁二四〇。

【二】同上書，頁二三五。

【三】孫承澤，《天府廣記》（北京：北京出版社，一九六二年），卷九，頁八八—八九。

【四】徐階、張居正等纂修，《明世宗實錄》（收入黃彰健校勘《明實錄》；臺北：中央研究院歷史語言研究所，一九六六年），卷二百三十五，頁二下。

事中丁湛等請從眾議之多者」，至是禮部亦集議以請。【一】但事情的發展大大出乎意料之外，明世宗卻置廷議於不顧，依舊執意論久而後定，以慎重祀典。他言道：

> 聖賢道學不明，士趨流俗，朕深有感。薛瑄能自振起，誠可嘉尚；但公論久而後定，宜候將來。【二】

所以直至隆慶五年（一五七一年），薛瑄不單獲得廷議的支持，且得到明穆宗的首肯，方得配饗孔廟。這顯示孔廟從祀人選的裁量權，最終仍操之統治者手中。明儒王世貞以傳統的語彙讚美之：「斯禮也，人主行之以厚道，而持之以公道。」【三】這點適透顯孔廟從祀制的政治文化。

由於孔廟所奉祀的對象全然為儒家聖賢，身後從祀孔廟自然成為儒者至高的榮耀。例如：王守仁（一四七二——一五二九年）生前平「宸濠之亂」有功，受封「新建伯」。可是時人視此爵稱僅止「一代之典」，陽明身後倘能入祀孔廟方為「萬代之典」。【四】陽明弟子——薛侃（一四八六——一五四五年）於敦請朝廷允王氏從祀孔廟之時，即錄有「從祀孔廟，萬代瞻仰，甚盛舉」之語。【五】可見入祀孔廟的殊榮，遠逾俗世的爵封。清儒錢大昕（一七二八—一八〇四年）就道出「孔廟從祀，非尋常事」，【六】不啻一語道破其中關鍵。

而傳統讀書人對「入祀孔廟」的關切，又可從下列兩件事例稍加說明。明儒馮從吾（一五五七—一六二七年）素好聖學，舉止矜莊；時人即以「此食生豘肉者」譏之，蓋緣祀孔須享以牲禮，藉此暗諷馮氏「有意於兩廡之間」。【七】馮氏的故事固是反諷的例子，卻透露了「從祀孔廟」的文化象徵經常活躍於古人心目之中。又清人李文炤（一六七二—

【一】徐階、張居正等纂修，《明世宗實錄》，卷二百三十五，頁二下。

【二】同上書，頁二下—三上。

【三】王世貞，《弇州山人四部稿》，卷一百一十五，頁二上。

【四】孫承澤，《春明夢餘錄》（一八八三年南海孔氏刻印古香齋袖珍本影印本；香港：龍門書局，一九六五年），卷二十一，三六下；又見是氏，《天府廣記》，卷九，頁八九。

【五】薛侃的〈請從祀疏〉，收入王守仁撰，吳光等校，《王陽明全集》（上海：上海古籍出版社，一九九二年），卷三十九，頁一四九五。

【六】錢大昕撰，呂友仁標校，《潛研堂集》（上海：上海古籍出版社，一九八九年），卷十九，頁三三二。

【七】（明）董其昌著，（明）葉有聲校，《容臺集》（影印明刊本；臺北：國立中央圖書館，一九六八年），卷一，頁一三上—一三下。

一七三五年），方十歲，遊郡城。李父攜之晉謁孔廟，循行殿廡，告以配饗從祀之典。李氏隨應曰：「如此庶不枉一生。」【一】李文炤的故事顯示傳統儒生自幼即浸淫「從祀孔廟」的文化價值，以致「入祀孔廟」的意向深植士子民心。

其實上述文化心理的表徵，乃長遠以來孔廟在建制過程中，積累而成的效果。例如：貞觀四年（六三〇年），唐太宗詔地方州、縣學普設孔子廟，【二】此舉促使士子耳濡目染儒者成聖希賢的榮耀，大有潛移默化之功。惟就制度而言，仍以孔廟從祀制的建立最為關鍵。是故，必須先對此一制度的形成略加探討，方能進一步觀察儒家主流思想與孔廟發展史的關係。

二、從祀制的形成

古人每事必祭其創始之人，譬如：耕之祭先農、桑之祭先蠶、學之祭先師，都是秉持同樣的道理。【三】於古代典籍之中，《周禮》、《禮記》分別提供了學者祭祀先師的經典依據。《周禮．春官》載有：

凡有道者有德者，使教焉，死則以為樂祖，祭於瞽宗。【四】

《禮記．文王世子》亦云：

凡學，春官釋奠於其先師，秋冬亦如之。【五】

孔子為儒者宗師，孔廟祭祀以孔子為主，即是體現上述的禮制規範。

【一】徐珂編撰，《清稗類鈔》（臺北：臺灣商務印書館影印一九一七年上海商務印書館初稿，一九六六年），《性理類》，頁二六。

【二】歐陽修、宋祁，《新唐書》（臺北：鼎文書局，一九八〇年），卷十五，頁三七三。

【三】顧炎武，《原抄本顧亭林日知錄》（臺北：文史哲出版社，一九七九年），卷十八，頁四三〇。

【四】孫詒讓撰，王文錦、陳玉霞點校，《周禮正義》（北京：中華書局，一九八七年），卷四十二，頁一七二〇。

【五】孫希旦撰，沈嘯寰、王星賢點校，《禮記集解》（北京：中華書局，一九八九年），卷二十，頁五五九。

然而，孔廟除卻祭孔，還涉及附祭制度。這包括「配饗」及「從祀」兩大位階，二者在本文概稱「從祀制」。但古來未嘗有弟子從祀於師之禮，職是之故，孔廟從祀制確為創舉。【一】然而孔廟，尤其從祀制，較之其他古代祭禮（例如郊祭、社稷），實屬晚起；所以孔廟禮制的發展，無疑已有成規可循。這只要略加剖析從祀制，立可發現挪借或轉化昔存禮制的痕跡。就此視之，「配饗」、「從祀」均無例外。

首先，祭典有主、有配。例如《禮記．祭義》即曾記載：

郊之祭，大報天而主日、配以月。【二】

古人祭天於郊，故云「郊祭」。唐代孔穎達（五七四—六四八年）對祭天係主日、配月，有如是的疏解：

主日配以月者，謂：天無形體，懸象著明不過日月，故以日為百神之主，配之以月。自日以下皆祭，特言月者，但月為重，以對日耳。【三】

宋儒方慤（一一一八年前後在世）則以其他祭典為背景，對祭天主日配月提供了較廣泛的比較，他說：

有其祀，必有其配。故主以日，而又配以月也。猶之祭社，則配以句龍；祭稷，則配以周棄焉。【四】

此處的「社」即是「五土之神」，「稷」則為「五穀之神」（「五土之中，特指原隰之祇」）。【五】

【一】魏了翁，《重校鶴山先生大全文集》（《四部叢刊初編》影印烏程劉氏嘉業堂藏宋刊本），卷四十五，頁六上。

【二】孫希旦，《禮記集解》，卷四十六，頁一二二六。

【三】（漢）鄭玄注，（唐）孔穎達疏，《禮記注疏》（《景印文淵閣四庫全書》第一一五—一一六冊；臺北：臺灣商務印書館，一九八三年），卷四十七，頁一六下。

【四】（宋）衛湜，《禮記集說》（收入徐乾學等輯《通志堂經解》第三〇—三二冊；臺北：大通書局，一九六九年），卷一百一十一，頁一三下。

【五】（唐）杜佑著，王文錦等點校，《通典》（北京：中華書局，一九八八年），卷四十五，頁一二六四。

祭祀社稷，在漢代已是中央與地方常行之祀典。依鄭玄（一二七—二〇〇年）的解釋，句龍、周棄之所以配饗社稷，乃循「古者官有大功，則配食其神」的原則。【一】可見陪祭配位不止是古代祭典之常事，且允以「人物」行配位之實。

必須補充的是，主日配月僅是祭天之一種儀式而已；此外，歷史人物亦可充任郊天配位的角色，通常這個人物即是創業聖統的始祖。此一制度傳言始自周公。《孝經．聖治章》有如下常為史書引述的語句：

孝莫大於嚴父，嚴父莫大於配天。……昔者周公，郊祀后稷以配天，宗祀文王於明堂，以配上帝。【二】

西漢平帝元始五年（公元五年），王莽（公元前四五年—公元二三年）上奏復行郊祭儀，即接引上述之語作為典據。他對王者所以必須祭天，有如下的解釋：

王者父事天，故爵稱「天子」。……王者尊其考，欲以配天，緣考之意，欲尊祖，推而上之，遂及始祖。【三】

其實，王氏所言已涉「禘之禮」；即《禮記》〈喪服小記〉與〈大傳〉中所謂：「王者禘其祖之所自出，以其祖配之。」【四】依鄭玄所解則是：凡大祭曰「禘」。大祭其先祖所由生，謂「郊祀」。【五】遵此，后稷為周之始祖，故行郊天之祭，尊之以配天；惟文王為開國之君，故又「宗祀」文王於明堂以配上帝。為此，鄭玄注云「王者之先祖，皆感大微五帝之精以生」，又道「宗祀文王於明堂，以配上帝」，即「汎配五帝」（感生帝）。【六】這說明了郊天、祀帝均允以先祖行配位之實。

【一】轉引自范曄，《後漢書》（臺北：鼎文書局，一九八三年），志第九，頁三二〇〇。

【二】唐玄宗注，《御注孝經》（臺北：鼎文書局，一九七二年），頁九上。此事亦載之《史記》。見司馬遷，《史記》（臺北：泰順書局，一九七一年），卷二十八，頁一三五七；又班固，《漢書》（臺北：鼎文書局，一九八七年），卷二十五下，頁一二六四—一二六五。

【三】班固，《漢書》，卷二十五下，頁一二六四。

【四】孫希旦，《禮記集解》，卷三十二，頁八六六；卷三十四，頁九〇二。

【五】鄭玄，《宋本禮記鄭注》（來青閣影印宋余仁仲萬卷堂刊本；臺北：鼎文書局，一九七二年），卷十，頁八上。

【六】同上書，頁一下、頁八上。

漢代郊祭屢屢以高祖配位，即為上述禮制的實踐。【一】總之，毋論郊祭或社稷均源自上古，以司馬遷（約公元前一四五年—約公元前八九年）在《史記．封禪書》的用語簡述之，則是「郊社所從來尚矣」。【二】漢代以來，這些祀典成為官方所奉行的祭禮，所以「配位」之典亦成慣例。

除「配饗」之外，「從祀」禮制在漢朝亦見行事。例如：最初，元鼎四年（公元前一一三年），漢武帝因親郊，而發現后土無祀，始立后土祠於汾陰。【三】平帝年間，王莽建議：天地合祭，先祖配天，先妣配墜。又有合祭、分祭之儀，孟春，天子親合祀天墜於南郊，以高帝、高后配；冬至，使有司奉祠南郊，高帝配；夏至，使有司奉祭北郊，高后配。【四】東漢光武帝建武中元二年（公元五七年），立北郊於雒陽城北，祀地祇、位南面西上，高皇后配、位西面北上，皆在「壇上」；地理群神從食，皆在「壇下」，如元始故事。【五】光武祀地祇，同時涉及配饗與從食，最富啟示。復由「壇上」、「壇下」之分，可知「配饗」之位必定尊於「從食」（從祀）；後世孔廟「配饗」諸儒位居殿堂，而「從祀」之儒則只能忝列兩廡，其淵源即在於此。

綜上所述，形式上，孔廟從祀制皆有現成禮制可資借鑑。根據《左傳》所載，孔子卒於魯哀公十六年（公元前四七九年）。【六】孔廟必定立於孔子身後，惟其時應僅是家廟、祠堂的性質。西漢年間，孔廟逐步轉化成官廟。於此之後，文獻方出現有關孔廟從祀的記錄：東漢永平十五年（公元六二年），明帝過魯，幸孔子宅，祀仲尼及七十二弟子。這是首開弟子從祀於師的先例。【七】其時七十二弟子應屬附祭關係。

弟子配饗孔子，則至遲在東漢末葉已見行事，這從時人禰衡（一七三——一九八年）的

【一】班固，《漢書》，卷二十五下，頁一二六四——一二六六。

【二】司馬遷，《史記》，卷二十八，頁一三五七。班固在《漢書．郊祀志》亦以同樣的用辭狀之，班固云：「郊祀社稷，所從來尚矣。」顏師古謂：「起於上古。」見班固，《漢書》，卷二十五上，頁一一九一。

【三】司馬遷，《史記》，卷二十八，頁一三八九。

【四】班固，《漢書》，卷二十五下，頁一二六五——一二六六。

【五】范曄，《後漢書》，志第八，頁三一八〇——三一八一。

【六】洪亮吉，《春秋左傳詁》（北京：中華書局，一九八七年），卷二十，頁八八二——八八三。

【七】范曄，《後漢書》，卷二，頁一一八。明儒丘濬則誤繫後世祀孔子弟子始於安帝延光三年（一二四年）。參較丘濬，《大學衍義補》（《景印文淵閣四庫全書》第七一二——七一三冊），卷六十五，頁七a。

〈顏子頌〉可得佐證。【一】迄三國魏齊王芳（二三二—二七四年）之時，尤屢見朝廷使太常以太牢祭孔子於辟雍，且以顏淵配之。【二】這顯示顏淵配饗已成祭孔祀典的常規。

總之，孔廟從祀制由東漢以下，漸次發展成形。這代表孔廟於官廟化之後，在禮制上又有一大躍進。然而於此之前，其他祭禮實施「配饗」與「從祀」由來已久。對孔廟本身而言，「配饗」與「從祀」事實上皆屬於日後追加的禮制。

另一方面，雖然孔廟從祀制於東漢明帝祀孔子並及七十二弟子，已啟其端，但包涵「從祀」與「配饗」成套的附祭制度，則須俟唐玄宗開元年間，方見完整的運作。

東漢明帝以降，孔廟附祭制度陸續發展，間有從祀（七十二弟子）、或顏子配饗，層次不一。整體而言，均朝向從祀建制的完成邁進；唯一例外，即唐初之逆流。唐高祖武德七年（六二四年），孔子一度淪為配饗周公，此與孔廟從祀制大相徑庭。然而太宗貞觀二年（六二八年），旋停祭周公，升孔子為先聖，以顏回配饗。【三】但孔子先聖之位，並非從此屹立不搖：唐高宗永徽年間，復以周公為先聖，黜孔子為先師，顏回、左丘明以降皆從祀。【四】太宗貞觀二十一年（六四七年），詔左丘明等二十二人與顏回並為先師，俱配尼父於太學。【五】准此，永徽年間，孔子降為先師，即配饗周公之意。

是故，唐高宗顯慶二年（六五七年），由太尉長孫無忌（五九四—六五九年）、禮部尚書許敬宗（五九二—六七二年）等領銜上疏，祈求「改令（永徽）從詔（貞觀）」的奏詞，便針對永徽令有關從祀制規定不合情理之處大加撻伐。他們言道：

聖則非周即孔，師則偏善一經。……所以貞觀之制，正夫子為先聖，加眾儒為先師。而今新令，輒事刊改，……仲尼生衰周之末，拯文喪之弊，祖述堯舜，憲章文武，弘聖教於六經，闡儒風於千載，故孟軻稱生靈以來，一人而已。自漢以降，奕葉繼俟，崇奉其聖，迄於今日，胡可降茲上哲，俯入先師？且又丘明之徒，則行其學，

【一】禰衡，〈顏子頌〉，收入高明編，《兩漢三國文彙》（臺北：中華叢書編審委員會，一九六〇年），頁二二五〇。

【二】陳壽，《三國志》（臺北：鼎文書局，一九八三年），卷四，頁一一九—一二一。魏齊王正始年間，每講經遍，輒使太常釋奠於辟雍，以太牢祀孔子，以顏淵配。

【三】歐陽修、宋祁，《新唐書》，卷十五，頁三七三。

【四】同上書，頁三七四。

【五】王溥，《唐會要》（京都：中文出版社，一九七八年），卷三十五，頁六三六。

貶為從祀，亦無故事。今請改令從詔，於義為允。【一】

以長孫氏之意，孔子「俯入先師」與丘明之徒「貶為從祀」，通是永徽令不合傳統之舉。此一「倒行逆施」的禮制，終因長孫氏等之言，獲得改正。於是周公仍依禮配饗周武王，孔子復為先聖。從此，以孔子、周公分屬「道統」、「治統」，涇渭分明；而以孔子為中心的從祀制乃固若磐石，永為定制。

另一方面，就儒學內容而言，更饒意義的是，從祀制的實踐與儒學主流思想交互錯雜的關係。這便進入拙文的主題——孔廟從祀制如何呈現儒家道統意識，而這只能從剖析歷代從祀的變動著手，才能顯現其中的脈動。

三、唐代的從祀制：傳經之儒與七十二弟子

唐初，孔廟從祀制隨著孔子聲勢的高下，起伏不定。終於在貞觀二十一年（六四七年），孔子首次恢復先聖地位後的第十九年，孔廟從祀制有了突破性的發展。該年二月，太宗詔以左丘明、卜子夏、公羊高、穀梁赤、伏勝、高堂生、戴聖、毛萇、孔安國、劉

向、鄭眾、杜子春、馬融、盧植、鄭玄、服虔、何休、王肅、王弼、杜預、范甯、賈逵等二十二人並為先師。其所持理由是「代用其書，垂於國胄，自今有事於太學」，遂命配饗宣尼廟堂。【二】此次配饗完全以顏回之例為準則，所以實際上的配饗尚包括顏子在內；這從顯慶二年（六五七年），長孫等氏再次奏言恢復孔子先聖之位的追溯之詞，亦可確認。【三】但其理據則迥然有異。

要之，顏回在孔門獨特的地位，素來未被置疑。顏回德行高超，居門人之首；且孔子屢稱其好學，非他人可及。顏回死時，孔子哭之慟，至有「天喪予？天喪予？」之歎，足見其受孔子鍾愛的程度。【四】

【一】《舊唐書》、《通典》均以禮部尚書許敬宗領名，《新唐書》、《唐會要》則以太尉長孫無忌領名。參見劉昫，《舊唐書》（臺北：鼎文書局，一九七六年），卷二十四，頁九一八；《通典》，卷五十三，頁一四八一；《新唐書》，卷十五，頁三七四；《唐會要》，卷三十五，頁六三六。又，此段引文採《通典》版文字。

【二】王溥，《唐會要》，卷三十五，頁六三六。惟「貞觀二十一年」誤植為「三十一年」。

【三】同上書，卷三十五，頁六三六。

【四】語出《論語．先進》。參見朱熹，《論語集注》（收在氏著，《四書章句集注》；北京：中華書局，一九八三年），卷六，「先進第十一」，頁一二五。

是故，在眾多弟子之中，顏回首先脫穎而出陪祀孔子，實屬意料中事。至遲在東漢禰衡的〈顏子頌〉已有「亞聖德」之讚，更重要的又錄有「配聖饋，圖辟雍」之辭，可見該時顏回已圖畫辟雍，配饗孔聖。【一】惟始配饗之時間，則有待考論之處。明代孔貞叢（一六〇九年前後在世）的《闕里志》言：「漢高帝十二年，東巡狩過魯，以太牢祀孔子，以顏子配饗，歷代因之。」【二】漢高祖過魯，以太牢祀孔子，查《史記》確有其事，惟「以顏子配饗」則無史料可據，恐係無稽之談。【三】

其次，清儒龐鍾璐（?——一八七六年）在《文廟祀典考》中言：「漢永平十五年（公元六二年）祀七十二弟子，顏子位第一。魏晉祀孔子，均以顏子配。」【四】龐氏之語有實測、有虛擬。實處是：「魏晉祀孔子，均以顏子配。」貞觀二年（六二八年），太宗罷祀周公，升孔子為先聖，以顏回配，即緣國子博士朱子奢（?——六四一年）之建言。朱氏之奏辭適可印證上述之語，朱氏說：

> 庠序置奠，本緣夫子。故晉、宋、梁、陳及隋大業故事，皆以孔子為先聖，顏回為先師，歷代所行，古人通允。【五】

反之，龐氏謂「祀七十二弟子，顏子位第一」，或僅就顏子在孔門突出的形象，所預鑄的虛擬之辭，因此尚待實證，遑論「配饗」與「從祀」在禮制位階截然有異。

可是，過猶不及，前人論顏回始配饗孔子之事，亦曾有嫌遲之論。顏子配孔，明儒丘濬（一四二一—一四九五年）便斷為魏王芳正始七年（二四六年），清儒秦蕙田（一七〇二—一七六四年）則裁為正始二年（二四一年）。【六】兩相互較，秦氏雖較丘氏精謹，惟尚囿於正史之限。前述東漢禰衡〈顏子頌〉一文若可採信，則顏子配饗之情必不晚於禰氏之世（禰衡逝於公元一九八年）。而後，顏子配孔則成為既定模式。晉元康初年（二九一年），潘尼（約二五〇—約三一一年）的〈釋奠

【一】禰衡，〈顏子頌〉，收入《兩漢三國文彙》，頁二二五〇。

【二】孔貞叢，《闕里志》（明萬曆三十七年刊本），卷三，頁四上。

【三】參較司馬遷，《史記》，卷九十七，頁二六九二。

【四】龐鍾璐，《文廟祀典考》（臺北：中國禮樂學會據光緒四年刊本影印，一九七七年），卷首，頁四六上。

【五】王溥，《唐會要》，卷三十五，頁六三五—六三六。

【六】丘濬，《大學衍義補》，卷六十五，頁七上。秦蕙田，《五禮通考》（《景印文淵閣四庫全書》第一三二—一四二冊），卷一百一十七，頁一六上—一六下。

頌〉即對顏子配孔有栩栩如繪的描述，他清楚地道出：「夫子位于西序，顏回侍于北墉。」【一】迄北齊之時，孔廟甚以「孔顏廟」合稱之，足見顏子在祀孔禮制中突出的地位。【二】

顏回在孔門弟子之中，其重要性固早受肯定，其他弟子則不止無此殊榮，且立祀的過程甚為曲折。例如酈道元（約四六六年—五二七年）的《水經注》已載，魏黃初二年（二二一年），文帝令郡國修起孔子舊廟，廟中有「夫子像，列二弟子執卷立侍，穆穆有詢仰之容」。【三】酈氏雖未曾指明此二弟子為何人，但若揆諸日後北魏洛陽城內的國子學，同樣設有孔丘像，並有「顏淵問仁、子路問政在側」；【四】以此逆推，黃初二年孔廟中的「二弟子」或應是顏淵與子路。

然而，顏回與子路之地位甚為不同。洛陽國子學中的顏子早已領受歷代配饗殊榮，旁侍孔像可謂名正言順，反觀子路則徒具塑像，在禮儀上仍落得「妾身未名」。其實，子路正式入祀孔廟（七二〇年）遠遠落後顏淵逾五百年，聲勢懸殊，可見一斑，其他弟子尤可想而知。此外，唐初首次大規模立孔廟從祀制，竟與絕大多數孔門及門弟子無緣，殊可留意。

唐貞觀二十一年（六四七年），太宗下詔以左丘明等二十二賢配饗孔廟，而及門弟子除顏回與子夏之外，全不在考慮之列。此舉令後儒議論紛紛。然而，這卻清楚地反映了當時學術的風向；援明儒丘濬之見釋之，則是：「諸儒從祀孔子，皆其有功於聖人之經。」【五】以此度之，則卜子夏、毛萇緣有功於《詩》；左丘明、穀梁赤、公羊高有功於《春秋》；伏勝（約公元前二六〇—約公元前一六一年）、孔安國有功於《尚書》；高堂生、戴聖有功於《禮》；王弼（二二六—二四九年）有功於《易》；劉向（公元前七七—公元前六年）、鄭眾（？—公元八三年）、杜子春、馬融（七九—一六六年）、盧植（？—一九二年）、鄭玄（一二七—二〇〇年）、服虔、王肅（一九五—二五六年）、賈逵（三〇—一〇一年）則通有功於諸經；何休（一二九—一八二年）、杜預（二二二—二八五年）、范甯（約

【一】房玄齡等，《晉書》（臺北：鼎文書局，一九八七年），卷五十五，頁一五一〇。

【二】魏徵等，《隋書》（臺北：鼎文書局，一九八〇年），卷九，頁一八一。

【三】（後魏）酈道元注，楊守敬、熊會貞疏，《水經注疏》（南京：江蘇古籍出版社，一九八九年），卷二十五，頁二一一〇。

【四】（魏）楊衒之撰，范祥雍校注，《洛陽伽藍記校注》（臺北：華正書局，一九八〇年），卷一，頁一。其故事見《論語》〈顏淵〉與〈子路〉兩篇。

【五】丘氏之見，轉引自李之藻，《頖宮禮樂疏》（《景印文淵閣四庫全書》第六五一冊），卷二，頁三上。

三三九—約四〇一年）則又有功於《三傳》，方得配饗孔廟。觀此，子夏立名孔廷純係傳《詩》之故，非關其孔門弟子的地位。

細繹上述配饗諸儒之貢獻，戴聖以上九人，功在「存經」；王輔嗣（即王弼）以下十三人，則功在「傳經」。二者略有差異，惟其有功於聖人之經則毫無二致。而其得以配饗孔廷，全因貞觀禮臣「依《禮記》之明文，酌康成之奧說」，據此方得「正孔子為先聖，加眾儒為先師」。【一】是故，《禮記》與鄭玄的注解有略加檢討的必要，以便瞭解貞觀之制的論據。

《禮記．文王世子》說：

> 凡始立學者，必釋奠於先聖。【二】

鄭玄注「先聖」為「周公若孔子」，【三】意謂：周公或孔子。貞觀禮臣據此以恢復孔子先聖的名位。《禮記．文王世子》又說：

> 凡學，春官釋奠於其先師，秋冬亦如之。【四】

鄭玄釋「先師」：若漢，《禮》有高堂生，《樂》有制氏，《詩》有毛公，《書》有伏生，可以為師者。【五】顯然，鄭氏受所處時代學術氛圍的影響，以「偏善一經」的經師解「先師」之義。同樣地，貞觀禮臣正是受此一價值標準的啟示，以當時普受肯定的經學宗師，代表儒學的至高成就，配饗孔廟。

值得注意的是，前此，孔穎達（五七四—六四八年）等奉詔撰定《五經正義》，【六】包括《易》主王弼、《書》主孔安國、《春秋左氏》主杜預、《毛詩》與《禮記》則皆主鄭

【一】王溥，《唐會要》，卷三十五，頁六三六。

【二】孫希旦，《禮記集解》，卷二十，頁五六〇。

【三】鄭玄，《宋本禮記鄭注》，卷六，頁一五上。

【四】孫希旦，《禮記集解》，卷二十，頁五五九。

【五】鄭玄，《宋本禮記鄭注》，卷六，頁一五上。

【六】按，《五經正義》撰成於貞觀十二年（六三八年），即付國子監施行。因後續有修正，於高宗永徽四年（六五三年）方頒佈天下。見王溥，《唐會要》，卷七十七，頁一四〇五。

玄。【一】書成，下詔付國子監施行。【二】而後，貞觀從祀二十二賢即將《五經正義》的注疏名家囊括無遺，可謂是極迅捷的同步反應；而其從祀褒優之詔措辭「代用其書，垂於國胄（國子學胄子）」，或許著意於此。得此之助，往後貞觀二十二賢更加發揮規範朝廷官學的作用了。【三】

可是，美中不足的，貞觀從祀不意間卻獨獨遺漏了孔門大多數與經學傳承無關的弟子，此事引致後人疵議。開元八年（七二〇年），國子司業李元瓘（七二〇年前後在世）為此奏稱：

> 京國子監廟堂，先聖孔宣父，配坐先師顏子。……又四科弟子閔子騫等，並伏膺儒術，親承聖教，雖復列像廟堂，不參享祀。謹按祠令：何休等二十二賢，猶霑從祀。豈有升堂入室之子，獨不霑配享之餘？望請春秋釋奠，列享在二十二賢之上。七十子者，則文翁之壁，尚不闕如，豈有國庠，遂無圖繪？請令有司，圖形於壁，兼為立讚。【四】

結果詔下：「顏回等十哲，宜為坐像，悉令從祀。曾參大孝，德冠同列，特為塑像，坐於

十哲之次。因圖畫七十弟子及二十二賢于廟壁上。」【五】

開元八年的詔令之中，曾參特受褒遇，前此已有徵兆。曾參大孝，歷代多有稱述。【六】

【一】（元）馬端臨撰，華東師範大學古籍研究所標校，《文獻通考．經籍考》（上海：華東師範大學出版社，一九八五年），卷二，頁四八；卷四，頁一一〇；卷六，頁一五四；卷八，頁二〇二；卷九，頁二三四—二三五。又皮錫瑞，《經學歷史》（臺北：鳴宇出版社，一九八〇年），頁一九七。

【二】劉昫，《舊唐書》，卷七十三，頁二六〇二—二六〇三。

【三】（唐）李林甫等撰，陳仲夫點校，《唐六典》（北京：中華書局，一九九二年），卷二十一，頁五五八。其間記載：凡釋奠之日，則集諸生執經論議。……凡授之經，以《周易》等各為一經。諸教授正業：《周易》，鄭玄、王弼注；《尚書》，孔安國、鄭玄注；《三禮》、《毛詩》，鄭玄注；《左傳》，服虔、杜預注；《公羊》，何休注；《穀梁》，范甯注；《論語》，鄭玄、何晏；《孝經》、《老子》，並開元御注。舊令：《孝經》，孔安國、鄭玄注。……每歲終，考其學官訓導功業之多少；而為之殿最。

【四】王溥，《唐會要》，卷三十五，頁六三九。

【五】同上注。

【六】曾參孝行，參見龐鍾璐，《文廟祀典考》，卷八，頁五下—九上。

而其所著《孝經》，【一】尤為人君所看重。自「漢制使天下誦《孝經》，選吏舉孝廉」，【二】《孝經》的政治行情一路攀高，魏晉南北朝迭有人君親加注釋，以廣行天下。【三】統治者推崇《孝經》的底蘊，唐玄宗在《御注孝經》裏的引言恰好表露無遺，他對「明王之以孝理天下之説」大表贊同。【四】換言之，《孝經》鼓吹「孝始於事親，中於事君，終於立身」的政治意涵，人主從未輕輕放過。【五】

貞觀十四年（六四〇年），唐太宗觀釋奠於國子學，即特詔孔穎達講《孝經》，並加注疏。【六】可見唐初以來，《孝經》的地位便居高不下。而傳統上曾參被目為《孝經》一書的作者，連帶使得曾氏地位亦水漲船高。終於在唐高宗總章元年（六六八年），皇太子於釋奠國學之時，上表祈求褒贈顏回之外，另有曾參。依朝廷回覆，顏回可贈「太子少師」、曾參可贈「太子少保」，並配饗孔廟。【七】

總章元年孔廟從祀更動，最醒目之處，便是曾參取代了子路在魏晉南北朝旁侍的地位。昔時「顏淵問仁、子路問政」，恰是側侍孔夫子慣用的配對。可是，此番皇太子鑑於身分之制，加上渠成曾參配饗之態勢，於其上表亦只能措辭「想仁、孝於顏、曾」，【八】而不敢奢言「習問政於子路」了。唐睿宗太極元年（七一二年），朝廷更擢封顏子「太子太師」、曾子「太子太保」，咸預配饗。【九】可見開元八年，曾參特受褒遇，不止其來有故，並且預伏日後晉升「四配」的契機。

此外，開元八年（七二〇年）詔書中所謂「十哲」，【一〇】即指孔門「四科」之俊秀，

【一】曾子作《孝經》，見司馬遷，《史記》，卷六十七，頁二二〇五。關於《孝經》作者的問題，可參見蔡汝堃，《孝經通考》（人人文庫第二八一冊；臺北：臺灣商務印書館，一九七〇年），第二篇。

【二】范曄，《後漢書》，卷六十二，頁二〇一五。

【三】朱彝尊，《經義考》（京都：中文出版社，一九七八年），卷二百二十三，頁一上—八上。

【四】唐玄宗，《御注孝經》，〈序〉，頁一上—一下。

【五】唐玄宗，《御注孝經》，頁三下。另參考周予同，〈孝經新論〉，收入朱維錚編，《周予同經學史論著選集》（上海：上海人民出版社，一九八三年），頁四七七—四九一。

【六】歐陽修、宋祁，《新唐書》，卷十五，頁三七三。

【七】潘相，《曲阜縣志》（清乾隆三十九年刊本），卷二十二，頁七下—八上。曾參於總章元年已配饗孔廟，關於此點丘濬反而為是，秦蕙田為誤。比較丘氏，《大學衍義補》，卷六十五，頁一〇b；秦氏，《五禮通考》，卷一百一十七，頁三四上。

【八】潘相，《曲阜縣志》，卷二十二，頁七下。

【九】同上書，頁一二上。

【一〇】開元八年採國子司業李元瓘之奏，方有十哲預饗。日人仁井田陞將十哲繫於開元七年祠令之中，顯然有誤。參較仁井田陞著，栗勁等編譯，《唐令拾遺》（長春：長春出版社據東京大學出版會一九八三年復刻版翻譯，一九八九年），頁一〇二。

包括：「德行」：顏淵、閔子騫、冉伯牛、仲弓；「言語」：宰我、子貢；「政事」：冉有、季路；「文學」：子游、子夏。【一】這批學生是孔子生前最感得意的及門弟子，因此朝廷特有褒譽。

但是「十哲」之受重視，並非始於唐代。首先，圖畫「七十二弟子」在漢末似已流行，例如：東漢光和元年（一七八年），靈帝置「鴻都門學」，即畫孔子及七十二弟子像。【二】又東漢興平元年（一九四年），高眹復修的「周公禮殿」，梁上亦曾畫仲尼及七十二弟子。【三】但「十哲」之目之單獨呈現，則俟南北朝時，方見文獻陸續登載。至遲在東晉太元十年（三八五年），國子學西邊的「夫子堂」，即畫有夫子及十弟子像。【四】

地方上，南齊永明十年（四九二年），成都刺史劉悛（約四三八—約四九九年）復修的「玉堂禮殿」，其上亦畫有「四科十哲像」。【五】甚至闕里孔廟本身，據東魏興和三年（五四一年），兗州刺史李珽的〈修孔子廟碑〉，亦有「既繕孔像，復立十賢」的記述。【六】此處所提的「十賢」，核其碑文即知意指「四科」，因此孔門「十哲」受到看重，由來已久。然而圖畫或立像究竟仍與「預享」頗有差距。李元瓘的奏詞便道出，開元八年以前，顏子除外的其他九名四科弟子已列像廟堂，卻不參享祀。循此，開元八年下詔圖畫七十弟子，並不代表所有孔門及門弟子均得預享；這項工作有待開元二十七年（七三九年）頒佈另一道〈學令〉方告完成。

史書記載人君祀孔子弟子，首見《後漢書·明帝本紀》：永平十五年（公元七二年），明帝過魯，幸孔子宅，祠仲尼及七十二弟子。親御講堂，命皇太子、諸王說經。【七】此為後世祀孔子弟子之始。此距漢初高祖以太牢祀孔子（公元前一九五年），已近三百年。

明帝祀孔子，兼及七十二弟子，成為後世帝王之慣例。而後，章帝於元和二年（公元八五年）、安帝延光三年（一二四年），幸闕里，除祀孔子，亦及七十二弟子。【八】本

【一】語出《論語·先進》。參見朱熹，《論語集注》，卷六，「先進第十一」，頁一二三。
【二】范曄，《後漢書》，卷六十下，頁一九九八。
【三】賀遂亮，〈益州學館廟堂記〉，殘文見（清）陸增祥編，《八瓊室金石補正》（收入《石刻史料新編》第一輯第六—八冊，據一九二四年吳興劉氏希古樓刊本影印；臺北：新文豐出版公司，一九七七年），卷三十五，頁一上—一下。
【四】（唐）許嵩，《建康實錄》（北京：中華書局，一九八六年），卷九，頁二七七。
【五】（宋）黃休復，《益州名畫錄》（收入于安瀾編《畫史叢書》第四冊；上海：上海人民美術出版社，一九八二年），卷二，頁三九。
【六】（金）孔元措，《孔氏祖庭廣記》（《叢書集成初編》第三三一六冊），卷十，頁一一八。
【七】范曄，《後漢書》，卷二，頁一一八。
【八】同上書，卷三，頁一五〇；卷五，頁二三八。

來孔子有教無類，桃李遍天下，司馬遷於《史記．孔子世家》形容「孔子以詩書禮樂教，弟子蓋三千焉，身通六藝者七十有二人」，【一】定非過甚其辭。惟「弟子三千之數」似非確切之數，所謂「三千」蓋欲形容眾多之況，【二】如《禮記．中庸》所頌「禮儀三百，威儀三千」。【三】尤其孔門登堂入室者「七十二」人，更是具有特殊涵義的習用數目，而非實數。【四】以世儒據以考訂孔子從祀弟子的三部典籍而論，人數、人名皆去取不一。依司馬貞《史記索隱》，《史記．仲尼弟子列傳》所錄公伯僚、秦冉、鄡單，《家語》不載，而別有琴牢、陳亢、縣亶當此三人數。如《文翁圖》所記，又有林放、蘧伯玉、申棖、申堂，俱是後人以所見增益，於今殆不可考。【五】《文翁孔廟圖》作七十二人，但誠如清儒朱彝尊（一六二九—一七〇九年）所言「文翁石室象在顯晦之間」，司馬貞所見《文翁孔廟圖》可能相當晚起。西漢文翁石室早毀於火，當時有無壁畫、或後世所見壁畫與原圖一致否？【六】其時代性頗值存疑。《孔子家語》「七十二弟子解」實際弟子數目卻是「七十七」或「七十六」。【七】《史記．仲尼弟子列傳》則引述孔子之言，謂「受業身通者七十有七人」，【八】而與《史記．孔子世家》所載數目「七十二」不符。

考諸更早之文獻，記載孔子言行最直接的著作——《論語》，其弟子姓名著錄者雖僅

【一】司馬遷，《史記》，卷四十七，頁一九三八。

【二】參較汪中，《述學》（《四部叢刊初編》影印無錫孫氏藏本），「內篇」，〈釋三九〉，頁二下。汪氏謂：「故知三者虛數也……推之十百千萬固亦如此。故學古者通其語言，則不膠其文字矣。」

【三】鄭玄，《宋本禮記鄭注》，卷十六，頁一一上。

【四】「七十二」的象徵意義請參閱聞一多，《聞一多全集》（北京：三聯書店，一九八二年），頁二〇七—二二〇。可惜他沒有用《孔子家語》〈七十二弟子解〉，實數人數為「七十六」或「七十七」最能證成「七十二弟子」之「七十二」為虛數。

【五】見《史記》，卷六十七，頁二〇一一二二。明儒瞿九思另有較詳細的比對，見《孔廟禮樂考》（明萬曆三十五年史學遷刊本），卷二，〈七十子同異考〉，頁六a—b。朱彝尊於搜尋孔子弟子，其姓名考，採取較寬廣的標準，凡姓或名相異則視為另人。他認為：《家語》有而《史記》無者：琴牢、薛邦（司馬貞則認為同「鄭國」；蓋《史記》避漢祖諱，而「鄭」與「薛」，字誤也。見《史記》，卷六十七，頁二二二四）、申續、陳亢、縣亶。《史記》有而《家語》無者，公伯僚、鄭國、申棠、鄡單、秦冉、顏何。《文翁禮殿圖》則又有廉瑀、林放，為二書所無。見朱彝尊，《曝書亭集》（臺北：世界書局，一九六四年），卷五十六，頁六六四。

【六】朱彝尊，《曝書亭集》，卷五十六，頁六五一。東漢末年，高眹在舊址重修周公禮殿，並在壁上「圖畫上古盤古李老等神，及歷代帝王之像，樑上又畫仲尼七十二弟子、三皇以來名臣」。而後屢毀屢畫，據北宋黃休復所言：「今已重妝別畫，無舊蹤矣。」賀遂亮〈益州學館廟堂記〉之殘餘碑文，收入陸增祥編，《八瓊室金石補正》，卷三十五，頁一上—五下。黃休復，《益州名畫錄》，卷下，頁三九。宋以前之著錄則見王應麟，《玉海》（《景印文淵閣四庫全書》第九四三—九四八冊），卷五十七，頁七下—八下。宋以後之著錄見施蟄存之討論。施氏，《水經注碑錄》（天津：天津古籍出版社，一九八七年），卷十，頁三九三—三九四。

【七】今本《孔子家語》止弟子七十六人。按司馬貞《史記索隱》謂：《孔子家語》亦有七十七人。考《史記》載有顏何，字丹；《史記索隱》注云：《家語》字稱。查今存《孔子家語》少顏何，故僅七十六人。較陳士珂輯，《孔子家語疏證》（臺北：臺灣商務印書館，一九七六年），頁二三三。

【八】司馬遷，《史記》，卷六十七，頁二一八五。

止二十七人，【一】但其他先秦典籍所載則遠過此數。例如：《孟子·公孫丑上》云「七十子之服孔子」，【二】《韓非子·五蠹》亦言「為（仲尼）服役者七十人」，【三】《呂氏春秋·遇合》謂「達徒七十人」，【四】其數目之為「七十」，蓋舉其成數而言。是故，「七十二」、「七十六」、「七十七」均無不可。然而染有五行色彩的「七十二」之數，在後世往往由「象徵數目」躍為「規範實數」，譬如北宋曾一度釐訂孔子弟子從祀名額為「七十二」實數。【五】是故朱彝尊的批評，確非無的放矢。他說：

> （世儒）議配祀之典，先橫七十之目于心胸，慮溢七十二人之外。于是論者紛綸，以臆斷為進退。【六】

此外，《文翁孔廟圖》、《史記·仲尼弟子列傳》、《孔子家語》於孔子弟子人名、數目皆互有歧異，加劇孔子弟子從祀類目的不穩定，使歷代及門弟子的從祀員額與人名均有變動。例如：開元二十七年（七三九年）頒佈孔子及門弟子從祀人數為「七十七」，並致贈爵位，如封子淵兗公，封子騫等九人侯，封曾參以降六十七人伯，核其人名純係遵循《史記·仲尼弟子列傳》所云。【七】但《大唐開元禮》所列從祀及門弟子則達八十一人，細析其成分則顯係以《史記．仲尼弟子列傳》為底本，而酌取《孔子家語》所載的琴牢、陳亢，以及《文翁孔廟圖》的蘧伯玉、林放、申棖。【八】

【一】（清）崔述，《洙泗考信餘錄》（收入顧頡剛編訂《崔東壁遺書》；上海：上海古籍出版社，一九八三年），卷三，頁四〇三。

【二】參見朱熹，《孟子集注》（收在《四書章句集注》），卷三，「公孫丑章句上」，頁二三五。

【三】陳奇猷校注，《韓非子集釋》（臺北：河洛圖書出版社，一九七四年），卷十九，頁一〇五一。

【四】呂不韋撰，陳奇猷校釋，《呂氏春秋校釋》（臺北：華正書局，一九八五年），卷十四，頁八一五。

【五】脫脫等，《宋史》（臺北：鼎文書局，一九七八年），卷一〇五，頁二五五〇。

【六】朱彝尊，《曝書亭集》，卷五十六，頁六五一。

【七】歐陽修、宋祁，《新唐書》（臺北：鼎文書局，一九七九年），卷十五，頁三七五—三七六。開元二十七年並致贈七十七弟子爵位。完成於開元二十六年（七三八年）的《唐六典》亦同。李林甫等，《唐六典》，頁一二二；並見王溥，《唐會要》，卷三十五，頁六三八。陳仲夫於《唐六典》校本序，謂是書成於開元二十七年，顯有誤。《新唐書．藝文志》明謂書成上於開元二十六年，見《新唐書》，卷五十八，頁一四七七。另外，唐人劉肅的《大唐新語》所言亦同。見劉肅撰，許德楠、李鼎霞點校，《大唐新語》（北京：中華書局，一九八四年），卷十一，頁一三六。是故《唐六典》方未及登載開元二十七年從祀弟子封爵之事。

【八】《大唐開元禮》所列孔子及門弟子當中，並未錄入《史記．仲尼弟子列傳》的秦冉。

由於《大唐開元禮》頒佈於開元二十年（七三二年），【一】書中所列從祀弟子必然早於此一時期，因此與開元二十七年（七三九年）所頒從祀封爵弟子有所違異。【二】稍後，完成於貞元九年（七九三年）的《大唐郊祀錄》，書中所錄廟堂四壁孔門從祀弟子，取捨又與上述略有出入。【三】居間差異，時人王涇（七九三—八一九前後在世）的評語或可代解。王氏說：

從祀弟子左丘明等二十二人，是貞觀二十一年詔令配食于宣父堂；其餘弟子等（孔子門人），開元中定禮續加，至今以為恆式也。【四】

可見開元年間以來，孔門從祀弟子屢有更動，導致異時文獻互有出入，而開元八年與開元二十七年之間，均非執一不遷。

開元二十七年〈學令〉除了肯定從祀弟子之外，最重要的便是賜與從祀儒生爵號，使得從祀位階更形分明；例如：孔子追贈為「文宣王」，南面而坐，十哲等東西列侍。【五】門人之中，顏子既云「亞聖」，特優其秩，贈「兗國公」。其餘九哲則受贈為「侯」，曾參以下六十七位門人則受贈為「伯」；階級森然，尊卑立判。【六】

【一】《大唐開元禮》於開元二十年九月頒所司行用。見劉昫，《舊唐書》，卷二十一，頁八一八—八一九。

【二】（唐）蕭嵩等奉敕撰，池田溫解題，《大唐開元禮》（東京：古典研究會、汲古書院發行，一九七二年），卷一，頁一〇下—一一上。文淵閣本《大唐開元禮》則誤將顏幸、顏何、申黨抄成「顏辛黨」。參較《大唐開元禮》（《景印文淵閣四庫全書》第六四六冊），卷一，頁一二上。《通典》所繫從祀及門弟子八十二人，與《大唐開元禮》幾乎相同，只多了秦冉（字子開）一人，但誤將此列於開元二十七年。參較杜佑，《通典》，卷五十三，頁一四八二—一四八三。

【三】開元八年，國子司業李元瓘上言，稱先聖孔宣父廟，先師顏子配座。請以十哲弟子為坐像，從祀其七十弟子。請准舊都監堂，圖形於壁上，兼為立讚。詔可其議。王涇，《大唐郊祀錄》錄有壁上及門弟子名，共六十七人，另加上顏淵等十一人，及門弟子總計七十八人，略少於《大唐開元禮》八十一人，但仍包括《孔子家語》的琴牢、陳亢與《文翁孔廟圖》的蘧伯玉與申棖。王涇，《大唐郊祀錄》（《指海叢書》影印清道光錢熙祚校刊本；臺北：藝文印書館，一九六六年），卷十，頁一〇b—一一b。

【四】王涇，《大唐郊祀錄》，卷十，頁一一b。

【五】（宋）王讜撰，周勛初校證，《唐語林校證》（北京：中華書局，一九八七年），卷六，頁四五七。

【六】王溥，《唐會要》，卷三十五，頁六三七—六三八。歐陽修、宋祁，《新唐書》，卷十五，頁三七五—三七六。

唐人皮日休（約八三四—約九〇二年）頗能洞悉此番爵封背後之歷史淵源。他道出：

孔子之封賞，自漢至隋，其爵不過乎公侯，至于吾唐，乃策王號。七十子之爵命，自漢至隋，或卿大夫，至於吾唐，乃封公侯。曾參之孝道，動天地，感鬼神。自漢至隋，不過乎諸子，至于吾唐，乃旌入十哲。【一】

是故，他有如是的讚歎：

仲尼之道，否於周、秦，而昏於漢、魏，息於晉、宋，而鬱於陳、隋。遇於吾唐，萬世之憤，一朝而釋。儻死者可作，其志可知也。【二】

統而言之，唐代從祀制的特色有二：第一，它反映了時代學風，創立「傳經之儒」的附祭類目；其次，它引進了、或更確切地說，恢復了歷史上「七十二弟子」陪祭的名位。歷史上，這兩大類目於人選與名額雖屢有變遷，然而對後日孔廟從祀制的開展，均樹立起不可動搖的典範。

四、宋元從祀制：四配的確立與新學、道學的交鋒

晚唐之時，藩鎮割據、外族入侵，中州鋒火瀰漫；五代十國，諸姓政權旋起旋落，干戈不斷，百制陵夷。逢此之際，斯文賡續艱難。

唐開元末，孔廟升為中祀，設有從祀之禮，令攝三公行事。五代朱梁喪亂，交互征戰，從祀遂廢。【三】以闕里本廟而言，兗州處四戰之地，闕里隨之湮淪。廣順二年（九五二年），後周太祖征兗州，城破，謁拜夫子廟及孔墓，並下令修葺孔子祠宇。孔家後裔稱是時「二百年間，絕東封之禮；洙泗之上，無鑾和之音」，【四】意欲讚美太祖之舉，卻又透露出先前闕里的淒涼情狀。闕里本廟若此，地方分廟的情況臆而可知。

【一】皮日休，《皮子文藪》（上海：上海古籍出版社，一九八一年），卷九，〈請韓文公配饗太學書〉，頁八八。

【二】同上注。

【三】脱脱等，《宋史》，卷一〇五，頁二五四七。

【四】孔傳，《東家雜記》（《景印文淵閣四庫全書》第四四六冊），卷上，頁一五上。

惟祀典上，後唐明宗長興元年（九三〇年），恢復開元五年（七一七年）貢舉人謁先聖先師開講之禮。【一】至長興三年（九三二年），循國子博士蔡同文之請，始復孔廟從祀禮。【二】蔡氏感於「喪亂以來，廢祭四壁英賢」，故啟此陳情。他奏道：

伏見每年春秋二仲月上丁，釋奠於文宣王。以兗國公顏子配坐、以閔子騫等為十哲，排祭奠，其有七十二賢圖形於四壁，面前皆無酒脯。自今後乞准本朝舊規。【三】

自蔡氏懇請之後，朝廷允以釋奠，從祀諸賢宜準《郊祀錄》，各陳脯醢諸物以祭。至是，從祀乃復行於世。

孔廟之復祀，與祭孔的政教象徵意義密不可分。雖值五代喪亂，然而不乏創業之君深諳儒教的政治涵蘊。遼開國之君——耶律阿保機（八七二—九二六年），自忖為受命之君，理當事天敬神；隨採太子之議，立孔子廟，尊孔子大聖。【四】後周太祖——郭威（九〇四—九五四年），車駕親征兗州，初平，立幸曲阜，謁孔子祠。既奠，將致拜，左右勸言：「仲尼，人臣也，無致拜。」帝答曰：「文宣王，百代帝王師也，得無敬乎！」遂拜奠祠前，並修繕祠宇。【五】可見華夷之君對尊孔的重要性所見略同。五代之際，除君王敬拜之事外，亦有市井小吏以修復夫子廟為己志，不惜散用家財、羞愧高官的事例。【六】正由於這種崇敬聖人之情仍然遍存朝野，使得孔廟雖歷經衰世，尚可維繫於不墜之地。

五代之末，文教漸修。後周顯德二年（九五五年），別營國子監，置學舍。宋代因之增修，北宋建隆元年（九六〇年）並塑先聖、亞聖、十哲像，畫七十二賢及先儒二十一人

【一】王溥，《五代會要》（《叢書集成初編》第八二九—八三二冊），卷八，頁九五。開元五年之敕，見宋敏求輯，《唐大詔令集》（上海：學林出版社，一九九一年），卷一〇五，頁四九二。

【二】《五代會要》與《文獻通考》皆載為「長興三年」，惟《宋史》記為長興二年」，可能有誤。參較王溥，《五代會要》，卷八，頁九五；（元）馬端臨，《文獻通考》（《十通》第七種，影印光緒年間浙江刊本；臺北：臺灣商務印書館，一九八七年），「學校考」，卷四十三，頁考四〇九—一；脫脫等，《宋史》，卷一〇五，頁二五四七。

【三】王溥，《五代會要》，卷八，頁九五。

【四】脫脫等，《遼史》，卷七十二，頁一二〇九。原文為：「義宗，名倍。……神冊元年（九一六年）春，立為皇太子。時太祖問侍臣曰：『受命之君，當事天敬神。有大功德者，朕欲祀之，何先？』倍曰：『孔子大聖，萬世所尊，宜先。』太祖大悅，即建孔子廟，詔皇太子春秋釋奠。」

【五】薛居正等，《舊五代史》（臺北：鼎文書局，一九八〇年），卷一百一十二，頁一四八二。

【六】同上，卷一百二十六，頁一六六五。據《五代史補》，馮道鎮同州，有酒務史乞以家財修夫子廟。終使馮氏生愧，因出俸重創之。

像於東西廡木壁，宋太祖並親撰〈孔子讚〉、〈顏子讚〉；[一]爾後宋真宗又命文臣分撰十哲以下餘讚。[二]至此，孔廟從祀制方算恢復完整的運作。

大中祥符元年（一〇〇八年），宋真宗加謚孔子為「玄聖文宣王」，旋因國諱改謚為「至聖文宣王」。次年，詔追封十哲為公，七十二弟子為侯，先儒為伯或贈官，意以爵位敘次尊卑高下。[三]此番晉爵封官較之唐開元二十七年，異處有二：除顏淵依然封「公」，十哲亦晉升為「公」，孔門弟子曾參等晉爵為「侯」；先儒左丘明等二十一人則追封為「伯」，其中王肅、杜預生前已封「侯」，故各贈「司空」、「司徒」之官。此次孔廟追封不僅提升授爵層次，而且擴充及全部從祀諸儒，不再受孔門及門弟子之限。

可是宋代從祀制最具特色之處，並不在於以上所言，而是在於「四配」的形塑與新學、道學之交替。「四配」意指顏子、孟子、曾子、子思配饗孔聖。此四人配饗孔廟因緣不一，歷史迥異。其中，顏子配饗最早，地位穩固。曾子於唐初一度配食孔廷，開元八年中輟，坐於「十哲」之次。此事前文已有所論述。因此，宋初孔廟配饗僅止顏子一位。

宋神宗熙寧七年（一〇七四年），判國子監常秩（一〇一九—一〇七七年）等請立孟軻、揚雄像於廟廷，[四]此顯為孟子配食孔廷鋪路。接著，元豐六年（一〇八三年），從吏部尚書曾孝寬（一〇二五—一〇九〇年）之請，封孟子為鄒國公，更是孟子入祀孔廟的先聲。果然，神宗元豐七年（一〇八四年），從晉州州學教授陸長愈（一〇八四—一〇八六年前後在世）之請，詔以孟軻配食文宣王。本來陸氏之議，朝廷猶有異議者，謂孔廟配饗、從祀皆孔子同時之人，今以孟軻並配（顏回已配），非為的當。但禮官援唐貞觀之例，以漢伏勝、高堂生，晉杜預、范甯之徒與顏子俱配饗，至宋仍然從祀，足見入祀孔廟未必同時。此議為朝廷採納，故詔下孟子配饗；又荀況、揚雄、韓愈皆因「發明先聖之道，有益學者，久未配食」，同詔命三者並封爵，以世次先後從祀於二十一賢之間。【五】而元豐從

【一】脱脱等，《宋史》，卷一〇五，頁二五四七。「讚辭」見潘相，《曲阜縣志》，卷二十四，頁一一上。

【二】潘相，《曲阜縣志》，卷二十四，頁一一上—一五下，時為真宗大中祥符二年（一〇〇九年）。

【三】脱脱等，《宋史》，卷一〇五，頁二五四八。

【四】同上注。

【五】脱脱等，《宋史》，卷十六，頁三一一—三一二；卷一〇五，頁二五四八—二五四九。明儒李之藻則誤繫元豐元年五月壬戌封孟軻鄒國公，並塑像同顏回配饗。二事皆有訛誤。參較李之藻，《頖宮禮樂疏》，卷二，頁九上。按，此議為林希所出，希時為禮部郎中。見李燾，《續資治通鑑長編》（北京：中華書局，一九九〇年），卷三百四十五，頁八二九一。

祀所反映的時代精神，可由時人曾鞏（一〇一九—一〇八三年）與友人的書信中得知。曾氏曰：

仲尼既沒，析辨詭詞，驪駕塞路，觀聖人之道者，宜莫如於孟、荀、揚、韓四君子之書也。舍是醨矣！【一】

籲請孟軻、揚雄從祀孔廟之論，熙寧七年（一〇七四年）雖有先例；然而早在晚唐，韓愈（七六八—八二四年）的追隨者——皮日休已先聲奪人，為韓氏入祀孔廟請命。他推崇韓氏之文「蹴楊、墨於不毛之地，蹂釋、老於無人之境」，故得孔道之正。【二】可惜此一論調於佛、老思想瀰漫的氛圍，並無法引起朝廷的共鳴，韓愈入祀孔廟一事，自然無有下文。雖說如此，皮氏始開為時儒疏請入祀孔廟的先例，致使後世之儒時常惟恐落人之後，立意搜尋本朝大儒從祀孔廷，以示教化之跡、增輝聖德。

雖說後人正式向朝廷疏請入祀孔廟，孟子固晚於韓愈；然而在地方上，孟子側身孔廟的記錄卻為時甚早。韓愈所撰的〈處州孔子廟碑〉至少已透露出孟軻、荀況、韓嬰、董仲舒、揚雄諸儒，原不在從祀之列，卻隨從祀之儒，圖之壁上。【三】宋初，柳開為潤州孔廟所撰的碑文，亦道出宋太宗太平興國八年（九八三年），潤州所重修的文廟已立有孟子塑像一事。【四】就此點而言，中央孔廟位於京畿重地，儀典森然、管規嚴格，似難變通；反之，地方孔廟因地制宜，顯得較為靈活，不止瞬時反映時代思潮之情態，且能預示孔廟變動的趨勢。仁宗景祐四年（一〇三七年），孔聖後裔知兗州，於鄒縣特為孟子建孟廟，並以其徒公孫丑、萬章配饗。【五】此舉無異肯定「有功於聖門者，無先於孟子」，孟子得到孔氏貴人提攜，在祭典禮儀的地位上確實躍進了一大步。

【一】（宋）曾鞏，〈上歐陽學士第一書〉，在陳杏珍、晁繼周點校，《曾鞏集》（北京：中華書局，一九八四年），頁二三一。

【二】皮日休，《皮子文藪》，卷九，頁八八。

【三】韓愈撰，馬其昶校注，《韓昌黎文集校注》（臺北：華正書局，一九七五年），卷七，頁二八四。

【四】（宋）柳開撰，（宋）張景編，《河東先生集》（《四部叢刊初編》影印涵芬樓藏舊鈔本），卷四，頁二上。

【五】（宋）孫復，《孫明復小集》（《景印文淵閣四庫全書》第一〇九〇冊），頁三三 a——三四 b。按，「景祐無丁酉年」，焦循將「丁丑」筆誤作「丁酉」。參較焦循撰，沈文倬點校，《孟子正義》（北京：中華書局，一九八七年），卷一，頁六。

所以細繹元豐七年揚雄、韓愈得以從祀孔廟，意理上咸因孟子之故。孟子以效法孔子為己志，周遊列國，俾求行道，惜不得用，以著述終身。其所處之世，處士橫議，楊、墨肆行，故恆致辯。誠如孟子自道：

我亦欲正人心，息邪說，距詖行，放淫辭，以承三聖者（意指禹、周公、孔子）；豈好辯哉？予不得已也。【一】

他堅信楊、墨之道不息，孔子之道不著；是故「能言距楊、墨者」，方不愧為「聖人之徒」。【二】西漢揚雄（前五三—一八年）、中唐韓愈正是以上承孟子自許，適時發揚了上述理念，而以力闢異端為志業。揚氏即以今之孟子自況，他說：

古者，楊墨塞路。孟子辭而闢之，廓如也。後之塞路者有矣，竊自比於孟子。【三】

韓愈除「推尊孟氏，以為功不在禹下」，亦曾發出如同揚雄的議論。他道：

釋老之害過於楊墨，韓愈之賢不及孟子。孟子不能救之於未亡之前，而韓愈乃欲全之於已壞之後。嗚呼！其亦不量其力，且見其身之危，莫之救以死也。雖然使其道由愈而粗傳，雖滅死，萬萬無恨。【四】

就是這種辨正異端、雖千萬人吾往矣的精神，使得孟軻、揚雄、韓愈三人雖生處異代，卻能聲氣相通，榮登一室。

其實，孔廷從祀，本儒者大事；而孟軻雖闡孔教於晚周，然趙宋之前，文廟竟未見孟軻蹤影，較之其他從祀諸儒，聲光顯為隱晦。《孟子》一書，西漢孝文帝雖曾設置博士，武帝旋輟置。【五】而後私家著作固不乏徵引者，惟無復享有官學地位。【六】

【一】語出《孟子．滕文公下》。參見朱熹，《孟子集注》，卷六，「滕文公章句下」，頁二七三。
【二】同上注。
【三】（漢）揚雄撰，韓敬注，《法言注》（北京：中華書局，一九九二年），卷二，頁四五。
【四】韓愈，《韓昌黎文集校注》，卷三，〈與孟尚書書〉，頁一二六。
【五】趙岐，〈孟子題辭〉，見焦循，《孟子正義》，卷一，頁一六。
【六】同上書，頁一九。

唐中葉之後，漸有人看重《孟子》一書。肅宗寶應二年（七六三年），禮部侍郎楊綰（？—七七七年）謂孟氏「亦儒門之達者」，請孝廉一科兼習《論語》、《孝經》，並及《孟子》。【一】德宗建中元年（七八〇年），濠州刺史張鎰（？—七八三年）撰《孟子音義》，上之。【二】迄韓愈遂推尊孟子為道統之繼承者，於〈原道〉一文至稱：「（斯道）孔子傳之孟軻，軻之死，不得其傳。」【三】在他文中，韓氏更申述此意如下：

> 自孔子沒，群弟子莫不有書，獨孟軻氏之傳得其宗。……故學者必慎其所道，道於楊墨老莊佛之學，而欲之聖人之道，猶航斷港絕潢以望至於海也。故求觀聖人之道，必自孟子始。【四】

韓氏之追隨者——皮日休承其意，因之疏請立《孟子》為學科。【五】

由於韓愈對孟學的提撕與釐清，使得韓愈變成孟子的代言人或化身。皮氏稱道：「孟子千世之後，獨有一昌黎先生。」【六】又謂：「苟軒裳之士，世世有昌黎先生，則吾以為孟子矣。」【七】足見韓愈與孟子的關係已至如影隨形的地步，密不可分。綜而言之，北宋儒學之振興，基本上是循著韓愈所開闢的兩條路徑前進：一是清理門戶，樹立道統；二是堅壁清野，敵我分明，藉此達到淨化、以及復振儒學的崇高目標。這種內外兼顧、齊頭並進的理路，韓愈〈原道〉一文提示得十分清楚。韓氏辯道：

> 斯吾所謂道也，非向所謂老與佛之道也。堯以是傳之舜，舜以是傳之禹，禹以是傳之湯，湯以是傳之文、武、周公，文、武、周公傳之孔子，孔子傳之孟軻，軻之死，不得其傳焉。【八】

韓愈的這段論述，成為宋儒理解「道統」的系譜，並且由於他著意突出孟子承先啟後

【一】王溥，《唐會要》，卷七十六，頁一三九六。
【二】同上書，卷三十六，頁六五九。
【三】韓愈，《韓昌黎文集校注》，卷一，〈原道〉，頁一〇。
【四】同上書，卷四，〈送王塤秀才序〉，頁一五三。
【五】皮日休，《皮子文藪》，卷九，頁八九。
【六】同上書，卷三，頁二二。
【七】同上注。
【八】韓愈，《韓昌黎文集校注》，卷一，〈原道〉，頁一〇。

的重要性，以致宋儒不分流派、紛紛以繼承孟子為志業。例如北宋理學的開宗大師程顥（一〇三二—一〇八五年）自謂：「孟子沒而聖學不傳，以興起斯文為己任。」【一】其弟程頤（一〇三三—一一〇七年）序其墓表，亦以此許之，程頤言道：

孟軻死，聖人之學不傳。……先生（程顥）生千四百年之後，得不傳之學於遺經，志將以斯道覺斯民。【二】

論及與道統之關係，程頤又說：

先生出，倡聖學以示人，辨異端，闢邪説，開歷古之沈迷，聖人之道得先生而後明，為功大矣。【三】

如是的道統觀與孟子不斷放大的意象，再三出現於後儒的著述，最後積澱成「既成的事實」了。南宋，朱熹為其道友——張栻（一一三三—一一八〇年）所擬的祭文，亦反映上述的特徵。朱氏曰：

嗚呼！自孔孟之雲遠，聖學絕而莫繼。得周翁與程子，道乃抗而不墜。然微言之輟響，今未及乎百歲，士各私其所聞，已不勝其乖異。嗟！惟我之與兄胳志同而心契。【四】

朱熹所謂「繼往聖之絕學」的道統觀，適又為其自身之寫照。朱門高弟——黃榦稱述其師「自孔孟以降，千五百年間，讀書者眾矣，未有窮理若此其精者也」；【五】又說「由孔子而後，曾子、子思繼其微，至孟子而始著。由孟子而後，周、程、張子繼其絕，至先生而始著」。【六】這些敘述顯然具有韓愈道統觀的特色，意即道統的承繼可以是非連續性的，

【一】程頤，〈明道先生行狀〉，在《河南程氏文集》（收入《二程集》；臺北：里仁書局，一九八二年），卷十一，頁六三八。
【二】程頤，〈明道先生墓表〉，在《河南程氏文集》，卷十一，頁六四〇。
【三】同上注。
【四】朱熹，《晦庵先生朱文公文集》（《四部備要．子部》據明胡氏刻本校刊；臺北：中華書局，一九六五年），卷八十七，〈又祭張敬夫殿撰文〉，頁九下。
【五】黃榦，〈朱子行狀〉，見《朱子年譜》，卷四下，頁二三六。
【六】同上書，頁二三五。

甚至間隔千年之久，而孟子恰位居道統承先啟後的中樞地位。毋怪朱熹的論敵——陸九淵（一一三九——一一九三年）亦以承繼道統為己任，謂己學「因讀《孟子》而自得之」，【一】且誇言孟子之後，雖伊洛諸公，得千載不傳之學，但草創未為光明，極以個人得孟學之傳自負。【二】

上述為宋代孟學崛起的背景。其中，韓退之最為關鍵，是北宋孟學興復的催化劑。宋初的儒者實透過韓愈著作的導引，以重新認領孟子，且賦予孟子在儒學發展中不可或缺的樞紐地位。正由於此，使得韓愈成為孟子榮登孔廷的原動力。為瞭解此一曲折的真相，有必要略加回顧宋初韓愈之形象。

宋初，引介韓氏最著力者莫過乎柳開（約九四八——一〇〇一年）。柳氏生於晉末，長於宋初。他的門人——張景稱述他的功績是：「拯五代之橫流，扶百世之大教，續韓（愈）、孟（軻）而助周、孔。」【三】柳氏亦自命繼承韓氏之志業，故嘗自名「肩愈」。他明白宣示：「吾之道，孔子、孟軻、揚雄、韓愈之道。」【四】他在〈昌黎集後序〉甚而稱譽韓文「淳然一歸於夫子（孔子）之旨，而言之過於孟子與揚子雲遠矣」！【五】總結而言，「韓愈排釋老」與「孟軻拒楊墨」是宋初儒學流行的基調，其意義竟可擬諸「湯武之征伐」、「周公之制禮樂」、「孔子之作經典」。【六】孟、韓二氏受後儒之推崇，顯然非比尋常。

影響宋初學術、教育甚鉅的「三先生」（胡瑗、孫復、石介），亦無一不對孟子推崇備至。【七】從現存的文獻考查，至少孫氏、石氏都是透過韓愈以承受孟子的。孫復（九九二—一〇五七年）言：異端之學蜂起，仁義不作，即是「儒辱」。是故，若無孟子闢楊、墨，揚雄拒申、韓，韓愈排佛、老，則「天下之人胥而為夷狄」。【八】所以他將韓愈的道統觀予以推衍，甚而涵蓋了韓愈自身。孫氏言道：

【一】陸九淵，《陸九淵集》（臺北：里仁書局，一九八一年），卷三十五，頁四七一。
【二】同上書，頁四三六。
【三】張景，〈序〉，在《河東先生集》，頁一下。
【四】柳開，《河東先生集》，卷一，頁一一下。
【五】同上書，卷十一，頁三下。
【六】張景，〈序〉，在《河東先生集》，頁一上。
【七】胡瑗在太學，令其徒說《孟子》；另徒徐積著有〈荀子辯〉。見黃宗羲撰，全祖望補訂，陳金生、梁運華點校，《宋元學案》（北京：中華書局，一九八六年），卷一，頁二八、頁三二—三七。
【八】孫復，《孫明復小集》，〈儒辱〉，頁三八a。

> 吾之所為道者，堯、舜、禹、湯、文、武、周公、孔子之道也，孟軻、荀卿、揚雄、王通、韓愈之道也。【一】

孫氏更謂勤學斯道三十年。他又稱讚韓愈闡述孟子之功，言深且盡。【二】孫復的學生——石介（一〇〇五—一〇四五年）在〈讀原道〉一文中，謂孟子「去孔子且未遠，能言王道，不為艱」，而韓愈「去孔子後千五百年間，歷楊、墨、韓、莊、老、佛之患」，大道破散消亡，荒唐放誕之說，恣行於天地間，然而韓愈此時能言之，委實為難。【三】所以石介認為：「孔子後，道屢塞，闢於孟子，而大明於吏部（韓愈）。」【四】韓愈在宋初擁有開宗式的地位，可以由石介〈尊韓〉一文窺得消息。

石氏一方面稱許「孟軻氏、揚雄氏、王通氏、韓愈氏，祖述孔子而師尊之，其智足以為賢」；另一方面，石氏卻斥責今儒「柳仲塗（開）、孫漢公、張晦之、賈公疎，祖述吏部而師尊之，其智實降」，【五】以凸顯韓愈在時人心目中至高無上的地位。乍看之下，上引兩段話前後若有矛盾。其實，石氏是採取了裏外包抄的策略，用以烘托出韓氏身為道統代言者的角色。否則以下峰迴路轉之語，就無以得解了。石氏歎道：

道始於伏羲氏，而成終於孔子。……噫！伏羲氏、神農氏、黃帝氏、少昊氏、顓頊氏、高辛氏、唐堯氏、虞舜氏、禹、湯氏、文、武、周公、孔子者十有四聖人，孔子為聖人之至。噫！孟軻氏、荀況氏、揚雄氏、王通氏、韓愈氏五賢人，吏部為賢人而卓。不知更幾千萬億年復有孔子，不知更幾千百數年復有吏部。【六】

石氏用心良苦，於此盡見。

從以上的剖析，知悉宋初因「尊韓」，所以「尊孟」，這從孔廟祀典的運作，復可充分佐證。

元豐七年（一〇八四年），朝廷以孟子配饗孔子，並以荀況、揚雄、韓愈三氏從祀孔

【一】孫復，《孫明復小集》，〈信道堂記〉，頁三五a。
【二】同上書，〈兗州鄒縣建孟廟記〉，頁三三b、頁三四b。
【三】（宋）石介著，陳植鍔點校，《徂徠石先生文集》（北京：中華書局，一九八四年），卷七，〈讀原道〉，頁七八。
【四】（宋）石介著，陳植鍔點校，《徂徠石先生文集》，卷七，〈尊韓〉，頁七九。
【五】同上注。
【六】同上注。

廟。本來韓愈在其著名的〈原道〉之中，曾評荀況與揚雄之學為「擇焉而不精，語焉而不詳」，【一】似有貶抑二氏之意，究其實則不然。上述之語，旨在與孟軻之學互較，並不能孤立而觀，更何況援之為論定之辭？韓愈另於〈讀荀〉一文，對孟、揚、荀三氏之學有較完整的論述。首先，韓氏坦承：始讀孟氏書，方知孔子之道可尊；從而肯定孟氏傳道之功。日後復讀揚雄之書，益尊信孟氏。及得荀氏之書，「考其辭，時若不粹；要其歸，與孔子異者鮮」。因此韓氏論道：「孟氏醇乎醇者也，荀與揚大醇而小疵。」【二】且評定荀氏之貢獻，位在孟軻、揚雄之間，猶不失為聖人之徒。以此對照元豐七年孔廟從祀之舉，並無扞格。

韓愈對元豐七年孔廟從祀的深遠影響，復可以從負面的約制作用得到旁證。韓氏的追隨者，不管是唐末的皮日休，或宋初的柳開、孫復、石介等，無一不對隋唐之際的大儒——王通（五八四—六一七年）大加讚揚。皮日休就曾說道：孟子、荀卿翼傳孔道，以至於文中子（王通）；文中之道，曠百祀而得室授，方及昌黎文公。【三】在隋唐之際佛釋肆行時，王通力挽斯道的用心，柳開深表同感。【四】孫、石師徒至譽王通為「五賢人」之一，許為斯道正統。孔子四十五代孫——孔道輔（約九八五—一〇三九年），且已在聖祖家廟中，構五賢堂，像而祀之。【五】可見王通在當時的聲譽，定然不低。然而元豐七年的孔廟從祀名單裏，「五賢」之中卻唯獨遺漏了王通，此事頗為費解。究其故，極可能是因為韓愈終身未嘗隻字言及王通所致。【六】此一闕失，暫時解消了王通入祀孔廟的機會。一直要到將近五百年後，王氏才得入祀孔廷（一五三〇年），令人為之惋惜不已。

從思想上看，韓愈與元豐七年孔廟從祀的關係，已如上述；至於實踐上，則必須涉及背後促成此事的推動者——王安石（一〇二一—一〇八六年）。依《宋史·禮志》記載，元豐七年孔廟從祀是起因於陸長愈的奏議，但清儒蔡元鳳（一七六一年進士）卻說：「是

【一】韓愈，《韓昌黎文集校注》，卷一，頁一〇。

【二】同上書，頁二一。

【三】皮日休，《皮子文藪》，卷九，頁八八。

【四】柳開，《河東先生集》，卷六，頁五上。

【五】見孔道輔，〈五賢堂記〉，收入孔貞叢，《闕里志》，卷十二，頁四三上—四四上。其事見孫復，《孫明復小集》，〈上孔給事書〉，頁二九a—三〇b；石介，《徂徠石先生文集》，卷七，頁七九。孫、石師徒的「五賢人」是指：孟軻、荀況、揚雄、王通、韓愈。

【六】筆者曾翻閱韓氏文集數遍，始終未見王氏名字，不免訝異。後得見他人著作已查覺這一現象，愈發肯定文中的假說。參見尹協理、魏明，《王通論》（北京：中國社會科學出版社，一九八四年），頁二五四。

請，固非陸氏一人之私言。」【一】朱熹亦曾說：「孟子配享，乃荊公（王安石）請之。」【二】衡度當時情度，不無可能。

早在神宗熙寧四年（一〇七一年），王安石正如火如荼地推行新法時，其中一項攸關貢舉的新制，便是以《孟子》為「兼經」以試士，使得《孟子》晉列經書，為天下士子所誦讀。【三】熙寧七年（一〇七四年）請立孟子像的常秩、元豐六年（一〇八三年）奏封孟子為鄒國公的曾孝寬、與元豐七年（一〇八四年）廷議孟子配饗的林希（約一〇三四—約一一〇一年），個個與王安石有著盤根錯節的政治淵源。職是之故，元豐七年王安石雖已謝政退隱，但當時政權猶操之新黨手裏，王氏影響力斷不容忽視。【四】若要瞭解王安石為何有此舉動，則必須略述王氏心目中的孟子。

王安石之所以鼓吹孟子不遺餘力，與他一生景仰孟子有關。王氏《淮南雜說》初出，世人立謂「其言與孟軻相上下」。【五】早年的王氏，也和是時許多人一樣曾經韓愈的洗禮，並受到極大的感發。在回溯這個摸索的階段時，他不諱言「年少已感韓子詩，東西南北俱欲往」的衝動，【六】甚至以「孟、韓之心為心」與友朋互勉。【七】但成學之後，王安石仰慕孟子之心，顯然遠逾於韓氏。在奉答歐陽修（一〇〇七—一〇七二年）的詩作中，他把此一心態和盤托說。他寫道：

欲傳道義心猶在，
強學文章力已窮。
他日若能窺孟子，
終身何敢望韓公。【八】

【一】（清）蔡元鳳，《王荊公年譜考略》（臺北：洪氏出版社，一九七五年），卷二十三，頁三一四。又，蔡元鳳另名蔡上翔。

【二】朱熹撰，（宋）黎靖德編，王星賢點校，《朱子語類》（北京：中華書局，一九八六年），卷九十，頁二二九四。

【三】李燾，《續資治通鑑長編》，卷二百二十，頁五三三四。

【四】常秩、曾孝寬、林希事宜，各見脱脱等，《宋史》，卷三百二十九，頁一〇五九五—一〇五九六；卷三百一十二，頁一〇二三四；卷三百四十三，頁一〇九一三—一〇九一四。參較近藤正則，〈王安石における孟子尊崇の特色〉，《日本中國學會報》，第三六集（一九八四年），頁一三五。近藤氏曾揣測：王安石對元豐七年孟子配饗可能有所影響，惜證明仍欠周詳。

【五】（宋）晁公武，《郡齋讀書志》（臺北：臺灣商務印書館，一九七八年），卷四下，頁四五八。

【六】王安石，《臨川先生文集》（臺北：華正書局，一九七五年），卷七，頁一三八。

【七】同上書，卷八十四，頁八八五。

【八】王安石，《臨川先生文集》，卷二十二，〈奉酬永叔見贈〉，頁二六四。王氏此詩向有多解，參見蔡元鳳，《王荊公年譜考略》，卷五，頁八三—八六。

要之，歐陽修在當時已具有學術祭酒之地位，士人不止尊之為一代宗師，【一】並且譽為「今之韓愈」。【二】而王氏卻不以韓愈自限，益見其自負之情。

此外，在另首題為〈秋懷〉的詩中，王氏言道：

> 韓公既去豈能追，
> 孟子有來還不拒。【三】

這不啻是王安石對於孟、韓二氏心理調適的自我告白。在一首悼念〈韓子〉的詩中，他對韓愈的志業竟以「力去陳言誇末俗，可憐無補費精神」譏之，【四】顯見韓子在他心目中，已遠不如孟子。而日後在詭譎的政治生涯中，孟軻反成為他精神的支柱，致有「何妨舉世嫌迂闊，故有斯人慰寂寥」之句。王氏所謂的「斯人」，即指孟子。【五】

在當時的思想界，尊孟固然是主流的思潮，但由於王安石本身對孟學特殊的感受，其著重點自有不同。基本上，王氏是個儒釋調和論者，因此韓愈以下所標榜孟學闢異端的色彩，在王氏則見舒緩。王氏所發揮的孟學精神，毋寧較偏重「仁政」與「大有為」的政治承擔。【六】

從事後的結果看來，王安石與他人的歧見，並無妨於孟子進入孔廟殿堂的事實。唯一的差異是，在王安石之前，孫復、石介諸人均對孟氏、韓氏一視同仁，尊之為「賢人」，【七】其中並無高低之分。但王安石卻將孟軻提升至「聖人」，且特意闡明聖賢之別。他說：

> 孟軻，聖人也。賢人則其行不皆合於聖人，特其智足以知聖人而已。【八】

【一】曾鞏在給歐陽修的信中，就言道：「韓退之沒，觀聖人之道者，固在執事之門矣。天下學士，有志於聖人者，莫不攘袂引領，願受指教。」曾鞏，《曾鞏集》，頁二三二。

【二】蘇軾撰，孔凡禮點校，《蘇軾文集》（北京：中華書局，一九九二年），卷十，頁三一六。

【三】王安石，《臨川先生文集》，卷十二，〈秋懷〉，頁一八一。

【四】同上書，卷三十四，〈韓子〉，頁三七二。後一句一本作「默默誰令識道真」。

【五】同上書，卷三十二，〈孟子〉，頁三五五。

【六】參見蔣義斌，《宋代儒釋調和論及排佛論之演進：王安石之融通儒釋及程朱學派之排佛反王》（臺北：臺灣商務印書館，一九八八年），第二章；又近藤正則前引文。

【七】王安石，《臨川先生文集》，卷七十二，頁七六四。王氏對「成德」階段有清楚的位階，他有如是的分別：「昔人論人者，或謂之仁人、或謂之善人、或謂之士。」

【八】同上書，〈答龔深父書〉，頁七六五。

循此線索，元豐七年孔廟祀典只有孟子獨獲配饗，而其餘諸子僅充從祀，適可得解。而王安石左右孔廟祀典的痕跡，便至為顯然了。

所以，孟子配饗孔廟，除了學術因素外，政治因素亦不可忽略。尤其王安石的主要政敵——司馬光（一〇一九—一〇八六年）是堅決反孟的。司馬氏所崇奉的儒者是揚雄，以為尤在孟、荀之上。【一】他的〈疑孟〉之作，明顯寓有弦外之音，即以刺孟行抨擊王氏之實。【二】他與王氏政治上勢如水火，人所周知。熙寧七年（一〇七四年）四月，王安石罷相，司馬光的糾劾甚為關鍵。【三】難怪同年十二月，國子監常秩請立孟軻像時未能成功。【四】但隨著新黨勢力的坐大，尊孟聲浪究竟掩蓋了司馬光的反孟雜音。尤其王安石身後，更挾其殘餘的政治勢力，將王氏推上孔廟殿堂。這自然是司馬光所始料未及的。

宋神宗、王安石君臣相得，亙古罕有。學術上，王安石得以側身孔廟的憑藉，便是應詔所修的《三經新義》，這包括了《詩》、《書》、《周禮》三部經典的訓釋工作；加上日後王氏自己編纂的《字說》，兩書均成為科考士子的必讀著作。【五】神宗要求修撰經義的目的，在他催促王安石儘早完成經義之作的詔辭中，即所有交待。神宗說：

> 經術，今人人乖異，何以一道德？卿有所著，可以頒行，令學者定於一。【六】

【一】司馬光曾道：「孔子既沒，知聖人之道者，非子雲而誰？孟與荀殆不足擬，況其餘乎？」見司馬光，《溫國文正公文集》（《四部叢刊初編》影印常熟瞿氏鐵琴銅劍樓藏宋紹熙三年刊本），卷六十八，頁五上。

【二】司馬光有〈疑孟〉之作。司馬光，《溫國文正公文集》，卷七十三，頁九上—一四上。《四庫全書總目提要》云：「宋尊孟子始王安石。元祐諸人務與作難，故司馬光疑孟、晁說之詆孟作焉。非攻孟子，攻安石也。」紀昀等奉敕撰，《欽定四庫全書總目提要》（《景印文淵閣四庫全書》第一—五冊），卷三十五，頁一三上。「宋尊孟子始王安石」顯然有誤。但後半語，則無所疑。元人白珽亦有斯語，見白珽，《湛淵靜語》（知不足齋叢書），卷一，頁一四上—一四下。謂：「當時，王安石假孟子大有為之說，欲人主師尊之，變亂法度。是以溫公致疑於孟子，以為安石之言未可盡信也。」要之，宋初，早於司馬光的馮休即有《刪孟》之作，或李覯《常語》等，但尊孟運動實大勢所趨，此些反對聲浪充其數只是迴旋之流，並無法改變時代的思潮。邵博的《邵氏聞見後錄》錄有多家反孟的觀點。見（宋）邵博撰，劉德權、李劍雄點校，《邵氏聞見後錄》（北京：中華書局，一九八三年），卷十一—卷十三。

【三】李燾，《續資治通鑑長編》，卷二百五十二，頁六一六〇—六一六八。

【四】同上書，卷二百五十八，頁六三〇四—六三〇五。

【五】侯外廬等，《中國思想通史》（北京：人民出版社，一九五九年），卷四上，頁四三四—四四八；程元敏，〈《三經新義》與《字說》科場顯微錄〉，收入《屈萬里先生七秩榮慶論文集》（臺北：聯經出版事業公司，一九七八年），頁二四九—二八五。

【六】李燾，《續資治通鑑長編》，卷二百二十九，頁五五七〇。

朝廷欲以學術匡正天下的意圖，相當明確。而此一措施，亦復迎合了試子「（舉人）對策，多欲朝廷早修經義，使義理歸一」的需求。【一】王氏撰著得科考助力，聲勢上自然淩駕其他學派。

神宗去世，哲宗初繼位，元祐年間，舊黨掌權。哲宗元祐三年（一〇八八年），鄆州州學教授周穜（一〇七六年進士）上書乞王安石配饗神宗，據云「中外喧傳，頗駭群聽」，周氏為此罷歸吏部治罪。【二】紹聖年間，哲宗親政，元祐黨人罷去，新黨復執政。紹聖元年（一〇九四年），時風易勢，王安石旋獲配饗神宗廟庭。徽宗崇寧三年（一一〇四年），且詔以王安石配饗孔廟，位鄒國公孟子之次。【三】南宋黃震形容當時的孔廟位次說：

熙豐《新經》盛行，以王安石為聖人，歿而躋之配享，位顏子下；故左則顏子及安石，右則孟子。【四】

黃氏謂其時以王氏為聖人，並非過甚其詞。當崇寧四年（一一〇五年），王安石配饗孔廟之讚語即是「優入聖域，百世之師」一語。【五】這一句讚語借用了孟子「聖人，百世之師也」的典故。【六】政和三年（一一一三年），徽宗復詔封王安石「舒王」配饗，子王雱〇二〇四四—一〇七六年）「臨川伯」從祀（緣預修撰《三經新義》）。父子同登孔廷，千古榮耀，於此重現。【七】而王氏本人甚至逾越孟子配位，與顏子相對。後來安石的女婿蔡卞（一〇四八—一一一七年）當國，據云曾「再欲升安石厭顏子，漸次而升，為代先聖張本」，【八】但因大為時論所非而作罷。

【一】李燾，《續資治通鑑長編》，卷二百四十三，頁五九一七。
【二】同上書，卷四百一十八，頁一〇一三八。
【三】馬端臨，《文獻通考》，「學校考」，卷四十四，頁考四一五—一。
【四】黃震，《黃氏日抄》（《景印文淵閣四庫全書》第七〇七—七〇八冊），卷三十二，頁二七上。（宋）鄭居中等奉敕撰，《政和五禮新儀》（《景印文淵閣四庫全書》第六四七冊），卷一百二十一，頁二下。
【五】（宋）楊仲良，《資治通鑑長編紀事本末》（宋史資料萃編第二輯；臺北：文海出版社，一九六七年），卷一百三十，頁三上。崇寧四年，國子監乞依鄒國公例，詔學士院為王安石撰讚辭頒降。
【六】語出《孟子·盡心下》。參見朱熹，《孟子集注》，卷十四，「盡心章句下」，頁三六七。
【七】脫脫等，《宋史》，卷一〇五，頁二五五一，孔子的弟子，曾點、曾參父子，顏路、顏回父子均從祀孔廟，視為殊榮。
【八】（宋）岳珂，《桯史》（《筆記小說大觀》第三八編第三冊；臺北：新興書局，一九八五年），卷十一，頁四下—五上。

蔡卞究竟有無此居心？逝者已矣，苦無對證。惟細考其時孔廟典章，確有啟人疑竇之處。要之，孔廟爵位本為標示尊卑高下而設。而安石至封「舒王」，不止凌駕顏、孟之上（二者咸封「公」），且與至聖相稱。又，王安石生前，子王雱為其作畫像讚已有：

列聖垂教，參差不齊，集厥大成，光於仲尼。【一】

可見王雱認為其父過於孔子，王氏之子肆無忌憚若此，其婿未必相差太遠。

其實，王氏父子從祀，實是孔廟從祀史中一大異數，以政治象徵居多。若以「水」喻政治，則「水能載舟，亦能覆舟」。隨著北宋敗亡、新黨潰散，世人即以王安石為代罪羔羊，欲其負起誤國之罪，故聲討之聲不絕於耳。而欲去王氏孔廟之祀的聲浪亦隨之崛起，其中最著名的，莫若楊時（一〇五三—一一三五年）的彈章。宋欽宗靖康元年（一一二六年），金兵長驅直下，國勢岌岌可危。楊時上奏道：

蔡京用事二十餘年，蠹國害民，幾危宗社，人所切齒，而論其罪者，曾莫知其所本也。蓋京以繼述神宗皇帝為名，實挾王安石以圖身利，故推尊安石，加以王爵，配

饗孔子廟庭。……今日之禍者，實安石有以啟之也。【二】

他建議朝廷「追奪（安石）王爵，明詔中外，毀去配饗之像，使淫辭不為學者之惑」。【三】楊時疏上（五月三日）不久，欽宗遂降王氏依鄭玄等例，從祀孔子廟庭。【四】

王安石降歸從祀之列（一一二六年），比擬經師鄭玄，此不啻謂朝廷不再專主王氏之學。稍前（同年四月二十三日），昔日享有「造道之指南」、「窮經之要術」美譽的《字說》已因臣僚批鬥「新政」而遭禁止。【五】當時《三經新義》雖未全遭禁絕，但已不能再專擅

【一】邵博，《邵氏聞見後錄》，卷二十，頁一五八，王雱死，安石以詩哭之曰：「一日鳳鳥去，千年樑木摧。」是以其子擬孔子。父子相聖，毫無忌憚。

【二】楊時，《楊龜山先生全集》（清光緒九年延平知府張國正重刊本；臺北：臺灣學生書局，一九七四年），卷一，〈上欽宗皇帝．其七〉，頁二一a—b。

【三】同上書，頁二二b。

【四】佚名，《靖康要錄》（《筆記小說大觀》第一九編第四—五冊；臺北：新興書局，一九七七年），卷六，頁九上。

【五】同上書，卷三，頁二三上—二四上。另，欽宗靖康元年禁用《字說》；見《宋史》，卷二十三，頁四二七。

場屋了。【一】

隨著趙宋政權南遷，王安石的地位亦節節敗退。南宋淳熙四年（一一七七年），孝宗詔罷臨川伯王雱從祀。最後，終於在淳祐元年（一二四一年），理宗以王安石「天命不足畏，祖宗不足法，人言不足恤」，為萬世罪人，廢祀孔廟。【二】從此，王氏父子由孔廟除名，新學亦隨之煙消雲散。

淳祐元年（一二四一年）正代表儒家學術的分水嶺。從此，「新學」徹底地式微，起而代之的是沈抑已久的「伊洛之學」，也就是世人習稱的「道學」。【三】「伊洛之學」受到抑制有遠、近原因。「遠因」是自北宋以來，受制於代表官學的「新學」；「近因」則是朱熹及其門人，受到「偽學」的指控，以及政治上「慶元黨禁」的迫害。【四】終於在淳祐元年（一二四一年），伊洛學派不止澄清名譽，並且榮登孔廷。理宗所下的從祀詔如此言道：

> 朕惟孔子之道，自孟軻後不得其傳，至我朝周敦頤、張載、程顥、程頤，真見實踐，深探聖域，千載絕學，始有指歸。中興以來，又得朱熹精思明辨，表裏混融，使《大學》、《論》、《孟》、《中庸》之書，本末洞徹，孔子之道，益以大明於世。【五】

依此，理宗下令學官將一批理學大師列諸從祀，以示崇獎之意。理宗亦緣首黜安石從祀，升濂、洛諸儒，表彰朱熹《四書》，丕變士習，後人上廟號曰「理」。【六】從此，毋論官、私，理學步上了康莊大道。

淳祐元年（一二四一年）的從祀詔為本次祀典首要的文獻，其意義必得詳加解讀。浮

【一】其時，御史中丞陳過庭就上奏道：「自蔡京擅權，專尚王氏之學，凡蘇氏之學，悉以為邪說而禁之。近罷此禁，通用蘇氏之學，各取所長而去所短也。」同上書，卷六，頁一二上。

【二】脫脫等，《宋史》，卷四十二，頁八二二。

【三】「道學」原指「黃老之學」，見魏徵等，《隋書》，卷二十九，頁一〇〇三。至少在北宋初年已用來指稱「儒學」，例如：柳開，《河東先生集》，卷一，頁六下。南宋時期，「道學」首先用來譏諷以朱熹為代表的「伊洛之學」。後來，卻變成「正統儒學」的代稱。例如《宋史》的〈道學傳〉。

【四】參見李心傳，《建炎以來朝野雜記》（《叢書集成初編》第八三六—八四一冊），「甲集」，卷六，頁七九—八一；（明）馮琦、沈越原編，陳邦瞻纂輯，張溥論正，《宋史紀事本末》（臺北：鼎文書局，一九七八年），〈道學崇黜〉，卷八十，頁八六七—八九六；又黃宗羲，《宋元學案》，「慶元黨禁」，卷九十七，頁三一九七—三二三四。

【五】脫脫等，《宋史》，卷四十二，頁八二一。

【六】同上書，卷四十五，頁八八九。

面視之，本次詔書泛及北宋四子與朱熹的從祀事宜，但深析文意，不難發現朱熹才是此次從祀的靈魂人物。以賜爵而言，朱熹早已封「公」，【一】而北宋四子只封為「伯」。其次，此番朝廷褒揚周、張、二程，全然根據朱氏《近思錄》與《伊洛淵源錄》中所塑造的道統系譜。【二】前者摘要周、張、二程的「言思」，後者則闡述四氏之「行誼」。朱熹所體現的道統觀，可以援清儒張伯行（一六五一——一七二五年）的按語加以印證：

自唐虞、堯、舜、禹、湯、文、武、周公，道統相傳至於孔子，孔子傳之顏、曾，曾子傳之子思，子思傳之孟子，遂無傳焉。……迨於宋朝，人文再闢，則周子唱之，二程子、張子推廣之，而聖學復明，道統復續，故備著之。【三】

依朱熹的設計，《近思錄》擷取了周、張、二程四氏「言思」的精華。朱熹對它期許極高，甚且說：

《四子》，《六經》之階梯；《近思錄》，《四子》之階梯。【四】

《四子》無疑指的是《大學》、《論語》、《孟子》、《中庸》。而淳祐元年從祀詔所敘的序列，恰是朱熹所訂的為學次序。言及讀書順序，朱氏反覆闡明先後之別甚關緊要。他屢次言道：

> 某要人先讀《大學》，以定其規模；次讀《論語》，以立其根本；次讀《孟子》，以觀其發越；次讀《中庸》，以求古人之微妙處。【五】

【一】朱熹於理宗寶慶三年（一二二七年）已封「信國公」，又於紹定三年（一二三〇年）改封「徽國公」，用鄒（孟子）、兗（顏子）之例。見李心傳，《道命錄》（《叢書集成初編》第三三四二——三三四三冊），卷十，頁一一六——一一七。淳祐元年（一二四一年），封周敦頤為「汝南伯」、張載為「郿伯」、程顥為「河南伯」、程頤為「伊陽伯」。

【二】《近思錄》由朱熹與呂祖謙合編而成。《伊洛淵源錄》則獨自成之朱熹手裏，與呂氏頗有歧見。

【三】朱熹、呂祖謙合編，張伯行集解，《近思錄》（臺北：臺灣商務印書館，一九八六年），卷十四，頁三二七。

【四】朱熹，《朱子語類》，卷一〇五，頁二六二九。

【五】同上書，卷十四，頁二四九。

換言之，「學問須以《大學》為先，次《論語》，次《孟子》，次《中庸》」。【一】而代表周、張、二程的《近思錄》竟可作為《四子》的階梯，可見《近思錄》在朱熹心目中非比尋常。必須補充的是，《四子書》（或簡稱《四書》）因取名自朱熹，但其受到重視，卻非始自朱氏。韓愈的〈原道〉、李翺（七七二—八四一年）的〈復性書〉均曾突顯〈大學〉、〈中庸〉作為振興儒學的要籍，而韓、李既曾合注《論語》，且對《孟子》推崇備致。【二】義理上，這已涵蘊此些撰述有匯通一處、並集體經典化的可能。

北宋初期，《大學》與《中庸》由《禮記》諸多篇章中脫穎而出，單行別刊，意義非同凡響。【三】繼之，二程大力表彰《四書》，而朱熹論述尤詳，終使朱氏成就劃時代的學術大業：「進《四書》，退《五經》。」【四】換言之，《四書》取代了《五經》，成為闡釋儒家義理最根本的依據。

孔廟祀典，作為儒家學術最忠實的風向儀，立即反映了上述的學術動向。而一般認為是《大學》、《中庸》撰述者的曾子與子思，遂在孔子廟廷步步高升。徽宗崇寧元年（一一〇二年），朝廷特追封子思為「沂水侯」，緣其為「聖人之後，孟氏之師，作為《中庸》，萬世宗仰」。【五】繼而在徽宗大觀二年（一一〇八年），子思奉詔入祀孔廷，位於左丘明等二十四賢之間。理宗端平二年（一二三五年），復詔升子思於「十哲」。【六】作為儒者最輝煌的一刻，終於在度宗咸淳三年（一二六七年）同時降臨在子思與曾子身上。就在這一年，子思與曾子一同攜手晉身孔殿，配饗宣聖。【七】有趣的是，唐時曾參一度以《孝經》作者，比擬「十哲」，旋即中輟；這次竟緣《大學》而魚躍孔廷，躋身「四配」。學風瞬變如此莫測，如果曾子復生，亦未免有不虞之譽之感。

【一】朱熹，《晦庵先生朱文公集》，卷八十五，頁九下—一二上。

【二】例如：韓愈在《原道》曾援引〈大學〉以闡發儒家淑世有為的義理。見韓氏，《韓昌黎文集校注》，卷一，頁九—一〇。李翱在〈復性書〉亦藉〈大學〉的「格物」來判別儒、釋之分；又藉〈中庸〉來發揮儒家的道統說。見（唐）李翱，《李文公集》（清光緒二年刊本），卷二。宋時，歐陽修讀李翱〈復性書〉三篇即謂：「此〈中庸〉之義疏爾！」歐陽修，《居士外集》（收入《歐陽修全集》；臺北：世界書局，一九六一年），卷二十三，頁五三二。韓、李合注有《論語筆解》，其對孟子之推崇，散見二人之著作。後人偽託二氏曾注《孟子》，蓋為依託。馬端臨，《文獻通考》，「經籍考」，卷一百八十四，頁考一五八三—一。

【三】王應麟，《玉海》（臺北：臺灣商務印書館，景印文淵閣四庫全書），卷五十五，頁四六下。

【四】錢穆，《朱子新學案》（臺北：三民書局，一九七一年），第四冊，頁一八〇—一八一。

【五】孔繼汾，《闕里文獻考》（清乾隆二十七年刻本），卷十四，頁一三下。

【六】脫脫等，《宋史》，卷一〇五，頁二五五〇。

【七】同上書，卷四十六，頁八九七。

咸淳從祀，「四配」方告底定。究其旨意，純本諸朱熹所言：「配饗只當論傳道，合以顏子、曾子、子思、孟子配。」【一】朱氏生前即將此一制度付諸地方書院實行，且以「濂溪周先生、明道程先生、伊川程先生、康節邵先生、司馬溫國文正公、橫渠張先生、延平李先生」從祀。【二】居末位的「延平李先生」即是朱熹本人的業師——李侗（一〇九三—一一六三年）。除此之外，其他六位卻是朱氏手書〈六先生畫像讚〉中的先聖。【三】此六先生雖各自成學，聞道不一，但朱熹說他們「學雖殊轍，道則同歸」，適足以標榜有宋一代的學術風範。【四】而且從朱氏文集看來，當時地方上為這幾位先哲立祠之風已甚為普遍；【五】然而代表中央觀點的孔廟祀典，迄淳祐元年（一二四一年）方正式取周、張、二程從祀，猶不及邵雍與司馬光。而咸淳從祀（一二六七年）適時彌補了此一缺憾，誠如詔書所言：

> 朱熹所讚已祀其四，而尚遺雍、光，非缺典與？其令學官列諸從祀，以示崇獎。【六】

朝廷厚愛朱熹有餘，連他的論友——湘學張栻、浙學呂祖謙（一一三七—一一八一年），也都在理宗景定二年（一二六一年）獲升列從祀。朝廷所持理由是張、呂二氏與朱熹「志同道合，切偲講磨，擇精語詳，開牖後學，聖道大明」。【七】又，朱熹生前曾自畫像以自警，且為追念此二亡友，並作畫像讚，【八】當時朱熹或未料及他日三人均榮登孔廷吧！

回顧有宋一代的從祀制，可以發現若干儒學變遷的特色：

其一，韓愈對宋初孟學的興起固有開道之功，但隨著儒學「心性論」的深化，韓愈「闢異端」的論調已無法滿足後儒構作理論的需求。北宋中期，蘇軾尚譽韓氏「文起八代之

【一】朱熹，《朱子語類》，卷九十，頁二二九四。
【二】同上書，頁二二九五。
【三】朱熹，《晦庵先生朱文公文集》，卷八十五，〈六先生畫像讚〉，頁九上—九下。
【四】同上書，卷八十六，〈滄洲精舍告先聖文〉，頁一二上。
【五】同上書，卷七十七—卷八十，卷八六。此一文化現象另可參閱寺田剛，《宋代教育史概說》（東京：博文社，一九六九年），頁二七二—二七七。
【六】孔繼汾，《闕里文獻考》，卷十四，頁一六下。
【七】（清）畢沅，《續資治通鑑》（臺北：文光出版社，一九七五年），卷一百七十六，頁四八〇六。
【八】朱熹，《晦庵先生朱文公文集》，卷八十五，頁九下—一一上。

衰，道濟天下之溺」；【一】但到北宋晚期，散文家張耒（一〇五四—一一一四年）竟譏諷韓氏「以為文人則有餘，以為知道則不足」，遑論後世其他以道德性命自任的儒者。明朝的王廷相（一四七四—一五四四年）甚至貶斥韓氏「本非有道之士」，擬予罷祀。學風驟變，炎涼可知。【二】是故，南、北宋雖均推尊孟學，其意涵則頗有差異。

此外，元豐七年（一〇八四年），孟軻、荀況、揚雄、韓愈四位先儒通允入祀孔廟，正表示當時學風崇高、寬廣、極具包容力。傳統上，孟氏主「性善」、荀氏主「性惡」、揚氏「善惡混」和韓氏「性三品論」正代表四種截然不同的人性論。【三】北宋年間，人性問題同是儒者共同關懷的焦點。撇開力主「性善」，而且日後取得絕對優勢的伊洛學派不談，王安石、司馬光、蘇軾等人對此問題都各有抒發，以致莫衷一是。【四】元豐從祀能夠做到兼容並蓄，恰好說明了當時猶處「學統四起」之際，儒術尚未定於一尊。

而元豐七年（一〇八四年）孟子配饗，與顏子構成「雙配」；徽宗崇寧三年（一一〇四年），加上王安石配饗，形成「三配」；度宗咸淳三年（一二六七年），下詔顏、曾、思、孟「四配」；這種以多配一（主）的形式，確突破傳統祭典的格局，殊值留意。【五】尤其，「政和新儀」除允王氏父子從祀，並以殿堂、兩廡的建築區隔標示「配饗」、「十哲」與「從祀」諸儒之別，使得孔廟從祀的階層化益形突出。【六】

最後要談元代祀典。元代從祀實衍宋末之緒餘。元仁宗皇慶二年（一三一三年），以宋儒周敦頤、程顥、程頤、張載、邵雍、司馬光、朱熹、張栻、呂祖謙及本朝許衡

【一】蘇軾，《蘇軾文集》，卷十七，頁五〇九。

【二】（宋）張耒撰，李逸安、孫通海、傅信點校，《張耒集》（北京：中華書局，一九九〇年），卷四十一，頁六六七。（明）王廷相著，王孝魚點校，《王廷相集》（北京：中華書局，一九八九年），頁八七一。

【三】孟子之「性善論」，參見朱熹，《孟子集注》，卷十一，「告子章句上」，頁三二五—三二九。荀子「性惡論」見王先謙，《荀子集解》（臺北：世界書局，一九六九年），〈性惡篇〉。揚雄「善惡混」，見揚雄，《法言注》，〈修身〉。韓愈「三品論」見韓愈，《韓昌黎文集校注》，〈原性〉。

【四】例如：王安石，《臨川先生文集》，卷六十八，〈原性〉、〈性說〉緒篇。司馬光，《溫國文正公文集》，卷七十三，〈疑孟〉。蘇軾，《蘇軾文集》，卷四，〈揚雄論〉。

【五】古代祭祀，若「郊天」、「社稷」，「一配」為常，至多「雙配」；後世乃衍至「三配」、「四配」。參考杜佑，《通典》，〈吉禮〉；瞿九思，《孔廟禮樂考》，卷二，頁一a—二b。

【六】龐鍾璐，《文廟祀典考》，卷三，頁一〇上：「先時從祀諸賢並列殿上，至『政和新儀』成，殿上惟祀配位、哲位。諸弟子及先儒分列東西舍，是為兩廡從祀之始。」龐氏指出「政和新儀」成於政和三年（一一一三年）。

（一二〇九—一二八一年）從祀孔子廟庭。【一】其中，僅許衡因賡續朱學有功，為新近添入，其他諸儒南宋末葉咸已從祀，但因當時南宋與北方政權隔閡，祀典互異，故元朝一統天下之後，才又有斯命。同樣的情形亦見諸元仁宗延祐三年（一三一六年），以顏、曾、思、孟四子配饗。【二】「四子配饗」本定於南宋咸淳年間，元初未用，至是始行。如同時人的建言：

> 今天下一家，豈容南北之禮各異？……使南北無二制，天下無異禮，亦可以見我朝明道統，得禮之中，足以垂世無窮矣。【三】

元代從祀史中較富新意的，則是文宗至順元年（一三三〇年），以董仲舒（公元前一七九—公元前一〇四年）從祀。【四】雖承時儒熊鉌大力推薦，【五】然恐不脫朱熹之餘蔭。朱子對董仲舒評價甚高，至謂董氏本領純正，是所謂「純儒」。【六】而順帝至正二十二年（一三六二年）所從祀的五賢，則全係伊洛後進。包括：楊時「親得程門道統之傳，排王氏經義之謬」、李侗「傳河洛之學，以授朱熹」、胡安國（一〇七四—一一三八年）「聞道伊洛，志在《春秋》」、蔡沈（一一六七—一二三〇年）「從學朱子，親承指授」、真德秀（一一七八—一二三五年）「博學窮經，踐履篤實」。【七】在此之前，元仁宗皇慶二年（一三一三年）恢復科舉取士，明經全用朱熹之注，此外別取胡安國《春秋》、蔡沈《尚書集傳》表章而尊用，真德秀之《大學衍義》則備經筵講讀。【八】同樣本諸「代用其書，垂於國胄」的道理，可見從祀者與官學關係之密切。而朱學充分宰制有元一代的學術支配權，與元代從祀制適可資互證。

總括而言，唐以前，孔廟祀典以「孔、顏」連稱。迄韓愈立意抬高孟子地位，到了北

【一】宋濂等，《元史》（臺北：鼎文書局，一九八〇年），卷二十四，頁五五七。
【二】宋濂等，《元史》，卷七十六，頁一八九二。
【三】（明）王圻，《續文獻通考》（影印明萬曆刊本；臺北：文海出版社，一九七九年），卷五十六，頁十一上—十一下。
【四】宋濂等，《元史》，卷七十六，頁一八九三。
【五】熊鉌，《熊勿軒先生文集》，卷四，頁五一。熊氏謂：「孟氏之後無傳，濂洛未興之前，寥寥千載，獨一董仲舒，學最正，行最醇。」
【六】朱熹，《朱子語類》，卷一百三十七，頁三二六〇。
【七】宋濂等，《元史》，卷七十七，頁一九二一—一九二二。
【八】同上書，頁一九二二；卷八十一，頁二〇一八—二〇一九。

宋，孟子遂得配饗孔殿，「孔、孟」連稱，漸有取代「孔、顏」之趨勢。元文宗至順元年（一三三〇年）改賜孟子為「亞聖」、顏子為「復聖」，【一】顏、孟易位，大勢底定。從此，「孔孟」併稱，主導後世儒學之發展，迄今未改。

五、明清從祀制：理學的分化、考據的興起與實學的重視

唐初以降，孔廟的發展大略可用「日益崢嶸」以形容之，惟獨有明一朝波折叢生。明代開國之君——太祖，與守成之主——世宗，對象徵道統的孔廟均有所挑釁，以致造成士人集團與統治人君一度對峙的局面。【二】可是太祖與世宗對孔廟禮儀刻意地壓抑，並未妨礙孔廟從祀制度的實質運作。

其實，太祖深諳晉謁孔廟對攏絡儒生的作用。他往往於攻克一城之後，隨謁孔廟，差遣儒士告諭父老。【三】尤其是洪武元年（一三六八年）初立國，猶處戎馬倥傯之際，即循故事，以太牢祀先師孔子於國學，並遣使詣曲阜致祭。【四】這在在顯示：他熟悉「祭孔」如「祭天」，對創業之君實具有「繼統」的象徵意義。

可是次年卻急轉直下，太祖令天下不必通祀孔子。之所以致此，似與他個人和孔

家的嫌隙有關，而且藉此壓制士人集團。【五】洪武五年（一三七二年），太祖偶覽《孟子》，至「君之視臣如土芥，則臣視君如寇讎」，以為非人臣所當言，乃罷孟子配饗；後因儒臣抗爭，翌年旋恢復孟子享祀。【六】但遲迄洪武十五年（一三八二年），孔子方得恢復天下通祀。【七】簡言之，太祖的舉動僅代表人君專制的獨斷，與儒學思潮並無關聯。

明太祖統治期間，真正與從祀制發生關聯乃是洪武二十九年（一三九六年），因行人

【一】宋濂等，《元史》，卷七十六，頁一八九二—一八九三。朝廷賜顏子「復聖公」、曾子「宗聖公」、子思「述聖公」、孟子「亞聖公」。漢儒趙岐雖曾以「命世亞聖之大才」稱譽孟氏，但歷來孔廟祀典，卻以「亞聖」尊稱顏回。趙岐之辭參見焦循，《孟子正義》，卷一，頁一三。

【二】請參閱拙著，〈道統與治統之間〉，頁九一七—九四一。

【三】張廷玉等，《明史》，卷一，頁六—一〇。例如攻下鎮江、龍興。

【四】同上書，卷二，頁二〇。

【五】詳細分析請參拙著，〈道統與治統之間〉，頁九三二—九三三。

【六】見王圻，《續文獻通考》，卷五十七，頁一一下。又孫承澤，《春明夢餘錄》，卷二十一，頁三六下。

【七】張廷玉等，《明史》，卷三，頁三九。

司副楊砥（一三六五—一四一八年）的建言，黜揚雄從祀，以董仲舒入祀。【一】揚雄罷祀的罪名為「臣事賤莽（王莽）」，此點宋儒早已論列，卻無妨揚氏進祀孔廟。譬如王安石即為之辯稱：「揚雄之仕，合於孔子無不可之義，奈何欲非之乎？」【二】王安石的摯友——曾鞏雖持論略異，謂「（雄）仕莽之際，不能無差」，【三】卻依然對揚氏學問不減敬意。然而明太祖純以揚雄仕君不忠罷之，除了反映明初強化「忠君」觀念的迫切需求，學術上殊少涵意。

至於董仲舒，元朝至順元年（一三三〇年）已從祀，惟元末以世變不及遍行。元明交替之際所從祀的楊時、李侗、胡安國、蔡沈、真德秀五先生尤為如此，是故進入明季之後，咸得重予祀命。【四】衡諸胡、蔡、真三氏於英宗正統二年（一四三七年），楊氏於孝宗弘治八年（一四九五年）、李氏則遲迄神宗萬曆四十一年（一六一三年）方復奉詔從祀，董氏可謂殊遇。究其故，與明初王禕（一三二一—一三七二年）甚有關聯。洪武四年（一三七一年），王禕所上的〈孔子廟庭從祀議〉在當時未及實行，但視諸爾後明代孔廟的演變，王氏之議應為所本。【五】在諸多建言之中，王氏特別推崇董仲舒與其所治《春秋》一經，此點想必令太祖留下深刻的印象。王氏稱許董仲舒「功殆不在孟子下」時，說道：

自夫孟軻既往，聖學不明。……歷秦至漢，諸儒繼作，然完經翼傳，局於顓門之學，而於聖人之道，莫或有聞，惟董仲舒於其間號稱「醇儒」，其學博通諸經，於「春秋」之義尤精。所以告其君者，如天人性命、仁義禮樂，以及勉強遵行，正誼明道之論，皆他儒之所不能道。至其告時君，罷黜百家，表彰六經，以隆孔子之教，使道術

【一】董倫、李景隆、姚廣孝等纂修，《明太祖實錄》（收入黃彰健校勘《明實錄》；臺北：中央研究院歷史語言研究所，一九六六年），卷二百四十五，頁二上。《明史·禮志》誤繫洪武二十八年。參較張廷玉等，《明史》，卷五十，頁一二九七。

【二】王安石，《臨川先生文集》，卷七十二，頁七六五。

【三】曾鞏，《曾鞏集》，卷十六，頁二六六。

【四】（明）徐一夔等，《明集禮》（《景印文淵閣四庫全書》第六四九—六五〇冊），卷十六，頁一七下—一八上。按，《大明集禮》終修於洪武三年，孔廟從祀元代新制僅許衡一人。另參考程敏政，《篁墩文集》（《景印文淵閣四庫全書》第一二五二—一二五三冊），卷十，頁一四下。

【五】王褘，《王忠文公集》（《叢書集成初編》第二四二一—二四二八冊），卷十二，〈孔子廟庭從祀議〉，頁三〇三—三〇六。同年，宋濂上〈孔子廟堂議〉，主張天下通祀孔子，深不為太祖所喜，竟致貶官。而王褘之議，其語多與宋濂合。惟王氏建言從祀董仲舒一事，不見宋氏之疏。秦蕙田誤繫王氏之議於元至順元年之前，實誤。其時，王褘僅十歲。參較《明史》，卷二百八十九，頁七四一五。王褘死難於洪武五年，年五十二。另秦蕙田，《五禮通考》，卷一百一十九，頁二〇上及頁二五下。

有統，異端息滅，民到于今賴之。【一】

除了闡述董氏對治道的貢獻之外，王氏復為「揚雄之事新莽，猶獲從祀，而仲舒顧在所不取」深抱不平，而在洪武二十九年（一三九六年）上從祀疏時，楊砥完全接納了王氏的觀點。他說：

揚雄為莽大夫，諂讖萬世，董仲舒〈天人三策〉及正誼明道之言，足以扶翼世教。今孔廟從祀，有雄無仲舒，非是。【二】

此外，值得一提的，就在董氏從祀之前不久（洪武二十八年七月），太祖特下詔要求國子生勤加研習《春秋》，以求「聖人大經大法，他日為政臨民庶乎有本」。因明太祖認為「孔子作《春秋》，明三綱，敘九法，為百王軌範，修身立政，備在其中」，【三】而太祖於《春秋》治道切身的領受，正是董氏能雀屏中選、儘早復祀的底蘊。

但有明一朝影響孔廟最為深遠之君卻非太祖，而是明中葉的世宗，其更動祀典、進退諸儒規模之鉅，在孔廟發展史中堪稱絕無僅有。世宗以藩子入嗣帝統，因追崇本生父——

興獻王，與朝臣爭論相持不下，遂援「大禮議」以整肅儒臣。此後即以「制禮作樂」自任，展開一連串更制禮儀的行動，範圍包括祭天地、社稷、日月、先蠶等等，嘉靖九年（一五三〇年）遂更延及孔廟祀典。【四】

世宗藉改孔廟祀典，以壓制士人集團的意圖十分明顯，致使詔書初下，「一時縉紳耳目之濡染既久，紛紛執議，幾干聚訟」。【五】雖然世宗之寵臣——張璁（一四七五—一五三九年）亦報告「數日以來，群議沸騰」，因此乞求世宗舉凡「孔子祀典，暫假時日，少緩訂議」，【六】然而世宗仍執意如初，不為所動。嘉靖九年終成一代之典，影響且及於後世。

【一】王褘，《王忠文公集》，卷十一，頁三〇三。
【二】（清）夏燮，《明通鑑》（北京：中華書局，一九五九年），卷十一，「太祖洪武二十九年三月」條，頁五二六。
【三】董倫等纂，黃彰健校勘，《明太祖實錄》，卷二百三十九，頁四下。
【四】張廷玉等，《明史》，卷一百九十六，頁五一七八。
【五】（明）徐學謨輯，《世廟識餘錄》（影印明萬曆徐氏家刊；臺北：國風出版社，一九六五年），卷六，頁一九下。
【六】黃彰健校勘，《明世宗實錄》，卷一百一十九，頁六上。

嘉靖九年，張璁迎合帝意所上的奏辭，實為這次祀典更制的定本。而為了深入了解此次改制的學術意義，首先便得過濾世宗個人所橫加的情緒或政治因素。張氏在奏對之詞中，為世宗說道：

孔子祀典自唐宋以來，溷亂至今，未有能正之者。今宜稱先聖先師，而不稱王。祀宇宜稱廟，而不稱殿。祀宜用木主，其塑像宜毀撤。籩豆用十，樂用六佾。叔梁紇宜別廟以祀，以三氏配。公侯伯之號宜削，只稱先賢、先儒。其從祀申黨、公伯寮、秦冉、顏何、荀況、戴聖、劉向、賈逵、馬融、何休、王肅、杜預、吳澄宜罷祀，林放、蘧援、盧植、鄭玄、服虔、范甯宜各祀于鄉，后蒼、王通、歐陽修、胡瑗、蔡元定宜增入。【一】

根據上疏，可知嘉靖孔廟改制包括：(一) 孔子撤王封，從祀弟子削爵稱。(二) 毀塑像，用木主。(三) 設立「啟聖祠」，以主祭孔子之父——叔梁紇，附祭從祀弟子之父。(四) 更定從祀制，進退諸儒。其中第 (一)、(二) 項方是改制爭執所在，最為士人所非議，直目為孔門之恥。【二】第三項則在兩可之間。時儒對第四項鮮有歧意，卻與本文主題關係密切，是故最能忠實反映時代學風。

設立「啟聖祠」一事，孕育已久。南宋洪邁（一一二三—一二〇二年）、【三】元熊鉌、【四】明初宋濂（一三一〇—一三八一年）、王禕，【五】甚至晚近的程敏政，皆一再疵議孔廟從祀有「子尊父卑」、悖乎人倫的現象。【六】譬如：顏回、曾參、孔伋均配饗，位居殿堂之上，而顏父（顏路）、曾父（曾點）、孔父（孔鯉）卻止於從祀，卑處兩廡之下。這不啻造成從祀制中「傳道」與「人倫」之間的緊張性。明英宗正統三年（一四三八年）因

【一】黃彰健校勘，《明世宗實錄》，卷一百一十九，頁四上。

【二】例如：（明）沈德符，《萬曆野獲編》（北京：中華書局，一九八〇年），「補遺」，卷二，頁八五四；（明）焦竑撰，顧思點校《玉堂叢語》（北京：中華書局，一九八一年），卷三，頁九三；呂元善，《聖門志》（《叢書集成初編》第三三一八—三三二一冊），卷一上，頁一六。

【三】洪邁，《容齋四筆》（收入《容齋隨筆》；上海：上海古籍出版社，一九七八年），卷一，頁六一五。

【四】熊鉌，《熊勿軒先生文集》，卷四，頁五二。

【五】宋濂，《宋學士全集》（《叢書集成初編》第二一一〇—二一三三冊），卷二十八，頁一〇一九—一〇二二。王禕，《王忠文公集》，卷十二，頁三〇五—三〇六。

【六】程敏政，《篁墩文集》，卷十，頁一〇下—一二上。

裴侃（一四三〇—一四三八年前後在世）的建言，孔廟採取了區分地域的雙軌制，以解決上述的矛盾。裴氏的意見是：

天下文廟，惟論傳道，以列位次。闕里家廟，宜正父子，以敘彝倫。【一】

所以在闕里一地，因孔子之父——叔梁紇在元代已追封「啟聖王」，別創「啟聖王殿」，以「四配」之父自行配饗，如是則能兩者兼顧。

嘉靖九年（一五三〇年）即遵循上述模式，推廣至天下孔廟，此後無復有地域之別。不可否認地，張璁藉議立「啟聖祠」以明「人倫」之大，實暗寓「大禮議」之深意。而「啟聖祠」本身亦衍生成一「副從祀系統」，與孔廟「主從祀系統」彼此對應。舉例而言，嘉靖十年（一五三一年），詔以程晌（二程之父）、朱松（朱熹之父，一〇九七—一一四三年）、蔡元定（蔡沈之父，一一三五—一一九八年）從祀「啟聖祠」。【二】其位階則有「先賢」或「先儒」之不同，全然視其子之地位而定，故實不脫「父以子貴」的模式。

嘉靖孔廟改制之中，「進退諸儒」一事，時人鮮少異議，後世至以「意雖私而論則公」許之，【三】足見與時代學風並行不悖。只有兩個特例，一是歐陽修因「濮議」之故，為世宗引為「大禮議」奧援，故得從祀。【四】時人徐學謨（一五二一——一五九三年）曾挺身說：

（世宗）欲舉（歐陽修）而從祀孔子廟庭，蓋為濮議之有當於聖心也。【五】

其次，吳澄（一二四九——一三三三年）因受指控為宋人仕元，違春秋夷夏之辨，遂遭罷祀。本來在明英宗宣德十年（一四三五年），湖廣慈利縣教諭蔣明（一四二三年舉鄉薦）以吳氏「其功不下於許衡，衡既從祀，澄當如之」請之。【六】蒙元之世，許衡為「北方之儒」，吳澄為「南方之儒」，二者戮力保存儒學於不墜之地。朝廷允其從祀之請，即依上

【一】張廷玉等，《明史》，卷五十，頁一二九七。

【二】同上書，頁一三〇〇。

【三】龐鍾璐，《文廟祀典考》，卷四，頁一四下。

【四】北宋英宗發生與明世宗類似的情況，謂為「濮議」。歐陽修反對司馬光諸人意見，而與英宗吻合。歐陽修，《歐陽修全集》，頁九七七——九九五。

【五】徐學謨，《世廟識餘錄》（臺北：國風出版社，一九六五年），卷四，頁五上。

【六】孫繼宗、李賢等纂修，《明英宗實錄》（收入黃彰健校勘《明實錄》；臺北：中央研究院歷史語言研究所，一九六六年），卷四，頁五上。

述的認識。其時詔書如此記載著：

蓋元之正學，大儒惟許衡及澄二人。故卒後皆謚「文正」。我國家表彰《四書》、《五經》及性理之學，凡澄所言皆見采錄，其發明斯道之功，朱熹以來莫或過之。【一】

明成祖倡性理之學以緣飾文治，修《四書五經大全》，多採宋、元儒成說，以為科考定本。【二】後又修《性理大全》，以周、程、張、朱諸儒之書類聚成編，與經書大全互為表裏。【三】吳澄得受青睞，與此有關。

此外，吳澄從祀恰逢明代學術轉向的前夕。其時吳氏猶被目為「朱學後勁」，而非後世所推崇的「朱陸調和論者」、或「心學的先驅者」。【四】價值上，吳澄得以從祀，涵蘊「文化」貢獻凌駕政治忠誠之上。吳氏仕元的事實，在宣德從祀詔中僅以「（元）屢徵雖起，未嘗淹留進退之際」一筆帶過。【五】但降至嘉靖，「仕元」卻釀成罷祀主因。先是弘治年間，謝鐸（一四三五—一五一〇年）指控吳氏「處中國而居然夷狄，忘君親而不恥仇虜」，【六】要求罷祀吳氏不遂。到了嘉靖，議禮者全然接受謝氏說詞；顯見該時外患日深，夷夏意識趨於緊嚴的情形。反諷的是，到了滿清夷狄之朝，吳澄於乾隆二年（一七三一年）竟獲恢復名位，重祀孔廟。【七】其從祀可謂以「學術」始，嗣後卻因夷夏政權輪替而相起伏。

除此之外，嘉靖九年（一五三〇年）孔廟改制，概本諸程敏政（一四四六—一四九九年）於明孝宗弘治元年（一四八八年）所上的〈考正祀典疏〉。【八】程著基本上沿襲元儒熊

【一】黃彰健校勘，《明英宗實錄》，卷四，頁五下，宣德十年四月。

【二】張廷玉等，《明史》，卷七十，頁一六九四。

【三】同上書，卷九十八，頁二四二五。

【四】請參考拙著，〈「學案」體裁產生的思想背景」：從李紱的《陸子學譜》談起〉，《漢學研究》第二卷第一期（一九八四年六月），頁二〇七—二〇九。

【五】黃彰健校勘，《明英宗實錄》，卷四，頁五下。

【六】王圻，《續文獻通考》，卷五十七，頁二三下—二四上。

【七】龐鍾璐，《文廟祀典考》，卷一，頁一四下。

【八】（明）張璁錄並撰，（明）張汝紀等輯，《諭對錄》（明萬曆三十五年附三十七年刊本），頁一〇下—一一上。弘治年間，另有張九功上從祀疏，意見與程敏政相似，收入（明）薛瑄撰，玄常等校，《薛瑄全集》（太原：山西人民出版社，一九九〇年），下冊，頁一六二八—一六三〇。

鉌與明初宋濂、王褘的意見，而加以損益之。【一】依此，遭罷祀有十三人，改祀於鄉有七人，增祀則有五人。【二】顯然，「罷祀」懲處最嚴；「改祀於鄉」則依「有功德於一方者，一方祀之，踰境則已」的準則行之，與從祀孔廟者得以通祀天下，有極懸殊的差別。【三】

居中，原列名孔子弟子的申黨、秦冉、顏何，緣考覈不實遭罷祀；公伯寮因愬子路而沮孔子，大悖聖門之教，連帶去祀。蘧援、林放，原非孔子弟子，而致改祀於鄉。

南宋以來，理學奉孟子為圭臬，「性善」論即取得絕對優勢。此後荀子在孔廟的地位便岌岌不保。荀子素以主張「以性為惡，以禮為僞」，並且「以子思、孟子為亂天下，以子張、子夏、子游為賤儒」，這種論調顯然不合時宜，是故撻伐之聲、不絕於耳。朱熹便評道：「荀卿則全是申、韓。」【四】而李元綱（一一六五—一一七〇年前後在世）作於乾道六年（一一七〇年）的《聖門事業圖》中，將孟子劃歸「歷代聖賢」，意謂「傳大中至正之道，行之萬世而無弊」；然而荀子、揚雄卻與瞿曇、老聃、楊朱、墨翟諸異端並列「獨行聖賢」，視「其道可救一時，不可傳於萬世」。【五】此一分辨，高下立判。而荀、揚二氏日後於孔廟落寞的下場，已隱約可期。

但嘉靖孔廟改制最能彰顯的時代精神，卻是以「明道之儒」來取代「傳經之儒」。在此一價值的取捨之下，唐代貞觀年間所從祀的經師紛紛遭受貶斥，其中不乏因細行而罷祀或改祀於鄉。例如：戴聖遭指控「治行不法，身為贓吏」、劉向「喜誦神仙方術，流為陰陽術家」、賈逵「附會圖讖，以致貴顯」、馬融「不拘儒者之節，獻頌以美（梁）冀」、何休「黜周王魯，異端邪説」、王弼「倡為清談，專祖老莊」、王肅佐助「（司馬）昭篡魏」、杜預「以吏則不廉，以將則不義」。【六】凡此通以德性不檢下祀，這固是反應理學影響之下，道德標準趨於嚴緊，但底層尚存有深刻的學術理由。

嘉靖改制所以罷祀經師，顯然有意標新立異。「立異」方面，他們更動貞觀所樹立的

【一】試比較熊鉌，《熊勿軒先生文集》，卷四，頁五〇—五一；宋濂，《宋學士全集》，卷二十八，頁一〇二〇—一〇二一；王褘，《王忠文公集》，卷十二，頁三〇三—三〇五；程敏政，《篁墩文集》，卷十，頁四上—一〇下。

【二】「改祀於鄉」依《明世宗實錄》只有六人，惟《明史．禮志》載有七人，多了鄭眾。查張璁的《諭對錄》及《羅山奏疏》均採程敏政之奏稿載有鄭眾。可見《明世宗實錄》漏抄一人。參較張廷玉，《明史》，卷五十，頁一三〇〇；張璁，《諭對錄》，卷二十二，頁一一上；《羅山奏疏》（明萬曆五年刊本），卷六，頁一六上—一六下。

【三】程敏政，《篁墩文集》，卷十，頁三上。

【四】朱熹，《朱子語類》，卷一百三十七，頁三二五五。

【五】李元綱，《聖門事業圖》（百川學海本），頁一〇〇一。

【六】張璁，《諭對錄》，卷二十二，頁九下—一〇下。

從祀標準，把「存經之儒」與「明道之儒」分開對待。一方面批評貞觀禮官「拘於舊注疏（鄭玄）」，見識淺陋，以「專門訓詁之學為得聖道之傳」。【一】他們認為遭罷祀的八位經師只不過是訓詁之儒，僅因為其訓釋之書行於唐，故唐以備經師之數，其功勞實遠遜存經之儒。尤其理學大明之後，《易》用程朱、《詩》用朱子、《書》用蔡氏、《春秋》用胡氏，又何取於漢魏以來駁而不正之儒？同理，鄭眾、盧植、鄭玄、服虔、范甯五人雖若無過，「然其所行亦未能以窺聖門，所著亦未能以發聖學」，遂遭降級，各改祀於鄉。【二】另一方面，他們卻對「存經」者推崇如故；譬如：左丘明、公羊高、穀梁赤之於《春秋》，伏勝、孔安國之於《書》，毛萇之於《詩》，高堂生之於《儀禮》，后蒼之於《禮記》，杜子長之於《周禮》，仍功不可沒。尤其是秦火之後，聖道幾熄，守其遺經特彌足珍貴。

嘉靖改制「標新」部分，除以「存經」名目，增祀后蒼之外，並以隋唐之際的王通與北宋初年的胡瑗（九九三—一〇五九年）進祀孔廟。二者於儒學承先啟後的貢獻，促成「明道之儒」自立門戶而不復依傍於「傳經之儒」之下。而其學術去取標準，程朱色彩十分鮮明：不止前述蔡元定，因佐其師——朱熹解經，允得入祀「啟聖祠」，【三】致連先代前賢王通、胡瑗，咸得「斷以程朱之說」，方允從祀廟庭。【四】

本來有宋一代適值經學、道學未分之際，從祀之儒「傳經」兼具「明道」，二者並不細分。朱熹便是個中最佳典範。惟胡瑗著述固少，今以德性踐履從祀，此例一開，「立德」優於「立言」，「明道之儒」有淩駕「傳經之儒」的趨勢。

同理，嘉靖九年，朱熹的論敵——陸九淵，緣王守仁弟子薛侃（一四八六——一五四五年）之請，從祀孔廷，這象徵了道學的分化。顧炎武（一六一三——一六八二年）觀察入微，曾為評道：

> 嘉靖之從祀，進歐陽修者為大禮也，出于在上（世宗）之私意也。進陸九淵者，為王守仁也，出于在下（儒臣）之私意也。【五】

【一】張璁，《諭對錄》，頁九下。
【二】同上書，頁一〇下——一一上。
【三】蔡元定從祀為桂萼之兄——桂華之議，並付於張璁附奏。見（明）桂萼，《文襄公奏議》（清乾隆二十七年重刊本），卷八，頁一七下。
【四】張璁，《諭對錄》，卷二十二，頁一二下。
【五】顧炎武，《原抄本顧亭林日知錄》，卷十八，〈嘉靖更定從祀〉，頁四三二。

顧氏之論確實一針見血。陸九淵入祀遲於朱熹近三百年之久，足見陸學之隱晦；陸氏得以從祀，既替心學的拓展建立了一處穩固的灘頭堡，且為後來王陽明的從祀打了一場成功的前哨戰。

在為陸九淵敦請祀命的上疏之中，薛侃為陸氏爭正統的意圖相當明顯。他說道：

> 孟子沒而學晦，至宋周敦頤、程顥追尋其緒，陸九淵繼之，心學復明。【一】

王守仁曾以「聖人之學，心學也」許陸氏，【二】故薛侃以「心學」標示陸學一脈。薛侃語及北宋學統，僅及大程而略小程，對陸王一系絕非偶然。他們深悉陸氏不契伊川之學，甚以「蔽固深」譏刺小程子，【三】而程頤正是朱熹生平所宗。這種壁壘分明的宗派意識，日後益形加劇。

王守仁生前堅信：朱熹與陸九淵雖所學若有不同，要皆不失為「聖人之徒」。他曾為陸學的處境抱不平，遂有感發而言道：

> 顧（朱）晦庵之學，既已若日星之章明於天下；而（陸）象山獨蒙無實之誣，於

今且四百年，莫有為之一洗者。使晦庵有知，將亦不能一日安享於廟廡之間矣。【四】王守仁誓言「欲冒天下之譏，以為象山一暴其說，雖以此得罪，無恨」。觀此，薛侃推舉陸氏從祀，意在完成令師未竟之志。

薛侃復將陸氏久久未得從祀之因，歸諸「蚤歲嘗與朱熹論說不合」，故受其徒排擠為禪。【五】可是薛氏的說詞，除了透露歷史上朱學之盛，並未嘗理出陸氏少立文字，方是潛存的主因。為了抗衡朱熹大量的著述，尤其經解部分，陸氏門徒屢勸陸氏何不著書立說，陸氏反云：「六經註我，我註六經。」【六】顯見陸氏重視「身教」遠勝於「言教」。陸九淵

【一】薛侃之疏，收入潘相，《曲阜縣志》，卷二十九，頁一七下。薛氏之疏恐是誤繫嘉靖八年，觀其內容應屬九年之事。另立「三氏學」亦是九年之事。見《明世宗實錄》。

【二】王守仁，《王陽明全集》，卷七，〈象山文集序（庚辰）〉，頁二四五。

【三】陸九淵，《陸九淵集》，卷三十四，頁四一三。

【四】王守仁，《王陽明全集》，卷二十一，〈答徐成．之二（壬午）〉，頁八〇九。

【五】潘相，《曲阜縣志》，卷二十九，頁一七下。

【六】陸九淵，《陸九淵集》，卷三十四，頁三九九。

自信滿滿地說「若某則不說一個字，亦須還我堂堂地做個人」，【一】但罕於著述的事實，終使他在歷史上屈居下風。嘉靖從祀，「立德」克服了「立言」，使得「著述」暫居第二義。

然而就在同疏之中，薛侃所推薦的陳獻章（一四二八—一五〇〇年）則無此幸運。其間「著述多寡」成了從祀關切的焦點，薛侃必得曲予維護。他言道：

（陳獻章）博而能約，不離人倫日用而見鳶飛魚躍之機。雖無著述，其答人、論學等書已啟聖賢之扃鑰。【二】

既然「答人、論學等書」不算「著述」，「著述」指的必是「解經的文字」。嘉靖九年，陳氏未得從祀，此恐是主因。

倘以陳氏之例，衡諸薛瑄從祀始末，其演變將愈形顯豁。自憲宗成化元年（一四六五年）有人提請從祀朱學矩矱薛瑄始，至穆宗隆慶五年（一五七一年）止，呼籲薛氏入祀孔廷，綿延及於百年之久，【三】而著述太少亦始終是薛氏從祀失敗的主因。例如孝宗弘治元年（一四八八年），楊士奇（約一三六四—一四四四年）以其「無著述」阻之。【四】但薛氏本來即標榜：

自考亭以還，斯道已大明，無煩著作，直須躬行耳。【五】

事實上，薛瑄尚著有《讀書錄》二十卷，嘉靖十九年（一五四〇年），廷議薛瑄從祀事宜，儒臣唐順之（一五〇七—一五六〇年）便援此為薛氏辯護道：

> （薛）瑄所著《讀書錄》且十餘萬言，固濂洛關閩之緒而《六經》之旨也，其為著述則亦已繁。【六】

【一】陸九淵，《陸九淵集》，卷三十五，頁四四七。
【二】潘相，《曲阜縣志》，卷二十九，頁一七下。
【三】李之藻，《頖宮禮樂疏》，卷二，頁二四上。
【四】同上書，頁一六下。
【五】張廷玉等，《明史》，卷二百八十二，頁七二二九。
【六】唐順之，《荊川先生文集》（《四部叢刊初編》影印明刻本影印涵芬樓藏明萬曆刊本），「外集」，卷一，頁三六七下。

然這番辯護仍無法杜悠悠之口，反對者說薛瑄於《六經》少所著述，宜不得從祀。【一】另一為薛氏辯護的儒臣徐階（一四九四——一五七四年或一五〇三——一五八三年）亦承認：「瑄所著止《讀書》一錄，未能釋然於罕所著述之疑。」【二】可見所謂「著述」必須是「解經文字」，其他則一概不予考慮。否則無由理解弘治年間，楊士奇竟然無視於《讀書錄》，而以「無著述」阻薛氏從祀。

是故，嘉靖十九年的廷議，雖然大多數儒臣支持薛氏從祀孔廟，世宗仍裁決：「公論久而後定，宜候將來。」【三】但唐順之為薛氏所設的辯詞顯示，陸九淵罕著述、重踐履的典範已逐漸獲致認可。唐氏借重嘉靖九年進陸九淵、黜馬融之先例，辯道：

自古儒者說經之多，莫如馬融；其體認本心，絕不肯為《六經》註腳者，莫如陸九淵。【四】

但在嘉靖從祀，卻一進一黜若此。當時徐階亦有同感，他坦承「論著述，九淵實不如馬融之多」，然而「論踐履，馬融固不如九淵之正」。【五】他且申言之：

聖門之學，重踐履而輕文詞；貴身心而賤口耳。回之如愚，世所短也，孔子亟稱之；賜之博學多識，世所尚也，孔子屢抑之。【六】

徐階隱然以薛瑄比附毫無著述的顏子，並訴諸孔子元聖的愛惡，其謀以「立德」取代「立言」，用心至苦。直到穆宗隆慶五年（一五七一年），薛瑄才獲入祀孔廟，再次證明「立德」凌駕「立言」之上。時儒瞿九思（一五七五—一六一〇年前後在世）言道：

凡諸儒之為學，所以學為聖賢，必其學已得正傳，可以受承道統，方可列於孔

【一】唐順之，《荊川先生文集》，「外集」，卷一，頁三六七下。

【二】（明）徐階，《世經堂集》（明萬曆徐氏刻，清康熙二十年徐佺重修本），卷六，〈薛文清祀議〉，頁四三下。

【三】黃彰健校勘，《明世宗實錄》，卷二百三十五，頁三上。

【四】唐順之，《荊川先生文集》，「外集」，卷一，頁三六七下。

【五】徐階，《世經堂集》，卷六，〈薛文清祀議〉，頁四五下。

【六】徐階，《世經堂集》，卷六，〈薛文清祀議〉，頁四四上。

廟，以為聖人之徒。【一】

換言之，從祀標準「必先論其行，後論其書」。因此瞿氏列舉從祀要件，首及「德行」、次及「經術」、末方及「世代」。【二】實有見於該時文廟祀典的動向。

萬曆十二年（一五八四年），神宗下詔廷議陳獻章、胡居仁（一四三四—一四八四年）、王守仁從祀。朱門學者——沈鯉，時為禮部尚書，則主張獨祀居仁。【三】大學士申時行（一五三五—一六一四年）仍請並祀三人，故特為獻章、守仁伸辯。首先，他反駁對陳、王二氏的指控，謂陳、王「各立門戶，離經叛聖如佛、老、莊、列之徒」，並點出「守仁言致知，出於《大學》，言良知本於《孟子》；獻章主靜，沿於宋儒周敦頤、程顥」，二者均祖述經訓，羽翼聖真。【四】

申時行伸辯道，未必著述方為有功聖門，他特別強調躬行實踐的重要，至言：

聖賢于道，有以身發明者，比于以言發明，功尤大也。【五】

守仁從祀，似對程朱學者造成莫大壓力，所以申時行方舉孔廟祀典原有朱、陸並祀前例，以袪除崇王廢朱的疑慮，他力言：「道固互相發明，並行而不悖。」【六】申氏的申訴獲得神宗的同情，隨即下詔以陳、胡、王三氏一體併祀。這意謂著「學術三分天下」的來臨。

明代學術之分，自陳獻章、王守仁始。宗獻章者曰「江門之學」，宗守仁者曰「姚江之學」，居仁則墨守程朱一系。《明史．儒林傳》中：「嘉（靖）、隆（慶）而後，篤信程、朱，不遷異說者，無復幾人矣。」【七】這一段話自是針對新學流行而發，但基本上，朱學

【一】瞿九思，《孔廟禮樂考》，卷五，頁三三a—b。引文第四句「可以受承道統」，萬曆三十五年史學遷刻本作「可以受承道就」，疑誤，故依中央研究院歷史語言研究所藏明萬曆三十四年樂安陳嘉言刊本改正。

【二】瞿九思，《孔廟禮樂考》，卷五，頁四六a。

【三】李之藻，《頖宮禮樂疏》，卷二，頁二四下。

【四】張惟賢、葉向高、顧秉謙等纂修，《明神宗實錄》（收入黃彰健校勘《明實錄》；臺北：中央研究院歷史語言研究所，一九六六年），卷一百五十五，頁五上。

【五】同上書，卷一百五十五，頁五上，萬曆十二年十一月。王守仁門徒似恐王氏受罕著述之累，急著編纂王氏全集出版。參見 Hung-Lam Chu, "The Debate Over Recognition of Wang Yang-ming," *Harvard Journal of Asiatic Studies*, vol. 48, no. 1 (June 1988), pp. 47-70。

【六】黃彰健校勘，《明神宗實錄》，卷一百五十五，頁五下。

【七】張廷玉等，《明史》，卷二百八十二，頁七二二二。

並未失去官學的優勢地位。

惟儒臣始薦陳、王二氏從祀，距二儒生時均不逾四十年，【一】可見新學傳佈既廣且速。尤其王守仁生前飽受「偽學」之累，屢遭壓抑，身後猶一度經歷權相張居正（一五二五—一五八二年）厲禁講學之制，以致無由從祀。然而張居正過世不久，王氏旋與陳獻章同上孔廷。

要言之，萬曆陳獻章、胡居仁、王守仁三人從祀（一五八四年），新學崛起，代表道學多元化。整體而言，「明道之儒」有替代「傳經之儒」之勢。明中葉徐階的言辭，恰可資印證。他說：

> 六經之道，具在人心；六經之文，坦然明白。縱無訓詁，豈遽失傳？【二】

這種藐視注疏的心態，只能出現在理學大放光明的時代。

始自南宋末年，熊鉌首倡議立新「五賢祠」，以崇祀周、二程、張、朱五賢，並取代舊有荀、揚諸賢。依熊氏之見，此不惟「大明洙泗之正傳，亦以一洗漢唐之陋習」，熊氏且認為：祀典上，道學五先生「直可以繼顏、曾、思、孟之次，配食夫子」。【三】熊鉌之後，擬以道學五賢超越漢、唐從祀之儒的呼聲，即此起彼落。有明一朝，更是屢見不鮮。【四】最典型的例子，莫如瞿九思所言：

「四配」譬之，則孔子之長男；「十哲」譬之，則孔子之中男；周、程、朱最後出，譬之，則孔子之少男。【五】

【一】嘉靖九年（一五三〇年），薛侃陳請陳獻章（一四二八——一五〇〇年）從祀，距生時僅三十年。隆慶元年（一五六七年），耿定向首為王守仁（一四七二——一五二八年）請祀，距生時三十九年。耿定向，《耿天台先生文集》（臺北：文海出版社，一九七〇年），卷二，頁一一上——一三下。

【二】徐階，《世經堂集》，卷六，〈薛文清祀議〉，頁四四下。

【三】熊鉌，《熊勿軒先生文集》，卷三，頁三四；卷四，頁四九。

【四】例如：弘治年間的楊廉、萬曆年間的唐伯元；參見《明史》，卷二百八十二，頁七二四七、七二五七。甚有以周敦頤當躋於「四配」之列。見舒芬（一四八四——一五二七年），《闕里問答》（百陵學山本），頁二下。

【五】瞿九思，《孔廟禮樂考》，卷一，頁四四 a。

而漢、唐諸儒，竟不與孔子之宗傳。

明亡之前——崇禎十五年（一六四二年），除因左丘明曾親授經於孔子而改稱為「先賢」外，最值得注意的是稱周、張、二程、朱、邵六子亦升為「先賢」，位七十子之下、漢唐諸儒之上。【一】嘉靖改制，唯有「四配」與「十哲」方尊為「先賢」，其他從祀者概以「先儒」稱之。周敦頤諸儒由「先儒」進階為「先賢」，實為理學地位的躍進。簡而言之，由宋至明的孔廟從祀制度的演變，恰恰反映了「理學的黃金時代」。而崇禎改祀固將理學臻於巔峰，惟此時此刻卻宛如詩人所傷逝的「夕陽無限好，只是近黃昏」，其燦爛奪目的榮耀迅即消逝。

隨著明朝政權的潰亡，理學——尤其陸王一系，頓成眾矢之的。顧炎武以王守仁的良知說譬之魏晉清談，責備他「以一人而易天下」。【二】清初另一大儒——王夫之（一六一九—一六九二年）亦將王學末流比諸「陸子靜（九淵）出而宋亡」，其流禍相似。【三】程朱學者更是振振有詞云「明之天下不亡於寇盜、不亡於朋黨，而亡於學術」，【四】而這裏所謂的「學術」，當然是指陽明末流的「異端邪說」了。

當時這類以王學肆行解釋明亡的論調，頗為常見。所以程朱學者——張烈（一六二二—一六八五年）更是大聲撻伐「陽明一出而盡變天下之學術，盡壞天下之人心」，從而判定「陽明之出，孔、朱之厄」，欲罷黜王氏從祀而後已。【五】有清一代考證的開山學者——閻若璩（一六三六—一七〇四年），亦以維護朱門自任，甚而揚言「欲近罷陽明，遠罷象山」，最後致連居於兩公之間的白沙（陳獻章）亦難逃出閻氏的聲討之列。【六】從閻若璩於康熙四十二年（一七〇三年）所撰的《孔廟從祀末議》，適可看出清初康、雍、乾三朝文廟更制的線索，影響不可不謂深遠。【七】

閻若璩的〈孔廟從祀末議〉原先附載於氏著《尚書古文疏證》之後。但若將附錄本與

【一】張廷玉等，《明史》，卷五十，頁一三〇一。
【二】顧炎武，《原抄本顧亭林日知錄》，卷二十，頁五三九。
【三】張載撰，王夫之注，《張子正蒙注》（收入中華文化叢書委員會審訂兼編修，蕭天石主編《船山遺書全集》；臺北：中國船山學會、自由出版社，一九七二年），卷九，頁一二上。清初朱門學者張烈亦謂：「明之陽明，即宋之象山。」見張烈，《王學質疑》（收入《正誼堂全書》，清同治五年福州正誼書院刊本），〈附錄〉，頁二上。
【四】陸隴其，《三魚堂文集》（《景印文淵閣四庫全書》第一三二五冊），卷二，頁二下—三上。
【五】張烈，《王學質疑》，〈附錄〉，頁一四上—一四下。
【六】同上注。
【七】閻若璩，《孔廟從祀末議》（收入《昭代叢書》，清道光十三年吳江沈氏世楷堂刊本），頁三二下。

單行本互較，可以發現其中大有異同。最重要的差別，即是〈從祀末議〉的單刊本——其子圖欲上之朝廷以左右視聽的本子，省略了罷黜陸王學者的文詞。【一】這似乎是有意迎合清朝統治者的文教策略。原來清初君主充分體認，孔廟祀典對於清朝統治的正當性多所助益；他們基本上不贊成打壓陸王學派，不過，卻藉增祀程朱一系，以宣示本朝教化之盛。陸王學者便在清初危疑、動盪之際，幸而度過一劫。

康熙五十一年（一七一二年），清聖祖意欲朱熹既為孔孟正傳，宜躋孔廟「四配」之次；後緣李光地勸阻，才使朱子退居「十哲」之末。【二】縱使如此，朱熹已躋身孔廟正殿，飛躍漢唐以下諸儒。聖祖之尊崇朱子，必與其重用的程朱理學名臣關係密切；前此，他還參預《朱子全書》、《性理精義》的纂修。【三】康熙五十一年進祀朱子，只能視作聖祖一生崇朱的總結。

雍正二年（一七二四年），清世宗依廷議裁決：孔廟宜復祀林放、蘧瑗、秦冉、顏何、鄭康成、范甯六人，增祀孔子弟子縣亶、牧皮，孟子弟子樂正克、公都子、萬章、公孫丑，漢諸葛亮，宋尹焞（一〇六一—一一三二年）、魏了翁（一一七八—一二三七年）、黃榦、陳淳（一一五九—一二二三年）、何基（一一八八—一二六八年）、王柏（一一九七—一二七四年）、趙復（一二三五年前後在世），元金履祥（一二三二—

一三〇三年）、許謙（一二七〇—一三三七年）、陳澔（一二六〇—一三四一年），明羅欽順（一四六五—一五四七年）、蔡清（一四五三—一五〇八年）以及本朝程朱大儒陸隴其（一六三〇—一六九二年），共二十人，張載之父——張迪，則入祀「崇聖祠」。【四】這是唐代以下，孔廟最大規模的增祀舉動。乾隆皇帝在為《世宗御製文集》作序時，特意指出乃父受聖祖感發，繼志述事，以致文治茂隆。他稱揚世宗道：

【一】閻若璩的《孔廟從祀末議》裏，舉凡建議八佾、十二籩豆於太學祭典、進有若為「十二哲」（另一哲公西華不遂行，後顯為朱熹），孔子、孟子弟子或復祀、或入祀，進程朱學者、河間獻王、諸葛亮、范仲淹等等，後世大多採行。其單刊本與附載《尚書古文疏證》的本子互有出入，可參較《孔廟從祀末議》，頁三上—三四下。

【二】李清植纂輯，《文貞公年譜》（臺北：廣文書局，一九七一年），卷下，頁五〇上—五〇下。朱熹祀於十哲之末，為第十一哲；乾隆三年又以有若升配，成「十二哲」。見牛樹海輯，《文廟通考》（清同治十一年浙江書局刊本），卷一，頁二九上—二九下。

【三】清聖祖御製，張玉書、允祿等奉敕編，《聖祖仁皇帝御製文集．第四集》（《景印文淵閣四庫全書》第一二九八—一二九九冊），卷二十二，頁七上—一三下。

【四】（清）鄂爾泰、張廷玉等奉修，《大清世宗憲（雍正）皇帝實錄》（臺北：華聯出版社，一九六四年），卷二十三，頁二四下。

聖學高深，探性命之精，操治平之要，天德王道一以貫之。隆禮先師孔子，增祀先儒，右文重道之典，超越常制。【一】

細繹雍正祀典所復祀的六位先儒，顯然為糾正嘉靖改制而作。其中林放、蘧瑗、秦冉、顏何等四位經覈實為孔子弟子，得以復祀。另外又考得縣亶、牧皮為孔子弟子，嶄新添祀。這種因考覈所得的孔門弟子，未來仍陸續發生。【二】

北宋以降，孟學一路攀升，雖道學趨於分化，猶穩居儒學宗傳之首；迄清初，其地位未曾動搖。孟子高弟樂正克、公都子、萬章、公孫丑四人，於北宋政和五年（一一一五年）或配饗、或從祀新立的鄒縣孟子廟，【三】自雍正二年起，與其師均霑殊榮，同祀孔廟。

而在雍正所增祀的儒者之中，程朱學派（由宋朝尹焞至清朝陸隴其）竟居十三位之眾，卻獨無一位陸王學者。這使得朱學一洗明末衰頹之勢，並與清初「返歸程朱」的運動相互唱和。【四】而程朱一系從此成為官方思想的基調，許多歷史上傑出的程朱學者均首度獲得青睞，得以上祀孔廷；舉其要若道光年間上祀的謝良佐，咸豐年間上祀的曹端，同治年間的呂柟，光緒年間的輔廣、游酢、呂大臨、陸世儀與張伯行等。但降至清下半葉，宋學趨於寬廣，調和朱陸、或傾向陸王之學亦有入選者，例如道光三年（一八二三年）從祀

的湯斌、道光七年（一八二七年）的孫奇逢與同治七年（一八六八年）的袁燮。【五】

在漢學方面，雍正祀典復祀了鄭玄、范甯，頗有重立「漢幟」的味道。本來嘉靖改制，「傳經之儒」紛紛遭受罷祀，後世即有人為之叫屈。萬曆年間的王世貞即不平：

> 先朝之黜漢儒，凜乎斧鉞矣。夫卑漢者所以尊宋，而不知其陷宋儒於背本也。令訓詁之學不傳，即明哲如二程、朱子，亦何所自而釋其義乎？【六】

【一】清高宗御製，于敏中等奉敕編，《御製文集．初集》（《景印文淵閣四庫全書》第一三〇一冊），卷九，頁九上—九下。

【二】例如：咸豐三年從祀的公明儀、七年從祀的公孫僑。

【三】李心傳，《建炎以來朝野雜記》，「乙集」，卷四，頁三九八；又陳錦，《文廟從祀位次考》（清光緒十二年橘蔭軒刊本），頁三〇下—三一下。

【四】清初程朱學派的復振運動可略參考錢穆，《中國近三百年學術史》（臺北：臺灣商務印書館，一九六八年），第六章；以及 Carsun（Chia-sen）Chang, *The Development of Neo-Confucian Thought*（New York: Bookman Associates, 1962）, vol. II, chapter 13。

【五】龐鍾璐，《文廟祀典考》，卷四十九，頁一六 b—一八 b、頁二四 b—二六 b；卷五十，頁二五 b—二七 a。

【六】王世貞，《弇州山人四部稿》，卷一百一十五，〈從祀策〉，頁七上。

王氏固為復祀漢代經師請命，惟值理學日正當中之際，難獲共鳴，故毫不起作用。

到了清初，樸學大師顧炎武首對「貞觀從祀制」純依「傳注之功」定祀大加讚揚，並謂深「得古人敬學尊師之意」。他且伸言：荀況、揚雄、韓愈「此三人之書雖合於聖人，而無傳注之功，不當祀」。【一】至此，孔廟從祀似又回到貞觀之制的起始點：以「傳注」為「著述」取捨標準。總之，顧炎武對嘉靖改制「以一事之瑕而廢傳經之祀」至表遺憾，遂有以下的評論：

> 棄漢儒保殘守缺之功，而奬末流論性談天之學，于是語錄之書日增月益，而《五經》之義委之榛蕪。自明人之議從祀始也。有王者作，其必遵貞觀之制乎？【二】

雍正或許正應驗了顧氏期待已久的「王者」，其復祀鄭玄、范甯，當稍可慰藉顧氏九泉之靈；況且該時一體從祀的朱門學者，尚不乏經學卓然有成的專家（例如：魏了翁、王柏、陳澔、趙復等等）。雍正雖對廷議所上的經師，或以「未為純儒」（戴聖、何休）、或以「僅守一家言」（鄭眾、盧植、服虔）駁回所請，【三】但他復祀了鄭玄、范甯，實已為考證學風預留伏筆。

而清代末葉承乾、嘉餘緒，從祀了毛亨（同治二年，一八六三年）、許慎（光緒元年，一八七五年），劉德（光緒二年，一八七六年），趙岐（宣統二年，一九一〇年）。毛亨、趙岐（約一〇八—約二〇一年）各以對《詩經》、《孟子》的訓詁馳名，而許慎（約五八—約一四七年）更以「《五經》無雙許叔重」望重士林，【四】其獲從祀本不足為奇。惟河間獻王劉德（？—公元前一三九年）因修學好古，實事求是，「首開獻書之路」，對搜尋、保存古經有絕大獎掖之功。劉氏之獲選從祀，應是時儒對其支持考證者有所感念而致。光緒四年（一八七八年），朱門學者張伯行得以從祀，或亦基於相似原因。【五】

以上諸儒人祀孔廟無疑各具時代意涵，但就從祀制而言，雍正從祀引進了一個嶄新

【一】顧炎武，《原抄本顧亭林日知錄》，卷十八，〈嘉靖更定從祀〉，頁四三一。

【二】同上書，頁四三一—四三二。末句「其亂遵貞觀之制乎」之「亂」字有誤，取黃汝取，《日知錄集釋》（臺北：世界書局，一九六八年），卷十四，頁三四九。

【三】鄂爾泰、張廷玉等奉修，《大清世宗憲（雍正）皇帝實錄》，卷二十，頁二〇上。

【四】孫樹義輯，《文廟續通考》（上海：中華書局，一九三四年），頁一上—四上。

【五】同上書，頁三七上—六四上。考證與社會制度的關係，可參閱 Bemjamin A Elman, *From Philosophy to Philology: Intellectual and Social Aspects of Change in Late Imperial China*（Cambridge, Mass. And London: Council on East Asian Studies, Harvard University Press, 1984）, chapters 3-5。

的從祀範疇——「行道之儒」，對後世頗有影響。這個範疇的具體化身便是——諸葛亮（一八一——二三四年）。依閻若璩的意見，諸葛亮之所以應從祀的理由，仍不脫朱學之餘蔭。原來朱熹、呂祖謙合編的《近思錄》末卷所列十六位聖賢，除卻諸葛氏之外，均曾從祀。【一】但是諸葛亮於此時此刻獲祀孔廟，遠非《近思錄》所云「諸葛武侯有儒者氣象」一語，足以道盡。【二】

明季之亂迫使儒者重視治世之業，當時已有人提議從祀先儒必得「入而有得於道統之微，出而有裨於治統之實」，而「非獨取專門著述，高談性命者」。【三】因此，諸葛亮、陸贄（七五四——八〇五年）、范仲淹（九八九——一〇五二年）等有事功的歷史人物，遂成從祀的熱門人選。瞿九思亦主張「（凡）議從祀，只當論他是仁不是仁，全不必論講學與不講學」，【四】他抨擊理學家：

> 不以天下國家為意，則曰紙上閒言，豈可以開物成務？【五】

瞿氏推許諸葛亮「庶幾可為均國家之仁者」，並及其他經世名臣。【六】

然而身為有明理學殿軍的劉宗周（一五七八——一六四五年），雖目睹時事之危，卻依舊不為外物所動，堅持從祀之典「正主其學，而有功於吾道」，而「有功於吾道，則有功於天下萬世」，切不可以「功能」為從祀之考慮。【七】劉氏高第——黃宗羲（一六一〇—一六九五年）對其師的人品、學問無不佩服之至，惟獨從祀一事卻不敢苟同。

黃宗羲對理學家主張「從祀者辨之於心性之微，不在事為之跡」，深不以為然。他指陳儒者之業，「蓋非刊注《四書》，衍輯《語錄》，及建立書院，聚集生徒之足以了

【一】荀況、揚雄均曾入祀孔廟，後方遭罷祀。

【二】朱熹、呂祖謙合編，《近思錄》，卷十四，頁三三二。

【三】黎景義，〈文廟從祀議〉，收入吳道鎔（一八五二—一九三六年）原輯稿，江茂森編，《廣東文徵》（香港：珠海學院出版委員會，一九七三年），卷十七，頁一四九上。

【四】瞿九思，《孔廟禮樂考》，卷五，頁二二a—b。

【五】同上書，頁二七b。

【六】瞿九思，《孔廟禮樂考》，卷五，頁二一a—二二a。瞿氏並言：「漢唐以來，凡定從祀，必須講學者然後得與。雖世稱韓、范、富、歐為五百年名世，文天祥精忠亮節，卓冠千古，亦以未嘗立名講學，不敢輕議。」

【七】劉宗周，《劉子全書》（影印清道光刻本；臺北：華文書局，一九六八年），卷九，頁五上—五下。

事」。【一】黃氏力主漢之諸葛亮，以及唐之陸贄，宋之韓琦（一〇〇八—一〇七五年）、范仲淹、李綱（一〇八三—一一四〇年）、文天祥（一二三六—一二八三年），明之方孝孺（一三五七—一四〇二年），皆得從祀。他所持的理由為：

此七公者，至公血誠，任天下之重，矻然砥柱於疾風狂濤之中，世界以之為輕重有無，此能行孔子之道者也。【二】

黃宗羲身受亡國之痛，有此議論，當可理解。康熙五十四年（一七一五年），清廷以宋臣范仲淹從祀，始於道德、學問之外，兼取經濟非常之才，【三】首開以「立功」從祀的實例。

本來雍正二年（一七二四年）廷議所上的從祀名冊裏，諸葛亮之外，尚包括陸贄與韓琦；可是雍正皇帝受囿於傳統以道學從祀的成見，予以剔除。雍正對陸、韓氏的從祀資格頗有疑問，他堅稱：

至若唐之陸贄、宋之韓琦，勳業昭垂史冊，自是千古名臣。然於孔孟心傳，果有授受，而能表彰羽翼乎？【四】

然而，雍正只能一時、卻不能永久阻止陸、韓二氏入祀孔廟。清代下半葉，內憂外患，戰亂頻繁，社會失序，清朝國勢已岌岌可危，真可說是遭遇「兩千年未有之變局」。國家亟求治世名臣以應世變，此一迫切心態見諸孔廟，便是陸贄（道光六年，一八二六年）、李綱（咸豐元年，一八五一年）、韓琦（咸豐二年，一八五二年）之允獲從祀，藉以諷勵非常之材；而國難頻深，忠貞氣節尤在褒獎之例，於是劉宗周（道光二年，一八二二年）、黃道周（道光五年，一八二五年）、陸秀夫（咸豐九年，一八五九年）、方孝儒（同治二年，一八六三年）諸殉難完節者，均獲登孔廷。【五】

但道光以下，一連串地從祀名臣，不意間造成國家祭祀系統的混淆。咸豐十年（一八六〇年），朝廷已發現「近來每以忠臣、義士、循吏、名臣率請祔祀」，稍滋冒

【一】黃宗羲，〈從祀〉，在《破邪論》（收入《黃宗羲全集》第一冊；杭州：浙江古籍出版社，一九八五年），頁一九三。
【二】同上書，頁一九三。
【三】牛樹海，《文廟通考》，卷四，頁四下。按，范仲淹尚有著述之功。
【四】鄂爾泰、張廷玉等奉修，《大清世宗憲（雍正）皇帝實錄》，卷二十，頁二〇上。
【五】龐鍾璐，《文廟祀典考》，卷四十九、五十。

濫。【一】而這些受薦者常已享祀「昭忠祠」、「名宦鄉賢祠」，至如李綱、文天祥更已配饗京師的「歷代帝王廟」。【二】所以為了釐清祭祀系統，朝廷再三申命：

> 從祀文廟，應以闡明聖學，傳授道統為斷。……其餘忠義激烈者，即入祀昭忠祠；言行端方者，入祀鄉賢祠；以道事君，澤及民庶者入祀名宦祠。概不得濫請從祀文廟。其名臣賢輔已經配享歷代帝王廟者，亦毋庸再請從祀文廟，以示區別。【三】

清廷並將此一決議纂入則例，永遠遵行。既然清廷規定「立功」之臣不得從祀文廟，代之而起則是倡導經世之學的大儒。光緒三十四年（一九〇八年），清廷終於排除抗清的忌諱，把清初三大儒——王夫之、黃宗羲、顧炎武送入孔廟，以獎勵經世有用之學。【四】

民國八年（一九一九年），北洋政府復以講求「六府」、「三事」、「三物」實用之學的顏元（一六三五—一七〇四年）、李塨（一六五九—一七三三年）師徒從祀孔廟。【五】顏氏之學素以身教、行事為重，頗有「返本主義」的傾向。他對宋儒袖手談心性的作風極端厭惡，甚謂：「必破一分程、朱，始入一分孔、孟。」【六】顏元成學之後，悟到「夫子之道在夫子之身」、「學者學夫子之身」以淑世有為，而「夫子之學」反倒是細枝末節，無關宏

旨。在〈曲阜祭孔子文〉中，顏氏勾勒了對孔子之道切身的體會，並百般嘲諷孔廟從祀諸

【一】龐鍾璐，《文廟祀典考》，卷五十，頁一一上。

【二】同上注。

【三】龐鍾璐，《文廟祀典考》，卷五十，頁一一上—一一下。

【四】奕劻，〈奏為遵議先儒從祀文廟分別請旨裁定〉，臺北國立故宮博物院藏「清代宮中檔奏摺及軍機處檔摺件一六六一五二號」（光緒三四年九月一日具奏）。本來清廷對黃宗羲、王夫之反清言論仍有疑慮，後得旨一體從祀。

【五】「六府」與「三事」出自《尚書．大禹謨》，謂即「水、火、金、木、土、谷」與「正德、利用、厚生」。「三物」則出自《周禮．大司徒》，謂「六德」：知、仁、聖、義、忠、和；「六行」：孝、友、睦、姻、任、恤；「六藝」：禮、樂、射、御、書、數。顏元以行事為重，謂：「（宋儒）集漢晉釋、道之大成則可，謂是堯、舜、周、孔之正派，則不可。」見顏元，〈上太倉陸桴亭先生書（甲寅）〉，在《習齋記餘》，卷三；收入《顏元集》（北京：中華書局，一九八七年），頁四二七。又，民國八年（一九一九年）一月三日，北洋政府徐世昌頒佈「大總統令」，以顏元、李塨師徒「尤以躬行實踐為歸，……有功聖學」，應予從祀孔廟。在《教育公報》第六年第二期（民國八年二月二十日出版），「命令」，頁二；影本見於《政府公報》（臺北：文海出版社，一九七一年）。另可參見駱承烈、郭克煜主編，《孔子故里勝跡》（濟南：齊魯書社，一九九〇年），頁九四—一〇一。

【六】鍾錂，《顏習齋先生年譜》卷下，「壬申（一六九二年）五十八歲」條；收入《顏元集》，頁七七四。

儒。他言道：

> 群祝師聖，……配哲在側，七十雲從，世又益之公羊、后蒼以下至周、程、邵、朱、薛、陳、胡、王各派，緜連動百十計，吾子徒益眾哉！注解讀講，立院建壇，家呷喔，人佔畢，啟口詩書，拈筆文墨，吾子道孔明哉！某竊悲盈世尊夫子之名，而未尊夫子之實也；盈世號夫子之徒，而夫子未受一徒也；盈世明夫子之道，而夫子之道久亡也。【一】

但就在顏元對「學」極盡諷刺之能事之後，他與學生李塨卻以其「學」、而非以其「行」，在距今最近的一次從祀中，獲允入祀孔廟。這豈非歷史的一大反諷？

六、結論

傳統社會的儒生相信：「從祀大典，乃乾坤第一大事。」【二】這種價值觀是經過五四反孔洗禮的現代知識分子所無法理解的。但直至清亡之前，這種意念仍然縈繞在讀書人的腦海裏。一位自號「夢醒子」的文人竟還說道：

> 人至沒世而莫能分食一塊冷肉於孔廟，則為虛生。【三】

可見從祀孔廟的象徵意義深烙人心。

析言之，孔廟從祀制即是儒家道統的制度化。清梁廷枏（一七九六—一八六一年）說得好：「道」本空虛無形之物，寄於聖賢之身，則有形，有形故曰「統」。【四】無可否認地，上古原無弟子從祀於師之禮，孔廟從祀較之他禮，實屬後起。孔子之徒得以附祀，顯然肇自「徒以師為貴」的道理。依傳統的說法則是：

【一】顏元，〈曲阜祭孔子文〉，在《習齋記餘》，卷七；收入《顏元集》，頁五二〇。
【二】瞿九思，《孔廟禮樂考》，卷五，頁四五b。
【三】劉大鵬遺著，慕湘、呂文幸點校，《晉祠誌》（太原：山西人民出版社，一九八六年），卷八，〈祀至聖〉，頁二〇一。按，劉大鵬（一八五七—一九四二年）別號夢醒子。
【四】梁廷枏，〈正統道統論〉，收入《廣東文徵》，卷三十一，頁八八。

孔子有功萬世，宜饗萬世之祀；諸儒有功孔子，宜從孔子之祀。【一】

依此，弟子從祀實衍生自孔子之祀。

其次，後儒如何方算有功於孔子呢？明儒程敏政的解答頗為扼要，他說：

諸儒從祀於孔門者，非有功於斯道不可，然道非後學所易知也，要必取證於大儒之說，斯可以合人心之公。【二】

換言之，道本非易知，必須經過歷代大儒不斷地再闡釋、再發揚，方能為後人所理解，也方能亙古常新、與時俱進。

然而人言紛紜，何取何從呢？統治階層（人君與士大夫）恆求從祀制穩定可循，以便齊治教、定於一。乾隆皇帝就對孔廟從祀變動頻繁，大感不耐。他批評道：

（從祀）率議更張，忽進忽退，忽東忽西，成何政體！【三】

他且認為：

兩廡從祀諸人，累朝互有出入。蓋書生習氣，喜逞臆斷而訾典章；就其一偏一曲之見，言人人殊。【四】

乾隆把從祀之變動看成是因儒生個人喜好所致，但事實上從祀亦多援「廷議」以匯集共識。明嘉靖十九年，禮部覆薛瑄從祀議即指出「廷議」的功能：

古今祀典重事，必下廷議，集眾思，斯於事體為得。【五】

【一】黃彰健校勘，《明神宗實錄》，卷一百五十五，頁四下。

【二】程敏政，《篁墩文集》，卷十，〈龜山先生從祀議〉，頁一二下——一三上。

【三】龐鍾璐，《文廟祀典考》，卷一，頁一七下。

【四】龐鍾璐，《文廟祀典考》，卷一，頁一七上。

【五】秦蕙田，《五禮通考》，卷一百二十，頁五二下。

大體而言，議祀本諸「眾言折諸聖人，議禮本諸天子」的成規。【一】

雍正曾以文廟從祀，關係學術人心，典至慎重，致要臣下折衷盡善，「庶使萬世遵守，永無異議」。【二】但事實上儒生好以自己對「學」的理解，當作聖人的意思，故即使「眾言折諸聖人」，而聖人面貌人言言殊；因此僅能求一代之同，而不能奢望萬代皆同。然而，也正因儒生只能求一代之同，所以從祀制正可相當忠實地反映儒家主流思想的動態。從祀制復代表儒家整體意義的結構，常牽一髮而動全身。大至從祀判準的更制，小至個別的進退，往往導致從祀制不同的組合與調適，而新進的從祀案例經常返照舊有的序義。譬如：顏元、李塨的附祀，不但豐富了儒家思想的資源，並且彰顯了儒家「實學」的意義。【三】

此外，從祀一事，原非「學術」單一面相足以涵蓋。上至朝廷尊榮，下迄儒生利益，無不牽涉其中。因朝廷好藉從祀以示文治之隆，所以也常造成朝代之間的競爭。以薛瑄從祀為例，當時儒臣均以明儒未有從祀為慮。楊瞻（一四九一——一五五五年）的〈從祀真儒以光聖治疏〉即透露了此一憂慮，他除了稱許薛氏為「本朝理學一人」，並言道：

宋有天下未及三百年，得入祀孔廷者，……凡一十三人。我國家興道致治百七十

年於茲矣，未有一人從祀者。【四】

楊瞻因此仰望皇上以「理學之主」自任。楊氏之言絕非孤例，當時唐順之便同聲附和道：

明興且二百年，弦歌之化暢乎遠近，豎子皆知誦法孔氏；而壁宮之側，至今無一人得俎豆其間者，非所以鼓士氣而彰聖朝棫樸之盛也。【五】

唐氏尚取元朝從祀許衡之例以相激，至言道：

【一】秦蕙田，《五禮通考》，卷一百二十，頁五三下。

【二】鄂爾泰、張廷玉等奉修，《大清世宗憲（雍正）皇帝實錄》，卷二十，頁一九下—二〇上。

【三】「實學」的涵意請參考岡田武彥，〈宋明的實學及其源流〉，收入臺灣學生書局編，《唐君毅先生紀念論文集》（臺北：臺灣學生書局，一九八三年），頁二三三—二六八。

【四】楊瞻於嘉靖十八年所上的從祀疏，收入《薛文清公行實錄》，卷二；收入《薛瑄全集》，下冊，頁一六三四。

【五】唐順之，《荊川先生文集》，「外集」，卷一，〈故禮部左侍郎薛瑄從祀議〉，頁三六七上。

元之世，且推其臣許衡而從祀焉。我明乃無一人之幾於衡者，其不然矣！【一】

隆慶年間，王世貞甚至以當時明儒獨無從祀者，歸咎為朝廷之過錯。【二】

相對地，清廷則以從祀者眾而自鳴得意。【三】清人雖是外來政權，卻對儒家文化頗為嫻熟。清初君主大肆提升孔廟禮儀，而清代末葉（從道光二年劉宗周從祀，迄宣統二年劉因從祀為止），在短短不到九十年之間，竟連下從祀詔達二十二次之多，為歷史上所僅見；從祀者則有三十一位之眾。整個清代從祀制通採「有則加勉」的政策，致無一人遭受貶祀。另方面，清廷壟斷孔廟禮儀卻極為徹底。孔氏後裔孔繼汾（一七二一——一七八六年）因整理孔氏家儀，所述禮議與《大清會典》不符，以致慘遭整肅，處境悲涼。【四】乾隆時，一位休致居家的官員，妄為其父請祀孔廟，竟罹死罪，家產同遭籍沒。【五】這些例子充分顯現出人君掌控孔廟祀典的決心。

從祀者因具有儒道正統的地位，官學遂經常取資於從祀者的著作，這便攸關學校教育、科考內容。南宋初，楊時擬罷祀王安石、去新學，立刻引來久習新學諸生的圍毆。【六】又，南宋寧宗時，朝廷申嚴道學之禁，有人便藉機投訴：「三十年來，偽學顯行，場屋之權，盡歸其黨。」【七】這種指控在北宋五子入祀後，便戛然而止，從祀恰似一道最好的護身符。復次，官學與從祀的關係如影隨形，明代江門學者——唐伯元（約一五四〇—約一五九八年），素惡陽明新學，他所上的〈石經疏〉將前述糾結表達得淋漓盡致。他說：

> 《朱註》之失未遠也，如其不為新學所奪也，臣固可以無論也。新學之行未甚也，如其不為朝廷所與也，臣亦可以無憂也。今者守仁祀矣，赤幟立矣，人心士習從此分矣。【八】

【一】唐順之，《荊川先生文集》，卷一，頁三六七上。
【二】王世貞，《弇州山人四部稿》，卷一百一十五，頁五下。
【三】龐鍾璐，《文廟祀典考》，卷五十，頁二三上。
【四】孔德懋，《孔府內宅軼事：孔子後裔的回憶》（天津：天津人民出版社，一九八二年），頁三〇—三二。
【五】故宮博物院文獻館編，《清代文字獄檔》（影印一九三四年北平鉛印本；臺北：華文書局，一九六九年），第六輯，〈尹嘉銓為父請謚並從祀文廟案〉。
【六】佚名，《靖康要錄》，卷六，頁一一下。
【七】馮琦、沈越原編，《宋史紀事本末》，卷八十，頁八七四。
【八】唐伯元，《醉經樓集》（中央研究院歷史語言研究所藏朱絲欄舊鈔本），附錄，〈石經疏〉，頁二三上。

因此可以瞭解，從祀一事為何是儒家必爭之地。

作為政治、教育與學術的一個交集，從祀制可視為近人津津樂道的「文化霸權」理論的古典例子；但這只能就政治、教育、學術三種力量匯合的情況而論。事實上，弱勢學術團體常能忍受政治打壓，獲得伸展，這在孔廟從祀史上屢見不鮮。例如：洛學、朱學、王學在不同時代皆曾被冠以「偽學」之名，迭受壓制；日後憑藉「學術說服力」，終能獲得朝廷認可，榮登孔廷，蔚為「斯道正統」。足見學術仍有其自主性，不得一概而論。

總之，歷代孔廟從祀制無疑均是一部欽定官修儒學史，十足體現歷史上儒學的正統觀。由於儒生強調「道統於一，祀典亦當定於一」，【二】使得歷代從祀制與道統思想彼此對應，而不同時代的從祀制恰好代表不同的聖門系譜，其中包涵了豐富多變的學術訊息，值得我們細心解讀。

然而從祀資料的有效性，必得審慎界定，始能發揮最佳效益。由於每一件從祀案原則上必須符合「萬世」、「天下」公論，是故先天上便不能反映「一時」、「一地」的特殊性。譬如：明清之際的地方學者唐甄（一六三〇——一七〇四年），其思想固不乏時代意義，卻難登大雅之堂。又，朝廷絕難容忍存有顛覆性質的思想。是故，明末泰州學派流行雖廣，且分佈及於婦女、勞工階層，但從官方的觀點，何心隱（一五一七——一五七九年）、李贄

（一五二七—一六〇二年）永遠是異端，與孔廟從祀漸行漸遠。

最後，從祀制所依據的是道統的論述。像明末清初費經虞（一五九九—一六七一年）與費密（一六二五—一七〇一年）父子以解構「道統」為務，他們的思想既與從祀的理據相矛盾，那麼他們自然與從祀無緣。【二】

【一】熊鉌，《熊勿軒先生文集》，卷四，頁五〇。

【二】費密，《弘道書》（《費氏遺書．怡蘭堂叢書》一九二〇年刊本），〈統典論〉。

《野叟曝言》與孔廟文化*

《野叟曝言》乃為中國篇幅最長的古典小說，此書對臺灣的讀者尤為親切，原來轟動一時的電視掌中戲——「雲州大儒俠史艷文」即改編自此。【一】該書原未署名，後經學者考定為清初夏敬渠所撰，因證據確鑿，殆無疑問。【二】

夏氏，名敬渠，字懋修，號二銘，江蘇江陰人。生於康熙四十四年（一七〇五年），卒於乾隆五十二年（一七八七年），享齡八十三，在世期間適逢清朝太平盛世。

夏氏原有用世之志，故博經通史，旁涉天文、醫術實用之學；無奈命運乖蹇，故恆困場屋，終其身竟懷才不遇，落落寡合。

孔聖有言：「天下有道則見。」【三】作為儒教忠實信徒的夏氏，誠然將此一教誨烙印於心。譬如他曾自許：

> 士生盛世，不得以文章經濟顯於時，猶將以經濟家之言，上鳴國家之盛，以與得志行道諸公相印證。【四】

夏氏之言不啻意謂大丈夫生處盛世，理當一展抱負、己達達人。然而現實的世界卻不遂人意。首先，夏氏與功名無緣，以致徒負經世之志，空無建樹。其次，他復身體羸弱，窮困

潦倒。其實，夏氏永難釋懷的便是「邦有道，貧且賤焉」的際遇。【五】

這種屈辱終激發夏氏於晚年構作《野叟曝言》此一長篇鉅著，以抒發其現實的挫折感。可是他遭時未遇的心結，並未隨之消散。例如：他的好友一度亟請付梓《野叟曝言》一書，令人費解的是，他既以該書不合時宜婉辭於前，復又允人為之評注於後。【六】這種欲

---

* 本文初載《當代》，第一二六期（一九九八年二月），頁七四—八五；後收入拙著《聖賢與聖徒：歷史與宗教論文集》（北京：北京大學出版社，二〇〇五年），頁二四七—二五八。

【一】據王瓊玲女士訪問黃海岱、黃俊雄父子所言。見王瓊玲，《清代四大才學小說》（臺北：臺灣商務印書館，一九九七年），頁一一〇，注一六。

【二】參閱魯迅，《中國小說史略》（北京：東方出版社，一九九六年），頁一九五—一九七；又趙景深，〈《野叟曝言》作者夏二銘年譜〉，氏著，《中國小說叢考》（濟南：齊魯書社，一九八三年），頁四三三—四四七。

【三】朱熹，《論語集注》（在氏著《四書章句集注》；北京：中華書局，一九八三年），卷四，「泰伯第八」，頁一〇六。

【四】夏敬渠著，散情主人點校，《野叟曝言》（西安：三秦出版社，一九九三年），西岷山樵〈原序〉，頁一。

【五】朱熹，《論語集注》，卷四，「泰伯第八」，頁一〇六。

【六】夏敬渠，《野叟曝言》，西岷山樵〈原序〉，頁一。

迎還拒的矛盾之情，恰是他內心掙扎的寫照。可是夏氏未曾料到，此一推託令《野叟曝言》足足延緩了百餘年，方得刊行問世。【一】

簡而言之，《野叟曝言》的成書，實由兩條軸線交叉而成。一是夏氏亟思彌縫現世挫敗的動機，另一則是夏氏獨特的表現手法。前者攸關內容的取捨，後者則涉及寫作的風格。這兩條軸線，可由原書卷次編目一覽無遺。

《野叟曝言》原本編次以「奮武揆文，天下無雙正士；熔經鑄史，人間第一奇書」二十字分為二十卷。【二】「奮武揆文，天下無雙正士」當是夏氏自我意象的投射，這個期許在夏氏現實的際遇裏雖徹底落空，但在小說的世界裏卻全然實現了。於是故事中的主角——文素臣，不止允文允武，且備沐人君知遇之恩，享盡人間的榮華富貴。

其次，誠如該書〈凡例〉所示，夏氏旨在「熔經鑄史」成「人間第一奇書」。換言之，夏氏以炫才耀學、彌補己志為目的，故處處將自己的詩作與經史見解溶注其中，全書遂以呈現學問為長。後人以此歸為清代「才學小說」之祖，不無灼見。【三】本文則擬剖析夏氏在構作《野叟曝言》一書中，所涉及的孔廟文化，藉此彰顯作者的價值觀與學術立場，並且反映孔廟祭祀制度在傳統社會的象徵意義。

誠如前述，夏氏深以未遇為憾，遂託《野叟曝言》一書以寓己意，故該書主角——文素臣於科考落第之後，便歷經險難，所幸憑依智勇雙全，終致得君行道，功成名就；隨之而至的妻妾成群、子孫滿堂、福壽全歸，猶不在話下。

走筆於此，全書臻於高潮，並且贏得一個大滿貫，作者理應就此落幕打住。可是夏氏偏偏多寫了一回，做為全書的結局。乍看之下，似為贅筆之舉。其故則是，夏氏竟花了該回全部篇幅，去詳述文素臣與其母親——水夫人，如何在夢幻之境裏榮登孔廷。這對當事人而言，或許方為「盡意」，然而衡之常理，令人讀此恍兮忽兮的結局，勢必迷惑難解。

該回光怪陸離，雖不比《聖經》（*The New Testament*）末章的〈啟示錄〉（*The Apocalypse*），但已足以令人嘖嘖稱奇。其實，夏氏所認同的文化價值在此回發揮到極致。「孔廟」或「孔子廟」顧名思義，即知為奉祀儒教宗師孔聖之廟。那麼孔廟為何在夏

【一】《野叟曝言》最早問世的兩個版本，各刊行於光緒七年（一八八一年）與光緒八年（一八八二年）。其版本考辨，參閱歐陽健，〈《野叟曝言》版本辨析〉，氏著，《明清小說新考》（北京：中國文聯出版公司，一九九二年），頁三九七—四一七。拙文則根據三秦出版社所出版的標點本為依據，該書以光緒八年版為底本；此外，另參考刪節的「珍藏本」，由臺北的世界書局於一九六二年出版。

【二】夏敬渠，《野叟曝言》，〈凡例〉，頁三。

【三】魯迅，《中國小說史略》，頁一九五。

氏心目中佔有如此重要的地位呢？這就端視孔廟在傳統社會所扮演的角色了。在帝制中國，孔廟作為官方祭祀制度，恰是政治與文化兩股勢力最耀眼的交點。宋末元初的熊鉌（一二五三—一三一二年）說過：「尊道有祠，為道統設也。」【一】此處的「祠」，指的即是孔廟。孔子為道統之源，素為儒者所宗；祭祀孔子，即是為了尊崇道統。這點傳統的儒生與人君均無異辭。【二】

是故，《野叟曝言》一書的主角取名「文素臣」（文白，字素臣，以字行），作者蓋別有深意。孔子固功在人文化成，致受稱頌「德侔天地，道冠古今」，【三】然而政治上卻有德無位，後代儒生緣此特以「素王」尊崇之。【四】而「文素臣」三字望文即知為輔佐或榮耀孔聖之意。由此一命名，遂定下《野叟曝言》打僧罵道、維護儒教的基調。

該書末回固攸關孔廟事宜，惟全書另有多起涉及孔廟文化。例如：第一百一十七回敘及新皇登基，即「詔告天下，遣官祭告闕里孔子廟」一事。【五】《野叟曝言》故事發生於明朝成化、弘治年間，也就是憲宗、孝宗父子二朝。憲宗史稱崇信異教，廣建齋醮，而其子——孝宗甫繼位則「革法王、佛子、國師、真人封號」，【六】兩相比照恰好成為故事發展的分水嶺，甚契合夏氏創作的背景。小說中安排憲宗禪讓，太子即帝位，即遣官赴闕里，祭告孔子。這便是仿照明朝創業之君——太祖所定下的禮儀規矩。【七】原來明太祖固然輕蔑儒生，卻頗諳運用孔廟象徵，以強化統治的意理基礎。【八】太祖初定天下之後，立下詔後代子孫於繼承皇位之時，必得遣官闕里，上告孔聖。夏氏鋪陳憲宗、孝宗交接皇權之儀，即依據此一令例。

此外，第一百四十回裏，朝廷緣文素臣進言，得以盡除釋、老二氏，平定四夷；孝宗

【一】熊鉌，《熊勿軒先生文集》（《叢書集成初編》第二四〇七冊；上海：商務印書館，一九三六年），卷四，頁四八。

【二】請參閱拙作〈權力與信仰：孔廟祭祀制度的形成〉，收入拙著《優入聖域：權力、信仰與正當性》（北京：中華書局，二〇一〇年），頁一三九—一八三。

【三】「德侔天地」、「道冠古今」為闕里孔廟稱頌孔子的兩個牌坊，亦常設於地方孔廟。

【四】以「素王」尊崇孔子，自漢儒董仲舒（公元前一七九—公元前一〇四年）以降，大為流行。

【五】夏敬渠，《野叟曝言》，第一百一十七回，頁一二六四。

【六】張廷玉等，《明史》（臺北：鼎文書局，一九七九年），卷十五，頁一八三。

【七】李東陽等奉敕撰，申時行等奉敕重修，《明會典》（萬有文庫《國學基本叢書》；上海：商務印書館，一九三六年），卷九十一，頁二〇八〇。

【八】請參閱拙作〈道統與治統之間：從明嘉靖九年（一五三〇年）孔廟改制論皇權與祭祀禮儀〉，收入《優入聖域：權力、信仰與正當性》，頁一二五—一三二。

遂囑制樂，以為春秋丁祭文廟（孔廟別稱）時用之，以表除滅之功。【一】「祭告」孔廟，原為中古以來，國有大事方踐行之典。明、清政府對此均有明文規定，【二】夏氏必甚了然，故行文如此。

除具有上述政治象徵之外，闕里孔廟原為儒教發祥地，歷史上向是儒生心靈的原鄉之所；所以朝拜闕里輒為儒士的宿願。文人雅士亦恆藉闕里之行，抒發文思。【三】有趣的是，夏氏刻意將個人進謁闕里孔廟的詩作，鑲嵌到該書裏去。譬如：夏氏個人詩文集——《浣玉軒集》中，所收的〈闕里謁至聖廟〉、〈詩禮堂〉、〈孔子手植檜〉、〈謁復聖廟〉等詩均一一重現在《野叟曝言》第一百四十二回。【四】

在小說裏，這幾首詩均出自文素臣之孫——文界之手，而文界正是不世出的神童，曾以神童應廷試，授翰林編修。夏氏之假託文界以著錄己詩，適透露其自負之情。夏氏復安置文界旅經曲阜，馬騎失控，誤闖號稱「天下第一家」的「衍聖公府」，致為衍聖公所賞識，特允以婚姻。【五】要之，小說裏，文素臣一家本以躬承道統自任，此番復與聖裔聯姻，令得文家在文化與血緣均能銜接道統一脈，地位愈形非凡。

值得一提的，夏氏令文界與孔家結親，反映的不止是文人心態，連皇室亦惟恐落人於後。歷史上進謁孔廟最多次的乾隆皇帝，據云於首次蒞臨孔府即說定將鍾愛的女兒下嫁孔家，並在乾隆三十七年（一七七二年）舉行盛大的婚禮；結婚前，從京城到曲阜，百官運送嫁妝每日不停，足足就運了三個月。【六】這樁事情，夏氏想必有所耳聞，其在《野叟曝言》刻意令才華出眾的文界與孔家聯姻，是否暗示著「有為者亦若是」，而攀附孔家並非王室特權而已。

到底孔府具有何種獨特的吸引力，令得上自人君，下迄士子，爭相恐後與之攀親帶故呢？明末大散文家張岱（一五九七—一六七九年）在進謁闕里孔廟時，與孔家人有段對談

【一】夏敬渠，《野叟曝言》，第一百四十回，頁一五五六—一五五七。

【二】杜佑，《通典》（北京：中華書局，一九八八年），卷五十三，〈釋奠〉，頁一四七一—一四七二；趙爾巽等撰，《清史稿》（北京：中華書局，一九九四年，卷八十二，〈祭告〉，頁二五〇〇—二五〇一。

【三】可略參閱孔祥林、郭平選注，《闕里詩選》（濟南：山東友誼書社，一九八九年）。

【四】夏敬渠，《野叟曝言》，第一百四十二回，頁一五七四。參見趙景深，〈《野叟曝言》作者夏二銘年譜〉，頁四三八—四三九。又，〈闕里謁至聖廟〉等詩，都收在《浣玉軒集》的卷四。

【五】官方所認可的孔子嫡裔，自漢代以下封爵不一，宋仁宗改稱「衍聖公」。明太祖時，朝班一品，列文臣之首。孔繼汾，《闕里文獻考》（清乾隆二十七年刻本），卷十八，頁一下—二上。

【六】孔德懋，《孔府內宅軼事：孔子後裔的回憶》（天津：天津人民出版社，一九八二年），頁二四—二五。

極具啟發性，適可代為解答。孔家人告訴張氏說：

天下只三家人家，我家與江西張、鳳陽朱而已。江西張，道士氣；鳳陽朱，暴發人家，小家氣。【一】

「江西張」指的是江西龍虎山道教傳承者張氏一系，「鳳陽朱」則是起家鳳陽的明朝王室。孔門子弟一口氣將此二大家比下去，適顯其自尊自貴的精神，其所憑藉的無非是萬世一系的文化貴族意識，其能體現道統純拜歷史演化之賜。【二】

然而綜觀全書，仍以該書末回蘊藏孔廟文化最為豐富，且最具思想意涵。該回題為「洩真機六世同夢，絕邪念萬載常清」，敘述的是水夫人、文素臣、文龍（素臣長子）於夢境中所見所聞。

首先，水夫人夢及與天子親母紀太后俱受邀至「聖母公府」，行至該府大殿「胎教堂」，見堯母、舜母率領許多后妃夫人降階而迎。這些夫人無非育教得宜，母以子貴。語及坐位席次，堯母、舜母竟稱：

此堂序德不席齒，今日之會，更席功不席德；母以子顯，德以功高。【三】

力促水夫人與紀后上坐，而堯母、舜母等則擬屈居陪侍之位。水夫人及紀后聽此，均嚇得「面如土色，惟稱死罪」。堯母、舜母遂援孔聖之例，復加敦勸道：

至聖刪述六經，垂憲萬世，使歷聖之道如日中天，其功遠過某等之子；席德席功，本該聖母首坐。因共執君臣之義，不肯僭本朝后妃，故列周家二后之下。若太君（水夫人）則時移世隔，可無嫌疑。而老、佛之教盡除，俾至聖所垂之憲，昌明於世，功業之大，千古無倫！【四】

【一】張岱，〈孔廟檜〉，在氏著，《陶菴夢憶》（收入朱劍芒選編《美化文學名著叢刊》；上海：世界書局，一九四七年），頁一〇。

【二】請參閱拙作〈權力與信仰：孔廟祭祀制度的形成〉，《優入聖域：權力、信仰與正當性》，頁一六五—一七一。

【三】夏敬渠，《野叟曝言》，第一百五十四回，頁一七一四。

【四】同上書，頁一七一四—一七一五。

是故，紀后首坐，水夫人次之，實為允當。而孟母、程母、朱母從旁復各有說詞，惟其所羅列的理由，有虛擬、有實測。

虛擬的是，夏氏借孟母之口，以明太祖曾謁聖廟、聖林，俱行弟子之禮；建議紀后列坐聖母（孔母）之後，宛如弟子之於師。【一】太祖之事，純屬子虛烏有。【二】更何況太祖一度停止天下通祀孔子，且因不滿孟子議論，將其罷祀。【三】夏氏點出代表皇室的紀后猶不敢居孔母、孟母之前，若非反諷，即是補償作用。

實測的是，程母（二程之母）、朱母雅不願僭位水夫人。他們同聲附和道：

> 妾等之子，雖稍有傳注之勞，而闢異端、衛聖道，不過口舌之虛；較文母之實見諸行事者，迴不侔矣！【四】

於此傳統「三不朽」的價值觀發生了作用。依前者之言，程、朱固貴於「立言」，惟「立德」、「立功」尚待文氏母子以畢其功。【五】

要之，文母——水夫人在全書的角色，並不比素臣來得輕。西諺云：「偉人背後，常隱藏一位女性的蹤影。」此話當真，衡諸中國社會的脈絡，這位女性指的定是「母親」。

水夫人早寡，隻手扶育、教導文氏兄弟。小說首回開宗明義即說她「賢孝慈惠，經學湛深，理解精透，是一女中大儒」。【六】又水夫人服膺程朱之教，在第六十二回裏，家小議論「朱陸異同」時，已為破題。【七】她既是慈母，且是文家的精神指標；她所揭櫫的「義理準則」（intellectual correctness），其實就是作者夏氏本人的學術立場。小說中的文素臣，所思所行只不過是奉行母訓。故文母節行特受褒揚。

【一】夏敬渠，《野叟曝言》，第一百五十四回，頁一七一五。

【二】明太祖曾進謁地方孔子廟、釋奠孔子於國學，惟未曾拜謁曲阜聖廟、聖林。參閱張廷玉等，《明史》，卷一至卷三。

【三】洪武五年（一三七二年），太祖因覽《孟子》，至「君之視臣如土芥，則臣視君如寇讎」，謂非臣子所宜言，乃罷孟子配饗。《明史》，卷一百三十九，頁三九八二；又孫承澤，《春明夢餘錄》（香港：龍門書店，一九六五年），卷二十一，頁三一下。

【四】夏敬渠，《野叟曝言》，第一百五十四回，頁一七一五。

【五】《左傳》襄公二十四年載有：「太上有立德，其次有立功，其次有立言，雖久不廢，此之謂不朽。」竹添光鴻，《左傳會箋》（臺北：廣文書局，一九六九年），第三冊，頁二二。

【六】夏敬渠，《野叟曝言》，第一回，頁三。

【七】同上書，第六十二回，頁六六五—六六六。水夫人言道：「《大學》之道，必從窮理入手，故格物為第一義。……當悉心體驗程、朱之說，勿以私智小慧，求奇而産異也。」

總之，正值「聖母公府」眾說紛紜之際，旋因參照邀宴文素臣的「歷聖公府」的席次，遂得定奪。原來「歷聖公府」的座席為「各帝王聖賢照舊列坐，素父居末」，【一】代表的正是宰制權勢的男性世界。而「聖母公府」象徵的則是文化至上的女性世界，可是最終仍得屈服於權力的支配。而「歷聖公府」和「聖母公府」預擬的座席秩序恰是現況與未來、現實與理想的對比。

按理「聖母公府」坐席既定，水夫人即屆夢醒之時；然而夏氏復節外生枝，安插水夫人於夢境尾端，倏聞陸九淵之母前來申冤，哭訴其子為素臣從孔廟撤主黜祀。【二】此一情結，夏氏用心，至為顯然。

夏氏曾自喻「一宗程朱」，而於「陸、王二子，則必辭而闢之」。【三】他宗程朱、斥陸王的立場始終極為堅決。因此，故事中的文素臣，在宗教上不止需剷除佛、老外道；在理學內部，則必進行堅壁清野的工作。而異端陸九淵（一一三九—一一九三年），尤是他攻訐的對象，必從孔廟除名而後快。【四】因此在第一百二十四回中，夏氏假文素臣的奏摺「禁生徒傳習陸九淵偽學，撤從祀聖廟主」。【五】故事發展一如所料，孝宗嘉納文氏建言，並「即日行之」。

令人訝異的是，夏氏上述佈局完全罔顧史實：第一，宋儒陸九淵在孝宗朝尚未入祀孔廟，根本無從撤祀；其次，雖遲迄世宗嘉靖九年（一五三〇年），陸氏方允從祀，卻從未有廢祀的紀錄。這些祀典對傳統儒生均是耳熟目染的教育常識，【六】遑論以文史淵博著稱的夏氏了。既知如此，夏氏為何仍要編造背離史實的情節呢？這就耐人尋味了。

為了解開此一謎題，則必得明瞭孔廟從祀制與傳統儒生的互動模式。要之，孔廟祭祀的對象，除卻孔子，尚包括朝廷所認可的儒家聖賢；緣此，身後得以從祀孔廟自然成為儒者無上的榮譽。所以傳統的儒生相信：「從祀大典，乃乾坤第一大事。」【七】這種價值觀是經過五四反孔洗禮的現代知識分子所難以理解的。但直至清亡之前，這種意念仍然縈繞在

【一】夏敬渠，《野叟曝言》，第一百五十四回，頁一七一五。

【二】同上書，頁一七一六。

【三】夏敬渠，《浣玉軒集》，卷四，〈《醫學發蒙》自序〉；轉引自王瓊玲，《清代四大才學小說》，頁四七。

【四】夏氏不攻擊王守仁（一四七二—一五二九年），最簡單的理由是，在故事的下限時間（孝宗弘治十八年，一五〇五年），王氏仍舊活著，因此完全沒有從祀問題。

【五】夏敬渠，《野叟曝言》，第一百二十四回，頁一三四四。

【六】自中古「廟學制」正式建立起來，儒生常在孔廟附設的學校，學習經典。

【七】瞿九思，《孔廟禮樂考》（明萬曆三十五年史學遷刊本），卷五，頁四五下。

讀書人的腦海裏。一位自號「夢醒子」的文人竟還說道：

人至沒世而莫能分食一塊冷肉於孔廟，則為虛生。【一】

可見從祀孔廟的象徵意義深植士子人心。

必要補充的，孔廟從祀制反映的是時下的道統觀，所以從祀人物無法亙古不變。換言之，學術動向和從祀標準，二者如影隨形，與時俱遷。明代江門學者唐伯元（約一五四〇—約一五九八年）的〈石經疏〉把此一現象表達得極為生動。他說：

新學之行未甚也，如其不為朝廷所與也，臣亦可以無憂也。今者（王）守仁祀矣，赤幟立矣，人心士習從此分矣。【二】

是故，從祀人選不止為政教矚目的焦點，尤為儒生關切所在。

同理，清初士人動輒以明亡歸罪陸、王之學，這點連明末遺老顧炎武（一六一三—一六八二年）、王夫之（一六一九—一六九二年）皆未能免俗。【三】那些汲汲鼓吹「返歸程朱」的儒者尤同仇敵愾，極盡攻訐之能事，於是撤祀陸、王之聲便不絕於耳。例如程朱學者張烈（一六二二——一六八五年）大聲撻伐：「陽明（王守仁）之出，孔、朱之厄。」誓必罷祀王氏方甘休。【四】有清一代考證的開山學者——閻若璩（一六三六——一七〇四年），同以維護朱門自任，甚而揚言欲「近罷陽明，遠罷象山」。【五】作為程朱忠實信徒的夏氏，自是承此遺緒，圖以故事形式罷祀陸氏，以便影響視聽，左右孔廟從祀人選。其憤慨之

【一】劉大鵬遺著，慕湘、呂文幸點校，《晉祠誌》（太原：山西人民出版社，一九八六年），卷八，〈祀至聖〉，頁二〇一。古人以豬肉祭祀從祀諸儒。按，劉大鵬（一八五七——一九四二年）別號夢醒子。

【二】唐伯元，《醉經樓集》（中央研究院歷史語言研究所傅斯年圖書館藏朱絲欄舊鈔本），附錄，〈石經疏〉，頁二三上。

【三】顧炎武，《原抄本顧亭林日知錄》（臺北：文史哲出版社，一九七九年），卷二十，頁五三九；張載撰，王夫之注，《張子正蒙注》（收入中華文化叢書委員會審訂兼編修，蕭天石主編《船山遺書全集》；臺北：中國船山學會、自由出版社，一九七二年），卷九，頁一二上。

【四】張烈，《王學質疑》（《百部叢書集成》據清康熙二十年〔一六八一年〕正誼堂全書影印；臺北：藝文印書館，一九六八年），〈附錄：讀史質疑四〉，頁一二下、頁一四上——一四下。

【五】閻若璩，《尚書古文疏證》（《景印文淵閣四庫全書》第六六冊；臺北：臺灣商務印書館，一九八三年），卷八，頁九一上——九五下。

情，似亦不亞於當時攻朱甚力的戴震（一七二四—一七七七年），他曾放言：

使戴某在，終不許朱子再喫孔廟冷豬頭肉。【一】

然而罷祀終是消極的手段，入祀方為萬古盛典。因此，夏氏又讓代表程朱正統的文素臣在己夢中，見到「薪傳殿」，內設：

伏羲、神農、黃帝、唐堯、虞舜、夏禹、商湯、周文王、武王、周公、孔子十一座神位，臨末一位，紅紗籠罩，隱隱見牌位上，金書「明孝宗」三字。旁立皋陶、伊尹、萊朱、太公望、散宜生、顏子、曾子、子思子、孟子、周子、兩程子、朱子十四座神位。【二】

最重要的，「臨末一位，也是紅紗籠罩，隱隱見牌位上，金書文子字樣」。【三】此處的「文子」指的正是文素臣本人。而孝宗、素臣均受奉祀，適博得千古君臣相得的美名。除此之外，夏氏創發「薪傳殿」的目的何在呢？以奉祀對象而言，不外是「聖君」與「賢相」的配套模式。以歷史淵源視之，夏氏顯然取法明世宗的「聖師」之祭，【四】或清聖祖的「傳心殿」；【五】惟夏氏尚有所損益，其變革之處適透露其儒學精神。

本來元末熊鉌、明初宋濂（一三一〇—一三八一年）均曾建議，以伏羲為道統之宗，神農等八位聖王以次列祀，配以其他歷史名臣，秩祀「天子之學」，而為天子公卿所宜師式。此外，上自天子，下至庶人，另行通祀孔子，則道統益尊。【六】但淪到明世宗、清聖祖手中，卻以周公與孔子取代歷代名臣，左右配饗，此不啻貶抑孔子的地位。

相形之下，夏氏的「薪傳殿」蓄意彰顯「周公稱王」、「孔子素王」的陳說，將周公和孔子與諸聖王等量齊觀，並排而立；他又別出心裁取顏子迄文素臣列入配饗名臣，使得程

【一】轉引自錢穆，《中國學術思想史論叢》（臺北：三民書局，一九八〇年），第八冊，〈王白田學述〉，頁一九一。此條資料承池勝昌賜知，謹此致謝。
【二】夏敬渠，《野叟曝言》，第一百五十四回，頁一七一八。
【三】同上注。
【四】張廷玉等，《明史》，卷五十，頁一二九五。
【五】趙爾巽等，《清史稿》，卷八十四，頁二五三二。
【六】熊鉌，《熊勿軒先生文集》，卷四，頁五四—五五；宋濂，《宋學士全集》（《叢書集成初編》第二一一〇—二一三三冊），卷二十八，頁一〇二一。

朱道脈大放異彩；其宗派意識，至此獲得前所未有的發揮。

文素臣的夢中，亦勾勒出理想的世界。前此，武士挖掘出來的人心，「或如佛像，或如菩薩、天尊、神鬼之像」，晚近取出的人心則個個皆是「孔子之像」。【一】由是可知世人心中淨潔，只有孔子，而無佛老諸邪。

末了，素臣長子——文龍在其夢境，覲見明太祖以下諸先皇帝，獲賜「與國咸休酒」和「同天並老酒」。【二】這兩種酒名蓋取自乾隆時，著名文人紀昀（一七二四—一八〇五年）幫衍聖公府所書寫的楹聯「與國咸休安富尊榮公府第，同天並老文章道德聖人家」，【三】以象徵文家如同孔府聖裔萬古流芳，代代尊榮無比。

析言之，水夫人、文素臣、文龍三代祖孫之夢，實環環相扣，從個人至家族、從學術至政治，逐一體現作者的價值觀，從而引領我們窺探「道學先生」的心靈世界。在進入此一世界，解碼孔廟符號蓋不可或缺。古人說：「論古必恕。」惟其能替歷史人物設身處地地思量，方不致時空錯置，謬以「變態心理」曲解夏氏的藝術成就。【四】

【一】夏敬渠，《野叟曝言》，第一百五十四回，頁一七一八。

【二】同上書，頁一七一九——一七二〇。

【三】駱承烈、郭克煜主編，《孔子故里勝跡》（濟南：齊魯書社，一九九〇年），頁一四八。

【四】比較侯健，〈《野叟曝言》的變態心理〉，氏著，《中國小説比較研究》（臺北：東大圖書公司，一九八三年），頁三三——五四。

清末民初儒教的「去宗教化」*

今人習謂儒教非為宗教，實乃近代歷史發展的文化心理的積澱。本文則擬探討近代儒教從國家宗教解體為非宗教的過程。清末民初，康有為（一八五八—一九二七年）及梁啟超（一八七三—一九二九年）師徒二人，恰各自代表了兩種截然有異的範式。康氏從改造儒教著手，以基督教為模型，戮力重塑孔教。其徒梁氏則解構孔子作為教主或宗教家的意象，將孔老夫子化約成世俗化的學者專家。觀諸後世的發展，梁氏的進路顯然佔了絕對的優勢。

迄今，雖有新儒家奮起，亟以「創造性」的經典闡釋，圖保存儒教殘餘的宗教性，但誠如古語所云「皮之不存，毛將焉附」，只有危微精一的「仁」而無有踐行的「禮」，儒家與當代社會將只有疏離的關係。

> 孔子創儒教，為大地教主。
>
> ——康有為（一八九七年）

> 迄今日，中國人幾乎毫無異辭地否定儒教為宗教。
>
> ——陳榮捷（一九五三年）

一、前言

百年來，學界對於儒家、儒教是否為宗教議論紛紛，莫衷一是。惟之前的拙作，則嘗試發掘中國帝制時期儒教的宗教形式，並進而探索其確切的性質。姑且不論儒、釋、道「三教合一」雜糅的樣式，純就儒教而言，作為儒教聖域的孔廟，乃是「國家祭典」的場所，其所展現的官方與公共宗教的性格，十分顯豁。【一】

* 拙文特別謝謝余國藩教授的評閱，並提出寶貴的意見。初刊於《古今論衡》第二二期（二〇一一年六月），頁三三—六〇；又收入香港中文大學哲學系中國哲學與文化研究中心、劉笑敢主編，《中國哲學與文化》（桂林：漓江出版社，二〇一二年），第一〇輯（二〇一二年九月）「儒學：學術、信仰和修養」專輯，頁一七七—二〇二；復收入《從理學到倫理學：清末民初道德意識的轉化》（北京：中華書局，二〇一四年），頁二三六—二八一。

【一】請參閱拙著，〈作為宗教的儒教：一個比較宗教的初步探討（上篇、下篇）〉，收入黃進興，《聖賢與聖徒：歷史與宗教論文集》，頁一一七—一四三；以及拙著，〈解開孔廟祭典的符碼——兼論其宗教性〉，收入田浩編，《文化與歷史的追索——余英時教授八秩壽慶論文集》（臺北：聯經出版事業公司，二〇〇九年），頁五三五—五五八。英文著述則請參閱 Anthony C. Yu, *State and Religion in China* (Chicago and La Salle, Illinois: Open Court, 2005), ch. 3。此處的「公共宗教」(public religion) 與近年西方流行的論述，不盡相同，敬請明辨之。西方近代公共宗教，自有其不同的歷史脈絡與涵義，請參閱 José Casanova, "Public Religions Revisited," in Hent de Vries ed., *Religion: Beyond a Concept* (New York: Fordham University Press, 2008), pp. 101-119。

約言之，中國近代知識分子緣浸淫於西式私人宗教的範式，對孔廟祭祀在傳統中國裏集體訴求的政教功能，反而習焉不察，令得他們無從捉摸儒教獨特的公共性格，遂否定儒教為宗教。而孔廟祭典的興革，適可發掘此一面相。百年來，對儒教是否為宗教的爭議，其答案於此似可窺得一線曙光。

有別於祈求私人福祉的宗教，儒教追求的毋寧是集體式的「國泰民安」、「文運昌隆」。孔廟祭典的參預者或信眾，尤其具有強烈的壟斷性，而僅止於統治者與儒生階層。是故，與一般百姓的關係，自然就相當隔閡。清初的禮學名家秦蕙田（一七〇二——一七六四年）一語點出百姓對孔子「尊而不親」的情結，【一】不啻道破此中的底蘊。清末的嚴復（一八五四——一九二一年）即見證庶民百姓「無有祈禱孔子者」，【二】他說：

> 今支那之婦女孺子，則天堂、地獄、菩薩、閻王之說，無不知之，而問以顏淵、子路、子游、子張為何如人，則不知矣。【三】

他又觀察道：中國之窮鄉僻壤，苟有人迹，則必有佛寺尼庵，歲時伏臘，匍匐呼籲，則必在是，而無有祈禱孔子者。【四】連保教甚力的康有為亦不得不坦承：「吾教自有司朔望行香，而士庶遍禮百神，乃無拜孔子者。」【五】這無疑是著眼信仰者的行為而發。

之所以致此，自然是歷史演化的結果。始自漢代，孔廟領有官廟地位之後，其政治性格便一步步地深化。這從分析參與祭祀者的成員，立可清楚地反映出來：唐宋之後，孔廟祭祀者無論上自天子、孔家聖裔，下及朝廷命官、地方首長，一律享有官員身分，至於官學的儒生只是參與典禮的陪祭者而已。普通老百姓，甚至閒雜人士，更不得隨意參拜。所以孔廟對一般老百姓便顯得「尊而不親」了。

宋代有位儒臣，因辟雍始成，請開學殿，使都人士女縱觀，然而卻大為士論所貶，【六】

【一】秦蕙田著，盧文弨、姚鼐等手校，《五禮通考》（桃園：聖環圖書公司據味經窩初刻試本影印，一九九四年），卷一百一十七，頁一下。

【二】嚴復，〈保教餘義〉（一八九八年六月七日、八日），在林載爵編，《嚴復文集編年（一）》（收入《嚴復合集》第一冊；臺北：辜公亮文教基金會，一九九八年），頁一五七。

【三】同上注。

【四】同上注。

【五】康有為，〈兩粵廣仁善堂聖學會緣起〉（一八九七年五月十七日），收入姜義華、吳根樑編校，《康有為全集》（上海：上海古籍出版社，一九九〇年），第二集，頁六二一。

【六】脫脫等，《宋史》（臺北：鼎文書局，一九七八年），卷三百五十一，頁一一一〇一。

可見孔廟的封閉性。又元朝有道詔令適足以說明孔廟獨特的境況，這道詔令攸關曲阜廟學的復立，並特別指示有司「益加明絜、屏遊觀、嚴汎掃，以稱創立之美，敬而毋褻神明之道」。【一】即使下迄清代末葉，孔廟照舊是「非尋常祠宇可比，可以任人入內遊觀」。【二】足見「遊觀」孔廟均在禁止之列，遑論隨意參拜了。

明末朱國楨（一五五八—一六三二年）恭謁孔廟，亦云：「入廟，清肅莊嚴，遠非佛宮可擬。」【三】朱氏的觀感透露了孔廟的特質與普通廟宇頗有違異之處。這不禁提醒我們一樁趣事：明末散文家張岱（一五九七—一六七九年），其進闕里孔廟，原來竟是「賄門者，引以入」。【四】不但如此，地方孔廟除特定時節，亦門禁森嚴。舉其例：明清時代江南地區士人一遭官方的屈辱，輒往「哭廟」。【五】惟哭廟之前，猶需「於教授處請鑰，啟文廟門」。【六】可見進孔廟誠非大易事也，而孔廟祭祀的壟斷性於此卻盡見無遺。析論至此可知，作為儒教聖域的孔廟，其祭典悉由官方所掌控。

清康熙帝晉謁闕里孔廟所御題的「萬世師表」，【七】正一語道破儒教主要的信仰階層不出統治者（帝王師）和士人階層（儒者之宗）之外，這只要稍加檢視孔廟祭典的參預者，立可獲得印證。原來孔廟毋分中（京師）外（地方），大至春秋釋奠，小至朔望祭祀，通由此二集團壟斷，而呈現強烈的封閉性。【八】誠如民初反孔教甚力的章太炎（一八六九—

【一】袁栴，《清容居士集》（《四部叢刊初編．縮本》第二九五—二九七冊；臺北：臺灣商務印書館，一九六五年），卷三十五，〈戒飭曲阜廟學詔〉，頁五一六。此一詔令應是元世祖中統二年（一二六一年）所頒〈先聖廟歲時祭祀禁約搔擾安下〉，之後亦屢下類似的詔令。參見佚名撰，王頲點校，《廟學典禮》（杭州：浙江古籍出版社，一九九二年），卷一，頁一二；卷二，頁四一—四二。

【二】《申報》光緒二十四年四月初十日（一八九五年五月二九日），〈聞報紀毀聖訛言一則率書其後〉。

【三】朱國禎，《湧幢小品》（《筆記小說大觀》二二編第七冊；臺北：新興書局，一九八四年），卷十九，頁三上。

【四】張岱，〈孔廟檜〉，在氏著，《陶菴夢憶》（收入朱劍芒選編《美化文學名著叢刊》；上海：世界書局，一九四七年），頁九：「己巳，至曲阜，謁孔廟。賄門者，引以入。」己巳是明崇禎二年（一六二九年）。這種狀況在民初無大改變，蔣維喬於民國二年謁曲阜孔廟，仍需「有人引導，持鑰啟各殿宇」。蔣維喬，《曲阜紀遊》，在王文濡序，姚祝萱校，《新遊記彙刊續編》（上海：中華書局，一九二五年），第一冊，卷之七，頁二〇。

【五】陳國棟，〈哭廟與焚儒服：明末清初生員層的社會性動作〉，《新史學》第三卷第一期（一九九二年三月），頁六九—九四。

【六】（清）佚名，《辛丑紀聞》（收入《中國野史集成》第三九冊；成都：巴蜀書社，二〇〇〇年），頁二a。

【七】孔繼汾，《闕里文獻考》（乾隆二十七年刊本），卷十四，頁三六a。

【八】龐鍾璐，《文廟祀典考》（臺北：中國禮樂學會據光緒四年刊本影印，一九七七年），卷五，頁九b—二七b。

一九三六年）指出：

（孔子）廟堂寄於學官，對越不過儒士，有司纔以歲時致祭，未嘗普施閭閻，貤及謠俗。是則孔子者，學校諸生所尊禮，猶匠師之奉魯班，縫人之奉軒轅，胥吏之奉蕭何，各尊其師，思慕反本。【一】

觀此，孔子僅止為儒生的守護神。

然而梁啟超在晚清所上的〈變法通議〉中卻感歎道：

入學之始，（文昌、魁星）奉為神明，而反於垂世立教大成至聖之孔子，薪火絕續，俎豆蕭條，生卒月日，幾無知者。【二】

他復指出當時的學塾：

吾粵則文昌、魁星，專席奪食，而祀孔子者殆絕矣！【三】

這與俗稱「孔子雖三尺童子，皆得以祀之、尊之」的刻板印象大有出入。【四】文昌、魁星向來認為是司命、司祿之神，與百姓有切身的關係，相較之下，孔子神格則顯得模糊而遙遠。梁氏的同儕譚嗣同（一八六五—一八九八年）也抱怨「府廳州縣，雖立孔子廟，惟官中學中人，乃得祀之，……農夫野老，徘徊觀望於門牆之外，既不覩禮樂之聲容，復不識何所為而祭之」，毋乃為一勢利場所而已。【五】

上述的背景適可解答康有為改造儒教的方向。

【一】章太炎，〈駁建立孔教議〉（一九一三年），《太炎文錄初編》；收入《章太炎全集》第四冊；上海：上海人民出版社，一九八五年），文錄卷二，頁一九五。

【二】梁啟超，〈變法通議〉（一八九六年），在「文集之一」（《飲冰室文集》第一冊；臺北：臺灣中華書局，一九六〇年），頁四九。

【三】梁啟超，〈變法通議〉（一八九六年），在「文集之一」，頁四九。

【四】張璁，《諭對錄》（收入《四庫全書存目叢書》史部第五七冊；台南：莊嚴文化事業公司據明萬曆三十七年蔣光彥等寶綸樓刻本影印，一九九六年），卷二十二，頁二四b。

【五】譚嗣同，《仁學》第四十節，收入蔡尚思等編，《譚嗣同全集》（北京：中華書局，一九八一年），下冊，頁三五三。

二、流產的宗教改革：康有為的孔教運動

一般認為康有為「創立」了孔教，究其實則不然。康有為的高第——梁啟超稱譽其師為「孔教之馬丁路得」(Martin Luther, 1483-1546)，【一】無意供出：康氏實際上是對傳統儒教進行了改造的工作。【二】

首先，康有為極早即將「孔教」與佛教、耶教、回教同視為「教」(宗教) 的範疇。【三】他在二十歲之前 (一八七七年前) 所撰的〈性學篇〉業表達此一觀點，他言道：

> 今天下之教多矣，於中國有孔教，二帝三皇所傳之教也，於印度有佛教，自創之教也，於歐洲有耶穌，於回部有馬哈麻，自余旁通異教，不可悉數。【四】

依康氏之見，「孔教」並非無中生有，乃「二帝三皇所傳之教」，其存在係不爭的歷史事實。康氏雖未細言孔教的性質，但他確實將孔教與其他宗教等量齊觀。然而世變日亟，康氏受了耶教與教案的刺激，必須以「保教」為手段，達到「保國」、「保種」的目的。他保教的方式便是對固有儒教加以改造，以動員國人，應付新世紀的挑戰。

甲午戰後，康氏在所呈的〈上清帝第二書〉（一八九五年），於諸多建言之中，業已發覺耶教於「直省之間，拜堂棋佈」，而吾縣境內僅有孔子一廟，甚不成比例；於是建請「鄉落淫祠，悉改為孔子廟，其各善堂、會館俱令獨祀孔子」。【五】復仿效耶教派遣傳教士至海外宣傳聖教，尤其南洋一帶，僑民眾多，宜每島設教官，立孔子廟。觀此，康氏深諳「借傳教為遊歷，可詗夷情，可揚國聲」之道。【六】

爾後，康氏又擬打破歷來官方壟斷的形式，藉「聖學會」名義，廣建民間「善堂」，

【一】梁啟超，〈南海康先生傳〉（一九〇一年），在「文集之六」（《飲冰室文集》第二冊），頁六七。

【二】詳論請參閱拙著，〈作為宗教的儒教：一個比較宗教的初步探討〉，頁一一七—一四三。

【三】關於「宗教」一詞於近代中國文化史的意涵轉變，可參見：陳熙遠，〈「宗教」：一個中國近代文化史上的關鍵詞〉，《新史學》第一三卷第四期（二〇〇二年十二月），頁三七—六六。

【四】康有為，〈性學篇〉，在湯志鈞編，《康有為政論集》（北京：中華書局，一九八一年），上冊，卷一，頁一三。

【五】康有為，〈上清帝第二書〉（一八九五年五月二日），收入《康有為全集》，第二集，頁九七。

【六】同上注。

以彌補孔廟的不足。因為中國境內「善堂」林立，但僅為庶人工商而設，而深山愚氓，幾徒知關帝、文昌，而忘有孔子一事，士大夫亦鮮有過問者。他說：

外國自傳其教，徧滿地球，近且深入中土。頃梧州通商，教士蝟集，皆獨尊耶穌之故，而吾乃不知獨尊孔子以廣聖教。【一】

康氏遂建議廣立善堂或學堂以特奉孔子，宣傳聖教，其業務甚至涵蓋勸賑贈醫、施衣施棺諸善事，倚此與庶民生活連結。

其實，康有為的孔教改革方案並非孤鳴獨發；約略其時，有位同樣自居為「中國的馬丁路德」的宋恕（一八六二—一九一〇年），亦持有相同的看法。宋氏擬托孔子之古，以變法維新。由其自我期許的角色，顯見他極為清楚自身在孔教發展史的定位。【二】他感慨今日中國號稱尊儒教，但是孔廟荒草沒庭，間有任職者，不過教以科舉之學，於世道人心毫無裨益。【三】他遂提出下列的改革方案：

今宜重教官之任，改用本縣人，歸議院紳生公舉；依西國禮拜期，集諸生禮拜孔

子，歌詩講學。諸生除客遊者外，在城者不許曠禮拜，在鄉者分班輪到；農工商諸色人等欲隨同諸生禮拜、歌講者，聽。【四】

「農工商諸色人等欲隨同諸生禮拜、歌講者，聽」的確是孔廟祭典的一大突破，特為點出。宋氏又仿西國之法，「勸民多創禮拜堂，奉孔子神主，按七期禮拜、歌講，如官廟法」。【五】所謂「官廟法」，指的正是依官方祭典所立的孔廟。唐貞觀四年（六三〇年），朝廷規定「州、縣學皆作孔子廟」；【六】從此為歷代所遵循，變成帝國制度的環節，但縣以下廣袤的地域，則無所措置。

【一】康有為，〈兩粵廣仁善堂聖學會緣起〉（一八九七年），收入《康有為全集》，第二集，頁六二〇。
【二】宋恕，《六字課齋卑議（初稿）》（一八九二年），收入胡珠生編，《宋恕集》（北京：中華書局，一九九三年），上冊，頁二。
【三】宋恕，《六字課齋卑議（初稿）》（一八九二年），〈變通篇．拜禮章第三十六〉，頁三六。
【四】同上注。
【五】同上注。
【六】歐陽修、宋祁，《新唐書》（臺北：鼎文書局，一九八〇年），卷十五，頁三七三。

有鑑於此，康氏諸君方議立善堂、學堂，以彌補官方孔廟建制之不足。宋恕的友人——周煥樞（一八五八—？）更擬仿基督教的「耶穌會」，組織「翼聖教會」以輔佐孔教；更欲將《論語》、《孝經》演做白話土語，使農民、婦女皆喻曉，仿效基督教所傳的《新約聖書》。【一】

諸凡上述種種舉措，均在打破「孔教者，士人之宗教」的封閉性，而同基督教看齊，以擴大信仰階層。孔教的封閉性，則直如守舊者葉德輝（一八六四—一九二七年）所云：「孔教者，人心之所繫也；士大夫者，又孔教之所繫也。」【二】轉譯成今人的階級語言則是：「孔子為士之階級之創造者，至少亦係其發揚光大者，而中國歷代政權，向在士之手中，故尊孔子為先師先聖。此猶木匠之拜魯班，酒家之奉葛仙也。」【三】是故維新分子雖擬聚眾，仿「耶教禮拜堂儀注，拜孔子廟」，但誠如葉德輝所指陳：

若以施之於鄉愚，則孔廟不能投杯筊，而鄉愚不顧也；若以施之於婦人女子，則孔廟不能求子息，而婦女不顧也。【四】

葉氏的反對，恰透露孔廟與普通民眾的距離。

約言之，康氏改革儒教的想法極早即見諸《新學偽經考》（一八九一年）、《孔子改制考》（一八九二——一八九八年）諸書。例如《孔子改制考》裏便宣稱：

> 孔子為教主，為神明聖王，配天地，育萬物，無人、無事、無義不圍範於孔子大道中，乃所以為生民未有之大成至聖也。【五】

是故，所謂孔子改制、製作六經的言說，無非為孔子做教主、立「孔教」鋪路。

惟康氏攸關孔廟改制最完整的觀點，則分別見諸光緒二十四年（一八九八年）上疏

【一】宋恕，〈書周煥樞《大建素王教會議》後〉，收入《宋恕集》，頁二八三。

【二】葉德輝，〈葉吏部與南學會皮鹿門孝廉書〉，收入蘇輿編，楊菁點校，蔣秋華、蔡長林校訂，《翼教叢編》（臺北：中央研究院中國文哲研究所，二〇〇五年），卷六，頁三五一。

【三】馮友蘭，〈孔子在中國歷史中之地位〉（一九二七年十一月九日），在氏著，《三松堂學術文集》（北京：北京大學出版社，一九八四年），頁一三一。

【四】葉德輝，〈葉吏部與劉先端黃郁文兩生書〉，收入《翼教叢編》，卷六，頁三四四。

【五】康有為，《孔子改制考》（收入《康有為全集》第三集），卷十，頁二八四。

朝廷的奏摺：〈請尊孔聖為國教立教部教會以孔子紀年而廢淫祀摺〉，【一】以及民國二年（一九一三年）上書北洋政府的〈以孔教為國教配天議〉。【二】前者，蓋屬維新變法的一部分；後者，則由袁世凱（一八五九—一九一六年）主政；毋論前後之分，二者均無法與時政切割。是故，維新的中輟與袁世凱的下台，不啻注定孔教革新的失敗，以致孔教蒙受污名化，匆匆落幕。

可是，猶有一疑團待解：既然祭孔已列國家祀典，為何康有為必須在節骨眼上另立名目，以孔教為「國教」呢？梁啟超提供了一個簡潔扼要的答案：「懼耶教之侵入，而思所以抵制之。」【三】然而梁氏卻未嘗道出：國家祀典純屬官方少數菁英，而「國教」則事涉群體大眾。

總之，康氏立孔聖為國教的意見，固為其一貫的主張，但突然於光緒二十四年（一八九八年）五月一日上疏，與四月京師傳入德人毀壞山東即墨文廟的事件有關。其徒梁啟超曾聯合公車上書都察院，請嚴重交涉。【四】梁氏等的〈公啟〉即云：「山東即墨文廟孔子像被德人毀去，……吾教之盛衰，國之存亡，咸在此舉。」【五】這便是康氏上疏最直接的導火線。

康氏所上「尊孔聖為國教」的奏疏，一言以蔽之，則是「聽民間廟祀先聖」，【六】教

【一】康有為，〈請尊孔聖為國教立教部教會以孔子紀年而廢淫祀摺〉（一八九八年六月十九日），原錄於康氏《戊戌奏稿》（宣統三年鉛印本）；今收入《康有為政論集》，上冊，卷一，頁二七九—二八四。另，是摺經過修飾而改寫，及本諸近日發現的原摺〈請商定教案法律，釐正科舉文體，聽天下鄉邑增設文廟，並呈《孔子改制考》，以尊聖師保大教絕禍萌摺〉，收入黃明同、吳熙釗主編，《康有為早期遺稿述評》（廣州：中山大學出版社，一九八八年），頁二八七—二九二。最早發現此一奏摺有問題為黃彰健先生，見〈康有為「戊戌奏稿」辨偽〉乙文，在氏著，《戊戌變法史研究》（臺北：中央研究院歷史語言研究所，一九七〇年），頁五五五—五五七。黃先生發偽源於文本內部考證，日後方有原摺出現以資印證，先知灼見，令人折服。

【二】康有為，〈以孔教為國教配天議〉（一九一三年四月），在《康有為政論集》，下冊，卷三，頁八四二—八五九。

【三】梁啟超，〈保教非所以尊孔論〉（一九〇二年），在「文集之九」（《飲冰室文集》第二冊），頁五三。

【四】見丁文江，《梁任公先生年譜長編初稿》（臺北：世界書局，一九七二年），卷七「光緒二十四年戊戌（西曆一八九八年）先生二十六歲」，頁五三。

【五】梁氏等署名的〈請聯名上書查辦聖像被毀公啟〉，轉引自林克光，《革新派巨人康有為》（北京：中國人民大學出版社，一九九八年），頁二〇七。德軍在一月侵入即墨縣，拆毀孔子像，挖去子路雙目。地方官畏事，徒掩蓋，四月方傳入京城，士論譁然，一時公車異常憤慨，聯合上書。又，丁文江提及梁啟超等上書都察院的〈公啟〉，刊於光緒二十四年閏三月十七日《國聞報》（西曆一八九八年五月七日）。見丁文江，《梁任公先生年譜長編初稿》，卷七，頁五三。

【六】康有為，〈請尊孔聖為國教立教部教會以孔子紀年而廢淫祀摺〉，頁二七九。

存則國存，其餘均是枝節。康氏感慨中國淫祠遍地，重為歐、美所怪笑，以為無教之國民；【一】反觀「歐、美之民，祈禱必於天神，廟祀只於教主，七日齋潔，膜拜誦其教經，稱於神名，……此真得神教之意」，而迴視我國國民「惟童幼入學，讀經拜聖，自稍長出學，至於老死，何嘗一日有尊祀教主之事」。【二】康氏遂一改初衷，除了原先倡導興建善堂、學堂，並進而建請朝廷「廢所有淫祠，皆以改充孔廟」，並定制「自京師城野省府縣鄉，皆獨立孔子廟，以孔子配天，聽人民男女，皆祀謁之」，甚至達到「鄉千百人必一廟」、「所有鄉市，皆立孔教會」的程度。【三】諸此無非「視彼教堂遍地，七日之中，君臣男女咸膜拜」，而「文廟在城而不在鄉，有一廟而無二廟」。【四】簡而言之，康氏亟思和耶教地方教堂相抗衡。

至於為何中國境內會「淫祠」林立呢？康氏是這樣排解的：

今自學宮尊祀孔子，許教官諸生歲時祀謁外，其餘諸色人等，及婦女皆不許祀謁，民心無所歸，則必有施敬之所。地方必有廟，則必有所奉之神，以茲大事，功令又不為正定，奉祀何神，朝廷既聽民立廟，不加禁止，一任人民，自由舉措。夫小民智者少而愚者多，勢必巫覡為政，妄立淫祠，崇拜神怪，乃自然之數矣，積勢既久，

方將敬奉之不暇，孰敢與爭。【五】

康氏明瞭中國向為多神之俗，「祈子則奉張仙，求財則供財神，工匠則奉魯班，甚至士人通學，乃拜跳舞之鬼，號為魁星，所在學宮巍樓，高高坐鎮，冑子士夫，齊祈膜拜，不知羞恥，幾忘其所學為何學」。【六】康氏的觀察既準確又傳神，卻未嘗道出「孔子之祀」乃國家祀典，非百姓得以覬覦。時人便指證：

【一】康有為，〈請尊孔聖為國教立教部教會以孔子紀年而廢淫祀摺〉（一八九八年），頁二八〇。
【二】同上注。
【三】康有為，〈請尊孔聖為國教立教部教會以孔子紀年而廢淫祀摺〉（一八九八年），頁二八二—二八三。
【四】康有為，〈請商定教案法律，釐正科舉文體，聽天下鄉邑增設文廟，並呈《孔子改制考》，以尊聖師保大教絕禍萌摺〉，收入《康有為早期遺稿述評》，頁二九〇。
【五】康有為，〈請尊孔聖為國教立教部教會以孔子紀年而廢淫祀摺〉（一八九八年六月十九日），頁二八〇。
【六】同上書，頁二七九。

（外人）鄙我為無教之國，良由我國政府體制太嚴。其崇祀孔子也，除各直省府州縣勒建文廟而外，其餘民間所尊崇者，惟釋迦牟尼、老子道君；梵宮道觀，棋佈星羅。即讀書種子，日誦孔孟之書，肩擔孔孟之道，亦且崇祀文昌魁星諸神，而置孔子於不顧。【一】

康氏復把孔廟與百姓的隔閡，歸罪於康熙時期的御史吳培（乾隆十三年進士）。吳氏始奏禁婦女入孔廟燒香，自是禁民間廟祀孔子，以為尊崇先聖，豈知聖教自此不及於民，其罪可誅。【二】其實如前所述，宋代有位儒臣，即因辟雍始成，請開學殿，使都人士女縱觀，然而卻大為士論所貶，可見孔廟的封閉性自古已然。

其次，值得注意的，康氏既然抱怨中國「淫祠遍地」，為何又聲稱中國人係「無教之國民」呢？此即牽涉康氏心目中所持「宗教」的理想形態（ideal type）。一旦掌握了康氏係以一神教的西教為參照，即不難理解此中緣故。這又說明康氏必須立孔子為教主的根本原由。他取該時基督教的形式改造儒教，以孔子比附耶穌，塑模出他所謂的孔教，甚至達到亦步亦趨的地步，遂有「教主」（耶穌）、「教部」（羅馬教廷）、「教會」（地方教堂）、「孔子紀年」（耶穌紀元）之議。

尤其令人難以理解的是：迥異於歷來祭孔的祀典，康氏竟然提議以「孔子配天」。「祭天」本為天子的專擅之禮，非臣民所得而行，【三】然而「民間歲時向空，無不祀天」，官方向來難以禁絕。【四】是故，康氏擬以「孔子配天」，不只可以滿足百姓的信仰需求，復可借力使力將祭孔普遍化。惟其底蘊猶不出耶教的原始模型，蓋康氏以「天」比擬為「上帝」，「孔子配天」則仿若耶教之膜拜上帝。

另外，康氏在光緒二十四年奏摺中，尚有一項處理涉外教案的提議值得一提：即令地方遍立「孔教會」，其上則以衍聖公為「會長」，總司其成。該組織仿效西方教皇國，聽天下人入會；並令天主、耶穌教各立會長，參與議定教律。凡有教案，一律歸教會，按照教律商辦，國家不與聞。凡有涉外教案，則由衍聖公代表處理，如此則可避免中外國力直

【一】王雨邨，〈吉隆華商倡祀孔子〉，原刊《天南新報》第三九五號（一八九九年九月二十六日），收入梁元生，《宣尼浮海到南洲：儒家思想與早期新加坡華人社會史料彙編》（香港：中文大學出版社，一九九五年），頁一四九—一五〇。

【二】康有為，〈請尊孔聖為國教立教部教會以孔子紀年而廢淫祀摺〉（一八九八年），頁二八一。

【三】劉師培，〈論中國古代信天之思想〉，在萬仕國輯校，《劉申叔遺書補遺》（揚州：廣陵書社，二〇〇八年），頁五三。

【四】同本頁注二中書，頁二八一。民間甚早即流行「天地君親師」的信仰，參見余英時，〈「天地君親師」的起源〉，在氏著，《情懷中國——余英時自選集》（香港：天地圖書有限公司，二〇一〇年），頁七四—八〇。

接涉入，造成難以收拾的衝突，確不失為「以教制教」的權宜辦法。【一】諸如種種，均難逃時人的法眼。例如維新支持者陳寶箴（一八三一——一九〇〇年）即道出：

（逮）康有為當海禁大開之時，見歐洲各國尊崇教皇，執持國政，以為外國強盛之效，實由於此。……而孔子之教散漫無紀，以視歐洲教皇之權力，其徒所至，皆足以持其國權者不可同語。是以憤懣鬱積，援素王之號，執以元統天之說，推崇孔子以為教主，欲與天主耶穌比權量力，以開民智，行其政教。【二】

「推崇孔子以為教主，欲與天主耶穌比權量力，以開民智，行其政教」，不啻宣洩康氏重塑孔教的底蘊。惟必須稍加提示的是，康有為所瞭解的基督教係啟蒙運動以降的樣態，基督教在歷史上自有其繁複的面貌。【三】

康氏的孔教運動最後雖然不了了之，但其時卻不乏附和者。【四】民初孔教會遍佈數百縣，康氏到地方講演，紳商學界聽眾曾經動輒上萬，【五】尚且還分佈海外。【六】民國肇建之後，他四處為「孔教會」奔走，蓋深憂辛亥革命推翻帝制、成立共和，孔子之祀遂亦「際

亙古未有之變，俎豆廢祀，弦誦絕聲」。【七】的確，儒教的聖地——孔廟，在民初遭受到空

【一】康有為，《康南海自編年譜》（北京：中華書局，一九九二年），頁四四。此一意見為日後改寫奏摺所遺漏，參閱〈請商定教案法律，釐正科舉文體，聽天下鄉邑增設文廟，並呈《孔子改制考》，以尊聖師保大教絕禍萌摺〉，收入《康有為早期遺稿述評》，頁二八八——二八九。

【二】陳寶箴，〈奏釐正學術造就人才摺〉（一八九八年），收入中國史學會主編，翦伯贊等編，《戊戌變法》（上海：神州國光社，一九五五年），第二冊，頁三五八。

【三】簡略的基督教發展史可參閱 Jaroslav Pelican, "Christianity," in Mircea Eliade ed., *The Encyclopedia of Religion*（New York: Simon & Schuster Macmillan, 1995）, vol. 3, pp. 348-362。

【四】縱使其徒梁啟超改變了「保教」的立場，仍承認「康有為大倡設孔教會、定國教、祀天、配孔諸議，國中附和不乏」。參見：梁啟超，《清代學術概論》，在「專集之三十四」（《飲冰室合集．專集》第一〇冊；上海：中華書局，一九三六年），第二十六節，頁六三。

【五】康有為，〈陝西孔教會講演〉（一九二三年十一月十七日），在《康有為政論集》，下冊，卷三，頁一一〇七。

【六】參閱梁元生，《宣尼浮海到南洲：儒家思想與早期新加坡華人社會史料彙編》。

【七】康有為，〈致北京孔教會電〉（一九一三年十一月），在《康有為政論集》，下冊，卷三，頁九二一。康有為的〈覆教育部書〉（一九一三年五月）中，載有陳煥章的證詞：民國始立，「教育部既廢孔教，於是全國文廟多被破壞」。見同書，卷三，頁八六七。

前但非絕後的破壞；【一】況且蔡元培（一八六七——一九四〇年）甫上任教育總長，即廢止學校讀經；【二】凡此均不利於孔教的傳佈，故康氏亟與新成立的共和政體掛勾。【三】他深悉祀孔乃帝制不可分割的一環，而帝制解體，必將導致祀孔無所依託。因此不難理解甫創立的「孔教會」，立即將「定孔教為國教」的議題提升至憲法的層次。居間雖然得到守舊分子與地方軍閥的奧援，曇花一現，惟入憲之事最終仍功敗垂成，惹得一身惡名。【四】「孔教」運動的落幕，適意味傳統儒教由國家宗教轉型的徹底挫敗。

關於此點，魯迅（一八八一——一九三六年）復有一段頗為傳神的敘述。他說：

> 種種的權勢者便用種種的白粉給他（孔子）來化妝，一直抬到嚇人的高度。但比起後來輸入的釋迦牟尼來，卻實在可憐得很。誠然，每一縣固然都有聖廟即文廟，可是一副寂寞的冷落的樣子，一般的庶民，是決不去參拜的，要去，則是佛寺，或者是神廟。若向老百姓們問孔夫子是什麼人，他們自然回答是聖人，然而這不過是權勢者的留聲機。【五】

魯迅之所以說權勢者一直把孔子抬到嚇人的高度，無非著眼歷史上的王朝往往以儒教作為治國的依據。

職是之故，為了彌補儒教與庶民的隔閡，康有為、陳煥章（一八八〇—一九三三年）於改革孔教中，必得效法西式教堂，開放孔廟以廣納一般的老百姓，並且必須打破儒家

【一】北京師範大學歷史系中國近代史組編，《中國近代史資料選編》（北京：中華書局，一九七七年），下冊，頁二九六—三〇二。「文化大革命」尤為孔廟的大浩劫。見亞子、良子，《孔府大劫難》（香港：天地圖書有限公司，一九九二年）。

【二】參閱高平叔編，《蔡元培年譜長編》（北京：人民教育出版社，一九九八年），卷一，頁四〇〇—四〇一，「一九一二年一月十九日」條：「制定『普通教育暫行辦法』，……轉發各學校一體遵行。……小學廢止讀經。」

【三】康有為，〈中華救國論〉（一九一二年六月），在《康有為政論集》，下冊，卷三，頁六九九—七三一。

【四】民初的康有為備受非議，竟連梁漱溟都說別人他都極尊重，唯獨康南海除外。梁漱溟，《東西文化及其哲學》（香港：自由學人社，一九六〇年），自序頁四、第四章頁一三六—一三七。初版為一九二一年。

【五】魯迅，〈在現代中國的孔夫子〉（一九三五年四月二十九日），《且介亭雜文二集》（收入《魯迅全集》第八卷；臺北：唐山出版社，一九八九年），頁一〇二。

「禮聞來學，不聞往教」的成規，「發憤傳教」。【一】

總而言之，康有為「孔教」改革的失敗，在不同歷史情境，分別涵蘊兩種截然不同的意義。首先在晚清，由於帝制猶存，孔教改革的中輟僅代表儒教由國家宗教（state religion）普及為個人宗教（personal religion）、由公共宗教（public religion）轉型為私人宗教（private religion）的頓挫；然而民初康氏再次的叩關，卻弄巧成拙，加速儒教作為國家宗教的全面崩解。從此，作為宗教的儒教在民國體制無所掛搭，驟成文化的遊魂。這應該是顧頡剛（一八九三—一九八〇年）所說「孔教是一個沒有完工的宗教」的正解。【二】而影響所及，迄今兩岸猶將「儒教」排除於「宗教」的範疇之外。【三】

三、反孔教的聲浪

「孔教」最初的敵對者，當然是反維新分子，這裏難免摻雜了相異的政治立場。舉葉德輝為例：他相信「孔教為天理人心之至公」，卻認為「孔不必悲，教不必保」，【四】尤其反對立「孔子為教主」。【五】

其次，則是與今文學派站在對立面的古文學家，例如章太炎與劉師培（一八八四—

一九一九年）。章氏徹頭徹尾不屑康、梁倡言孔教；【六】劉師培亦反對孔子托古改制之說，以為孔子所立六經，皆周史所藏「舊典」，並稱：「孔子者，中國之學術家也，非中國之宗教家。」【七】凡此均是針對康有為取法耶教，刻意將孔子塑造成「創儒教，為大地教主」而發。

【一】陳煥章，《孔教論》（收入《民國叢書》第四編第二冊；上海：上海書店據孔教會一九一三年版影印，一九九二年），頁六一—六二。

【二】顧頡剛，〈春秋時的孔子和漢代的孔子〉（一九二六年十月三日在廈門大學演講），收入《古史辨》（臺北：明倫出版社據樸社一九三〇年初版影印，一九七〇年），第二冊，頁一三八。

【三】一九七九年中共第十一次黨代表大會仍只承認佛教、天主教、道教、回教、基督新教為宗教。James Miller, "The Opium of the People," in James Miller ed., *Chinese Religions in Contemporary Societies*（Santa Barbara, Denver, and Oxford: ABC-Clio, 2006）, p. 5。而臺灣所謂的「儒教」則屬於傳統的民間宗教的形式，與三教合一混合。

【四】葉德輝，〈葉吏部明教〉，收入《翼教叢編》，卷三，頁一四一—一四六。

【五】葉德輝，〈葉吏部讀西學書法書後〉，收入《翼教叢編》，卷四，頁二五九。

【六】湯志鈞編，《章太炎年譜長編》（北京：中華書局，一九七九年），上冊，頁三八—四一。政治上章氏為革命派，該時的劉師培亦投入革命陣營，日後才有變化。

【七】劉師培，〈論孔教與中國政治無涉〉（一九〇四年），收入李妙根編，《劉師培論學論政》（上海：復旦大學出版社，一九九〇年），頁三四三。

但說來反諷，影響最鉅的反孔教樞紐人物，卻係原本支持其師孔教運動不遺餘力的梁啟超。梁氏緣受嚴復、黃遵憲（一八四八—一九〇五年）的影響，驟然陣前倒戈，高舉「保教非所以尊孔」的大纛，極大削弱了孔教運動的聲勢。

梁啟超早先追踵康有為，鼓吹「孔教」。逮嚴復於光緒二十二年（一八九六年）通函曉示「教不可保，而亦不必保」、「保教而進，則又非所保之本教」的道理，【一】梁氏信心始受動搖。惟其時梁氏猶「依違未定」，【二】汲汲於成立「保教公會」，視「保國」、「保教」為連體嬰，互為憑靠。他言道：

> 居今日而不以保國保教為事者，必其人於危亡之故，講之未瑩，念之未熟也。【三】

此一主張，日後納入其師始倡的「保國會」，該會講求「保國、保種、保教」之事，以為議論宗旨，梁氏出力尤多。【四】

然而梁在流亡日本的第三年（一九〇二年），卻公開放棄早先立孔教為國教的主張。所有關於這一轉變的理由，都可以歸之於他對整體中國利益的考量。對他來說，宗教的重要性與其說是信仰本身，毋寧說是可以振興中國。這也說明他日後之所以贊同佛教，原寄望所有中國人都可以經由佛教信仰而培養一體感，在必要的時候為國家利益而犧牲小我。【五】事實上，梁所關心的，不是任何特別的宗教或者它們的原始形式，而是宗教信仰所能為現代國家扮演的功能。換言之，梁把宗教當作一種精神動員的方法，用來誘導、催引

【一】梁啟超，〈與嚴幼陵先生書〉（一八九六年），在「文集之一」（收入《飲冰室文集》第一冊），頁一〇九。丁文江繫此函於光緒二十三年（一八九七年），蓋有誤。校之嚴復〈與梁啟超書一〉，知必不早於光緒二十二年十月。參校丁文江，《梁任公先生年譜長編初稿》，卷六，頁四二；嚴復，〈與梁啟超書一〉（一八九六年十月），在《嚴復文集編年（一）》，頁一〇四—一〇六。該函曾語及梁氏擬習拉丁文之事。

【二】黃遵憲，〈致梁啟超函〉（一九〇二年五月），收入陳錚編，《黃遵憲全集》（北京：中華書局，二〇〇五年），上冊，頁四二六。

【三】梁啟超，〈覆友人論保教書〉（一八九七年），在「文集之三」（收入《飲冰室文集》第一冊），頁一一。

【四】康有為，〈保國會章程〉（一八九八年四月十七日），收入《康有為政論集》，上冊，卷一，頁二三三—二三六。梁氏與「保國會」的關係，參見丁文江，《梁任公先生年譜長編初稿》，卷七「光緒二十四年戊戌（西曆一八九八年）先生二十六歲」，頁五〇—五三，「開保國會於京師」乙節。

【五】梁啟超，〈論佛教與群治之關係〉（一九〇二年），在「文集之十」（收入《飲冰室文集》第二冊），頁四五—五二。

潛在的政治能量。析言之，終其一生，「國」方為梁氏的終極關懷。【一】

回溯光緒二十四年（一八九八年）梁與其師康有為咸認為，西方興起的動力實肇自基督教對於西方國家的影響。所以，當康有為熱烈地主張立孔教為國教，作為康的門徒，梁起初毫無保留地支持此一運動，並把它與保國聯在一起，〈覆友人論保教書〉（一八九七年）與滯日所撰的〈論支那宗教改革〉（一八九九年）均為此一階段的護教之作。【二】

然而，梁為此運動的奮鬥並不很久。嚴復與黃遵憲的勸告，終令梁思緒為之改觀，轉而認定「宗教者，專指迷信宗仰而言」，立孔教於一尊必將束縛國民思想，妨礙中國的進步與改革，尤其西方基督教的沒落，更堅定了他「教不必保」的看法。【三】

黃遵憲的規勸足為代表，他致函梁說道：

（康）南海見二百年前天主教之盛，以為泰西富強由於行教，遂欲尊我孔子以敵之，不知崇教之說久成糟粕，近日歐洲，如德、如意、如法，於教徒侵政之權，皆力加裁抑。居今日而襲人之唾餘以張吾教，此實誤矣！【四】

梁氏遂亦云道：「有心醉西風者流，覩歐美人之以信仰……而致強也，欲捨而從之以自代，此尤不達體要之言也。」【五】暗諷其師不言而喻。

黃氏復主「政教分離」有益於時局，他說：

> 泰西諸國，政與教分，彼政之善，由於學之盛。我國則政與教合。分則可藉教以補政之所不及，合則捨政學以外無所謂教。今日但當採西人之政、西人之學，以彌縫我國政學之敝，不必復張吾教，與人爭是非、校短長也。【六】

「彼政之善，由於學之盛」，黃氏毅然地切斷了泰西之盛與宗教的關聯。而他的「政教分離」

【一】梁啟超的終極關懷毋寧在「國」，請參閱拙著，〈梁啟超的終極關懷〉，收入《優入聖域：權力、信仰與正當性》（臺北：允晨文化公司，一九九四、二〇〇三年，頁四三七—四五二。

【二】梁啟超，〈覆友人論保教書〉（一八九七年），頁九—一一；〈論支那宗教改革〉（一八九九年），在「文集之三」（收入《飲冰室文集》第一冊），頁五五—六一。

【三】梁啟超，〈保教非所以尊孔論〉（一九〇二年），頁五二—五三。

【四】黃遵憲，〈致梁啟超函〉（一九〇二年五月），頁四二六。

【五】梁啟超，〈論佛教與群治的關係〉（一九〇二年），頁四五。

【六】黃遵憲，〈致梁啟超函〉（一九〇二年五月），頁四二七。

說，影響尤為深邃，在日後形成主流意見。

擱此不論，其實對梁啟超而言，「保國」比「保教」、「保種」更為重要。【一】他直截了當地表示：「我輩自今以往，所當努力者，惟保國而已。若種與教，非所亟亟也。」【二】在《新民說》，梁啟超的態度尤其斬決。他直言不諱：

吾不敢怨孔教，而不得不深惡痛絕夫緣飾孔教、利用孔教、誣罔孔教者之自賊而賊國民也。【三】

梁氏以《論語》中曾記載孔子曰「未能事人，焉能事鬼」、「未知生，焉知死」以及「子不語，怪力亂神」，遂定位孔子為「哲學家、經世家、教育家」而非「宗教家」，【四】而此一論點遂成此後儒教非宗教的基調。他又說：「西人常以孔子與梭格拉底並稱，而不以之與釋迦、耶穌、摩訶末並稱，誠得其真也。」【五】梁氏等的看法，適見證孔子意象的蛻化，正逐步邁向其師所極力撻伐的「謬論」：

近人（遂）妄稱孔子為哲學、政治、教育家，妄言誕稱，皆緣是起，遂令中國誕

育大教主而失之。【六】

惟觀諸日後的發展，梁氏的說詞「孔教者，教育之教也，非宗教之教也」，【七】反而佔了絕對的優勢。

信手拈來二例以證成：民初的馮友蘭（一八九五—一九九〇年）便判說「孔子頗似蘇格拉底」，是個「智者」。馮氏甚至說「孔子為中國蘇格拉底之一端，即已佔甚高之

【一】梁與康關係的破裂，見梁啟超，《清代學術概論》，第二十六節，頁六三—六六。
【二】梁啟超，〈保教非所以尊孔論〉（一九〇二年），頁五〇。
【三】梁啟超，《新民說》，在「專集之四」（《飲冰室合集·專集》第三冊；上海：中華書局，一九三六年），「第十一節、論進步」，頁五九—六〇。發表於光緒二十八年（一九〇二年）。
【四】梁啟超，〈保教非所以尊孔論〉（一九〇二年），頁五二。
【五】同上注。
【六】康有為，〈請尊孔聖為國教立教部教會以孔子紀年而廢淫祀摺〉（一八九八年六月十九日），頁二八二。
【七】梁啟超，〈論佛教與群治的關係〉（一九〇二年），頁四五。

地位」，【一】又說，他「本來是一位（偉大的）教師」。【二】經學史家周予同（一八九八—一九八一年）更斷言，孔子「並不是一位宗教家」，而是「一位中國古代人格完滿發展的聖人」、「一位實際的教育家」、「一位不得意的政治思想家」、「一位專研道德問題的倫理學家」。【三】毋管孔子實情真否如此，康有為的「教主說」終成絕響的《廣陵散》。

尤其民國初期，康氏再次鼓吹以孔子配天、定孔教為國教；【四】而後更涉及張勳（一八五四—一九二三年）復辟兵變（一九一七年），令康氏形象狼藉，尊孔愈形政治化，連帶殃及孔廟，秋丁吉時竟需調兵「武裝祭孔」。孔廟何辜，淪落至此！【五】諸如種種，康氏飽受共和人士的抨擊。與康氏政治、學術立場均相左的章太炎，不只非議「孔教會」的設立，且直謂「孔子於中國，為保民開化之宗，不為教主。……以宗教，則為孔子所棄」，【六】故尊奉孔教者「適足以玷闕里之堂，污泰山之跡耳」！【七】惟細繹其理據，尚不出梁氏之域。

民國的新貴——袁世凱的態度，亦令人玩味。一方面，他尊孔不落人後，於一九一三年六月頒佈「尊崇孔聖令」；另一方面，他在〈大總統致孔社祝詞〉卻明白反對立孔教為國教。他說：

孔子初非宗教家，而淺人不察，必欲以形式尊崇，強儕諸釋、道、回、耶各教之列，既失尊孔本意，反使人得執約法以相繩。【八】

【一】馮友蘭，〈孔子在中國歷史中的地位〉（一九二九年十一月九日），在《三松堂學術文集》，頁一三一。

【二】馮友蘭，《中國哲學簡史》（收入《三松堂全集》第六卷；鄭州：河南人民出版社，一九八九年），頁四四。

【三】周予同，〈孔子〉（一九三四年九月），收入朱維錚編，《周予同經學史論著選集》（上海：上海人民出版社，一九八三年），頁三八八。

【四】康有為，〈以孔教為國教配天議〉（一九一三年四月），頁八四二—八四九。

【五】李大釗，〈武裝祭孔〉（一九一九年十月十二日），收入中國李大釗研究室編注，《李大釗全集（最新注釋本）》（北京：人民出版社，二〇〇六年），第三卷，頁六五。

【六】章太炎，〈駁建立孔教議〉（一九一三年），《太炎文錄初編》（收入《章太炎全集》第四冊），文錄卷二，頁一九七。一八九九年章氏所發表的〈儒術真論〉即有反孔教之觀點，見章太炎著，湯志鈞編，《章太炎政論選集》（北京：中華書局，一九七七年），上冊，頁一一八—一二五。

【七】章太炎，〈駁建立孔教議〉，頁一九七。

【八】袁世凱，〈大總統致孔社祝詞〉，《孔社雜誌·錄要》一九一二年十二月（第一期）；轉引自張衛波，《民國初期尊孔思潮研究》（北京：人民出版社，二〇〇六年），頁一六三。

從原先國會擬提議在憲法之中「規定孔教為國教」，最終敷衍成「國民教育以孔子之道為修身之大本」，已可嗅出時代風向的轉變。【一】

豈不見復辟派的勞乃宣（一八四四－一九二七年）代衍聖公所撰的「孔教會演說詞」，開門見山即率爾道出孔子「述而不作」，又說「孔教會之設，乃以孔子教人之法傳佈於天下，非宗教也」，【二】此不啻與康氏的改制說大唱反調。又張東蓀（一八八六－一九七三年）雖認同孔教為宗教，但卻認為定孔教為國教且以祀孔配天，乃是畫蛇添足之舉，無足為孔子增光。【三】

保守分子如此，遑論受胡適（一八九一－一九六二年）頌揚為「近年來攻擊孔教最有力的兩位健將」——陳獨秀（一八七九－一九四二年）與吳虞（一八七一－一九四九年）。【四】他們不但承繼梁氏對孔教的態度，更變本加厲全面攻擊儒教。陳氏將「孔教」與「專制」視為連體嬰，因此歸結儒術孔道與「近世文明社會絕不相容」；【五】吳氏則將「禮制」視作「儒教」的具體化身，疵議「禮教吃人」。【六】至於儒教能否視作「宗教」，陳氏持全然否定的看法，吳氏則予以負面評價。當時執學界牛耳的蔡元培亦斬決地說：

【一】黃克武，〈民國初年孔教問題之爭論：一九一二—一九一七〉，《國立臺灣師範大學歷史學報》第十二期（一九八四年），總頁二〇九—二一〇。

【二】勞乃宣，《桐鄉勞先生（乃宣）遺稿》（臺北：文海出版社影印民國十六年桐鄉盧氏校刻本，一九六九年），卷一，〈論孔教（孔教會演説詞．代衍聖公）〉，頁四六 a—四八 a。

【三】張東蓀，〈余之孔教觀〉，收入經世文社編，《民國經世文編》（臺北：文海出版社據民國三年上海經世文社石印本影印，一九七〇年），第十二冊「宗教」，頁九上。

【四】胡適，〈吳虞文錄序〉（一九二一年六月十六日），在《胡適文存》（臺北：遠東圖書公司，一九五三年），第一集，卷四，頁七九五。

【五】陳獨秀，〈孔子之道與現代生活〉（一九一六年十二月一日）、〈再論孔教問題〉（一九一七年一月一日）、〈復辟與尊孔〉（一九一七年八月一日）等文，均收在《獨秀文存》（合肥：安徽人民出版社，一九八七年），卷一，頁八〇—八一、頁九一—九四、頁一一一—一一六。又卷三，〈答吳又陵〉（一九一七年一月一日），頁六四六。有關反孔教運動，可參閱 Tse-tsung Chow, "The Anti-Confucian Movement in Early Republican China," in Arthur F. Wright ed., *The Confucian Persuasion* (Stanford: Stanford University Press, 1960), pp. 288-312。中譯見：周策縱著，蔡振念譯，〈五四前後的孔教與反孔教運動〉，《大陸雜誌》，七六卷三期（一九八八年三月），頁二一—三二（總頁一一七—一二八）。梁氏一九一三年曾在其所草的憲法之中，妥協為「中華民國，以孔子教為風化大本，但一切宗教不害公安者，人民得自由信奉」。氏著，〈進步黨擬中華民國憲法草案〉（一九一三年），在「文集之三十」（《飲冰室文集》第六冊），頁六二，第一五條。惟梁旋於一九一五年重申反「孔教」之主張，見〈孔子教義實際裨益於今日國民者何在欲昌明之其道何由〉（一九一五年），在「文集之三十三」（《飲冰室文集》第六冊），頁六〇—六七。

【六】吳虞，〈家族制度為專制主義之根據論〉、〈吃人與禮教〉等文，見《吳虞文錄》（《民國叢書》第二編第九六冊；上海：上海書店，一九九〇年），卷上，頁一—一三、頁六三—七二。

宗教是宗教，孔子是孔子，國家是國家，各有範圍，不能併作一談。【一】

他認為孔子的學說僅是「教育耳、政治耳、道德耳」，遂論定孔子自是孔子，宗教自是宗教，兩不相涉；而「孔教」殊不成名詞，「以孔教為國教」者，尤為不可通之語。【二】該時蔡氏突然以儒教的解構者自居，值得留意。他在一九一〇年刊行的《中國倫理學史》方裁定儒教於漢代成為國教，進而在宋代擴為普及宗教，【三】此時此刻態度卻全然翻轉。

析言之，民初的反孔教運動實由兩股勢力匯聚而成。其一為「科學主義」（scientism）的思潮，另一為政治偶發事件。要之，二十世紀並非宗教的世紀，隨著基督教傳入中國的科學，不斷擠壓一切宗教的生存空間。【四】陳獨秀與蔡元培的觀點足為示例，陳氏在其時曾倡言：「人類將來真實之信解行證，必以科學為正軌，一切宗教，皆在廢棄之列。」【五】而蔡氏亦認為：

宗教之為物，在彼歐西各國，已為過去問題。蓋宗教之內容，現皆經學者以科學的研究解決之矣。【六】

他遂主張以美育取代宗教，而與是時提倡科學而反對玄學的趨勢，不謀而合。這都代表「五四運動」前後特有的風氣。

而從外緣因素視之，陳氏諸人反孔思想的深化，當然是民初政事激盪的結果。譬如袁世凱稱帝、祭天，張勳舉軍復辟處處濫用儒家文化象徵，諸如此類的事情均令知識分子對儒教感到幻滅。一九一七年的元旦，陳獨秀甚至揚言：「非獨不能以孔教為國教，定入未來之憲法，且應毀全國已有之孔廟而罷其祀！」【七】

【一】蔡元培，〈在信教自由會之演說〉（一九一六年十二月二十六日），收入高平叔主編，《蔡元培文集》（臺北：錦繡出版事業股份有限公司，一九九五年），卷五「哲學」，頁二九八。

【二】蔡元培，〈在信教自由會之演說〉（一九一六年十二月二十六日），收入高平叔主編，《蔡元培文集》，卷五「哲學」，頁二九九。蔡氏此處對孔子評語與梁啟超如出一轍。

【三】見蔡元培，《中國倫理學史》（一九一〇年四月二十五日），收入《蔡元培文集》，卷五「哲學」，頁一六八、頁一九二—一九三。

【四】馮友蘭，《中國哲學簡史》，頁二八八。

【五】陳獨秀，〈再論孔教問題〉（一九一七年一月一日），收入《獨秀文存》，卷一，頁九一。

【六】蔡元培，〈以美育代宗教說〉（一九一七年四月八日），在《蔡元培文集》，卷二「教育上」，頁三七八。

【七】陳獨秀，〈再論孔教問題〉（一九一七年一月一日），頁九四。

另一方面，不容忽視的是，民初的智識氛圍裏，「宗教」已漸淪為貶義之詞。陳獨秀逕言：「愚之非孔，非以其為宗教也。若論及宗教，愚一切皆非之。」【一】胡適總結民初幾個學者的看法，亦附和道：「中國是個沒有宗教的國家，中國人是個不迷信宗教的民族。」【二】葉落知秋，時勢所趨，竟連第一代新儒家的梁漱溟（一八九三—一九八八年）均首肯「孔家似乎不算宗教」，並且還申論「孔子實在是很反對宗教的」。【三】梁漱溟説中國人過著「幾乎沒有宗教的人生」，【四】他引馮友蘭為同調，謂「孔子之非宗教，雖有類似宗教的儀式亦非宗教」。【五】而先前來華訪問的西哲——羅素（Bertrand Russell, 1872-1970）更火上添油，他以為中國傳統文明的特徵之一便是「中國讀書人以儒家倫理來替代宗教」，【六】梁氏便呼應「中國以道德代宗教」。【七】

同為二十世紀新儒家開創者的熊十力（一八八五—一九六九年）亦同聲唱和：「蔡孑民（元培）先生謂儒者經學，非宗教。所見極是。」並云：「經學是哲學的極詣，可以代替宗教。」【八】梁漱溟則和馮友蘭有志一同地表示，儒家所有許多禮文儀式，只是詩、只是藝術，而非宗教。【九】

矢志融通中西哲學的謝幼偉（一九〇五—一九七六年）又道出，不少人認為「在中國傳統思想上，根本沒有宗教這一回事」、「中國哲學家自始就對於宗教不感興趣」，顯見當

【一】陳獨秀，〈答俞頌華〉（一九一七年三月一日），收入《獨秀文存》，卷三，頁六七四。

【二】胡適，〈名教〉（一九二八年七月二日），在《胡適文存》，第三集，卷一，頁四〇。

【三】梁漱溟，《東西文化及其哲學》，第四章，頁一四二。不止是梁氏，同被列為第一代新儒家的熊十力也反對將儒學視為宗教。參閱郭齊勇，〈當代新儒家對儒學宗教性問題的反思〉，《中國哲學史》一九九九年第一期，頁四一。

【四】梁漱溟，〈中國民族自救運動之最後覺悟〉（一九三〇年），收入中國文化書院學術委員會編，《梁漱溟全集》（濟南：山東人民出版社，一九九二年），第五卷，頁六四。

【五】同上書，頁七一。

【六】Bertrand Russell, *The Problem of China*（London: George Allen and Unwin Ltd., 1966）, pp. 34, 43-44。本書初版於一九二二年。羅素的看法，梁漱溟亦表同感，見〈中國民族自救運動之最後覺悟〉，頁六九。要知羅素係「不可知論者」（agnostic），並且對任何宗教均採取敵對的態度。參見 Bertrand Russell, *Why I Am Not a Christian and Other Essays on Religion and Related Subjects*（London and New York: Routledge, 2004）, "Preface" and ch. 1。

【七】梁漱溟，〈以道德代宗教〉，氏著，《中國文化要義》（臺北：正中書局，一九六九年），頁一〇六—一一〇。

【八】熊十力，《讀經示要》（收入《民國叢書》第五編第一冊；上海：上海書局據南方印書館一九四五年版影印，一九九六年），頁一三五。

【九】梁漱溟，〈中國民族自救運動之最後覺悟〉，頁七一。馮友蘭，〈儒家對於婚喪祭禮之理論〉（一九二八年），收入《三松堂學術文集》，頁一三二—一四五。

時智識界對宗教似乎相當隔膜。【一】斯時的氛圍似是儒家除了「宗教」之外，其他都有可能。【二】

一九二二年，以進步自許的知識分子共同組成「反宗教同盟」，起因雖是反對基督教，但亦波及「孔教」，他們堅信「宗教是妨礙人類進步的東西」。【三】領導者之一的蔡元培便說：

現今各種宗教，都是拘泥著陳腐主義，用詭誕的儀式、誇張的宣傳，引起無知識人盲從的信仰，來維持傳教人的生活。這完全是用外力侵入個人的精神界，可算是侵犯人權的。【四】

他向來主張「以美育代替宗教」。【五】起草〈非宗教者宣言〉的李大釗（一八八九—一九二七年）更宣示：

宗教傳說乃神秘的、迷信的。故吾人與其信孔子、信釋迦、信耶穌，不如信真理。【六】

這種對「宗教」的態度，與康氏等的認知與評價大相逕庭。梁啟超雖非全然支持此一運動，卻亦疵議那些「喫孔教會飯的人」。【七】況且，立孔教為國教涉及信仰的自由，更引起

【一】謝幼偉，〈抗戰七年來之哲學〉，原發表於一九四四年《文化先鋒》第三卷第二四期，收入賀麟，《當代中國哲學》（嘉義：西部出版社，一九七一年），「附錄」，頁一四六。賀之書初版於一九四五年。民初反宗教運動可參閱 Chow Tse-tsung, *The May Fourth Movement: Intellectual Revolution in Modern China*（Stanford, California: Stanford University Press, 1967），pp. 320-327。

【二】當時頗有影響力的中國通，末代皇帝溥儀的老師莊士敦（Reginald F. Johnston, 1874-1938），亦主張儒家與其說是宗教，毋寧說是生活的方式和藝術。Reginald F. Johnston, *Confucianism and Modern China: The Lewis Fry Memorial Lectures 1934-35, Delivered at Bristol University*（New York: D. Appleton-Century Company, 1935），pp. 97-99。

【三】李大釗，〈非宗教者宣言〉（一九二二年四月四日）、〈宗教妨礙進步：在北京大學召開的非宗教同盟第一次大會上的演講〉（一九二二年四月九日），在《李大釗全集》，第四卷，頁六六一六七、頁六八一六九。

【四】蔡元培，〈非宗教運動〉（一九二二年四月九日），收入《蔡元培文集》，卷五「哲學」，頁三六九。

【五】蔡元培，〈以美育代宗教說〉（一九一七年四月八日），頁三七八一三八四。

【六】李大釗，〈真理（二）〉（一九一七年二月二日），在《李大釗全集》，第一卷，頁二四五。

【七】梁啟超曾撰文表達對此一運動的看法，參閱梁啟超，〈評非宗教同盟〉（一九二二年四月十六日），在「文集之三十八」（收入《飲冰室文集》第七冊），頁一七一二五。

耶、釋、道各教的質疑，弄得四面楚歌。【一】孔教運動因不得天時、地利、人和，自然就夭折了。

其實，中國歷史上並不缺乏改造儒教的先例。倘若予以深入的分析，便會立即發覺，以往所謂「儒學宗教化」的底蘊，事實上是把原先作為國家宗教的儒教往私人宗教推移；所不同的是，在康氏之前，往往是借鑑釋、道或民間宗教的形式加以進行，而康氏卻是著眼西方的耶教。【二】

綜觀清末民初，毋論是贊成或反對孔教者，均有一些共通點，這些徵象不時影響著後人對儒教宗教本質的思考。

首先，正、反雙方均喜援引儒家經典為己用，以「創造性」地解釋支持自身的立場。他們動輒訴諸訓詁，以闡字義。例如：陳煥章取《中庸》的「修道之謂教」以證成「孔教」；【三】陳獨秀卻認為「教」者，意謂「教化」，非謂「宗教」；【四】蔡元培進而質疑「孔教」殊不成名詞。【五】雙方於字義各遂己意，針鋒相對，最終只供出了一個道理：闡釋字義並無法解決概念的衝突。

究其實，經典或字義的爭執僅是表象，真正的底蘊卻是雙方皆執「基督教」作為宗教的基型，以此裁度儒教。所不同的是，他們深受致用觀念的影響，因此對基督教在西方歷史不同的評價，直接左右了他們以儒教作為宗教的立場。以康氏為例，他認為歐美所以強盛，不徒在政治與物質方面，更根本的是基督教的教化。【六】相反地，梁啟超、陳獨秀諸

【一】Wing-tsit Chan, *Religious Trends in Modern China*（New York: Columbia University Press, 1953）, p. 13。晚近對立孔教為國教，其他宗教的態度較詳細的討論，可參閱韓華，《民初孔教會與國教運動研究》（北京：北京圖書館出版社，二〇〇七年）。

【二】試比較林國平，《林兆恩與三一教》（福州：福建人民出版社，一九九二年）；與王汎森，〈道咸年間民間性儒家學派：太谷學派研究的回顧〉，《新史學》第五卷第四期（一九九四年十二月），頁一四一—一六二，及王汎森，〈明末清初儒學的宗教化：以許三禮的告天之學為例〉，《新史學》第九卷第二期（一九九八年六月），頁八九—一二三。

【三】陳煥章，《孔教論》，頁二—三、頁九三。

【四】陳獨秀，〈駁康有為致總統總理書〉（一九一六年十月一日），在《獨秀文存》，卷一，頁六九。

【五】蔡元培，〈在信教自由會之演說〉（一九一六年十二月二十六日），頁二九九。蔡氏甚至說「國教亦不成名詞」。

【六】康有為，〈孔教會序二〉（一九一二年十月七日），《康有為政論集》，下冊，卷三，頁七三五—七三六。

人卻認為基督教在近代文明乃屬陳舊勢力，亟需加以革除。【一】

一九二八年三月，蔡元培以國民政府大學院院長的身分，頒發了「廢止春秋祀孔舊典令」，其所據理由係：

查我國舊制，每屆春秋上丁，例有祀孔之舉。孔子生於周代，布衣講學，其人格學問，自為後世所推崇。惟因尊王忠君一點，歷代專制帝王，資為師表，祀以太牢，用以牢籠士子，實與現代思想自由原則，及本黨主義，大相悖謬。若不亟行廢止，何足以昭示國民。為此令仰該廳、校、局長，轉飭所屬，著將春秋祀孔舊典，一律廢止，勿違。【二】

這無疑是施予孔教復振運動的致命一擊。官方所支持的祭孔活動，算是暫告終止了，也為此一論爭，畫上句點。【三】

四、餘論：形消魂散的儒教——知識化的儒學及其殘存的宗教性

一九二六年，顧頡剛在廈門大學的演講中，說道：

【一】梁啟超，〈保教非所以尊孔論〉（一九〇五年），頁五三；陳獨秀，〈駁康有為致總統總理書〉（一九一六年十月一日），頁六九—七〇。

【二】這道訓令的全名是「民國十七年二月十八日大學院訓令第一六九號：令各大學各省教育廳及各特別市教育局，為廢止春秋祀孔舊典由」，見《大學院公報》第一卷第三期（一九二八年三月出版），頁二二。感謝華東師範大學龐毅同學二〇一四年的學期報告〈民初祭孔的現代困境：以湖南長沙為例（一九一二—一九二七）〉，讓我注意到蔡元培停止春秋上丁日祀孔典禮一事。

【三】一九二八年十月，國民政府改以孔子誕辰定為紀念日，但性質已與傳統釋奠禮迥然不同，亦未舉行祀典。後俟國民政府撤退至臺灣，官方始於一九六八年明定各級政府設有孔廟者，每年應在九月二十八日孔子誕辰紀念日舉行釋奠典禮，恢復以古禮祭孔至今。參見「國民政府指令第一〇八三號」，在《國民政府公報》第九八期（一九二八年十月），頁三五；「先師孔子誕辰紀念辦法」、「國民政府訓令第五〇二號」，在《國民政府公報》第一四九六號（一九三四年七月），頁六—七；以及「大成至聖先師孔子誕辰紀念辦法」，在《總統府公報》第一九九四號（一九六八年九月），頁四。此一階段包括官方所謂的孔子，蓋屬除魅化後的孔子了。

春秋時的孔子是君子，戰國的孔子是聖人，西漢時的孔子是教主，東漢後的孔子又成了聖人，到現在又快要成君子了。孔子成為君子並不是薄待他，這是他的真相，這是他自己願意做的。我們要崇拜的，要紀念的，是這個真相的孔子！【一】

可悲的是，傅斯年（一八九六——一九五〇年）卻落井下石，評道：

孔子不見得純粹的這麼一個君子，大約只是半個君子而半個另是別的。【二】

而魯迅則見證：

中國的一般的民眾，尤其是所謂愚民，雖稱孔子為聖人，卻不覺得他是聖人；對於他，是恭謹的，卻不親密。但我想，能像中國的愚民那樣，懂得孔夫子的，恐怕世界上是再也沒有的了。【三】

其實，這都是經過「除魅」（disenchantment）以後孔子的意象；迄此，儒教的去宗教化大體算是完成了。

是故，陳榮捷（一九〇一——一九九四年）在一九五三年回顧近代中國的宗教趨勢，方才得以下筆：「迄今日，中國人幾乎毫無異辭地否定儒教（Confucianism）為宗教。」【四】但未經幾何，一種新的論述逐次浮現。社會學家楊慶堃（一九一一——一九九九年）提出一個觀點：與其從有神論（theistic sense）來否定儒教或儒家（Confucianism）為完整（備）的宗教（a full-fledged religion），毋寧視儒家為社會政治學說，而具有宗教特質（religious

【一】顧頡剛，〈春秋時的孔子和漢代的孔子〉（一九二六年十月三日），在《古史辨》第二冊，頁一三九。

【二】傅斯年，〈評「春秋時的孔子和漢代的孔子」〉（一九二六年十二月七日），收入《古史辨》第二冊，頁一四〇。傅氏還說：「滿清升孔子為大祀而滿清亡，袁世凱祀孔而袁世凱斃。」祀孔全然遭傅氏污名化。見傅斯年，〈論學校讀經〉（一九三五年四月七日），收入《傅斯年全集》（臺北：聯經出版事業公司，一九八〇年），第六冊，頁五二。

【三】魯迅，〈在現代中國的孔夫子〉（一九三五年四月二十九日），頁一〇五。

【四】Wing-tsit Chan, *Religious Trends in Modern China*, p.16.

quality）較佳。【一】楊氏係功能論者，他著眼的是儒教在傳統中國的社會、政治與教化的功能。說穿了，這只不過是梁漱溟所說「凡宗教效用，他（儒家）無不具有，而一般宗教荒謬不通種種毛病，他都沒有」的社會學翻版。【二】這種形神俱離的看法，主導了之後眾人對儒家的認識。尤其在人文方面，更為明顯。

梁漱溟又說：「『儒教』或『孔教』之名，自不宜用。我一向只說『周孔教化』，以免混淆。」【三】「儒教」一詞因染有濃郁的宗教味，漸漸從今人的言說退位，取而代之，則是「儒家」與「儒學」。【四】尤其傳統的儒教與西方現行的宗教定義格格不入，【五】今人至多稱「儒家」具有「宗教性」（religiousness 或 religiosity），而非「宗教」。舉其例：宗教史家牟鍾鑑（一九三九—）就說：「我們只能說儒學具有宗教性，不能說儒學就是宗教。」【六】另方面，當下的西方漢學則改以"spirituality"（精神性）來指涉儒教的宗教層面，而儘可避免先入為主的"religion"（宗教）一詞。【七】但儒家猶受魂魄失散之譏。

概言之，「宗教性」的說辭較早見諸一九五八年，牟宗三（一九〇九—一九九五年）、徐復觀（一九〇四—一九八二年）、張君勱（一八八七—一九六九年）、唐君毅（一九〇九—一九七八年）所合撰的〈為中國文化敬告世界人士宣言〉，【八】此四位均屬第二代的新儒家。稍後牟宗三復在〈作為宗教的儒教〉的講詞加以發揮，他歸結道：

宗教可自兩方面看：一曰事，二曰理。自事方面看，儒教不是普通所謂宗教，因

【一】C. K. Yang, *Religion in Chinese Society: A Study of Contemporary Social Functions of Religion and Some of Their Historical Factors*（Berkeley, Los Angles, and London: University of California Press, 1961）, p. 26.

【二】梁漱溟，《東西文化及其哲學》，第四章，頁一四二。

【三】梁漱溟，〈儒佛異同論之三〉（一九六六年），收入氏著，《東方學術概觀》（香港：中華書局據巴蜀書社一九八六年版排印，一九八八年），頁二九。

【四】比較鍾肇鵬，〈以儒學代宗教〉，收入王中江、高秀昌編，《馮友蘭學記》（北京：三聯書店，一九九五年），頁八二—九〇。

【五】西方宗教的定義常囿於超越的人格神、教會組織的概念，這方面儒教較不突顯。

【六】牟鍾鑑，〈關於中國宗教史的若干思考〉，在氏著，《中國宗教與文化》（臺北：唐山出版社，一九九五年），頁一三九。

【七】豈不見兩鉅冊的論文集《儒家的精神性》。Tu Weiming and Mary Evelyn Tucker eds., *Confucian Spirituality*（New York: Crossroad Publishing, 2003）。

【八】牟宗三、徐復觀、張君勱、唐君毅合撰，〈為中國文化敬告世界人士宣言〉，原載《民主評論》及《再生》兩雜誌之一九五八年元旦號同時發行，轉載於《黃花崗歷史文化季刊》，總第九期至第十一期（二〇〇四年第二期至第四期；分別於五月、八月及十一日於美國紐約發行），分別是頁八五—九一、頁一〇六—一一六、頁七二—八三。尤其參見總第一〇期，頁一〇七—一一二，「五、中國文化中之倫理道德與宗教精神」以及「六、中國心性之學的意義」。

它不具備普通宗教的儀式，它將宗教儀式轉化而為日常生活軌道中之禮樂；但自理方面看，它有高度的宗教性，而且是極圓成的宗教精神，它是全部以道德意識道德實踐貫注於其中的宗教意識宗教精神，因為它的重點是落在如何體現天道上。【一】

上述的言辭可分兩部分來解說，「自事方面」來看，無異就是社會學所言的「擴散型宗教」(diffused religion) 的現象，【二】也就是康有為、陳煥章習稱的「人道之教」。【三】而「自理方面」來看，即是後來新儒家所津津樂道的「既內在又超越」的宗教性了。

牟氏甚至有「道德宗教」、「人文教」之說。【四】第三代的新儒家杜維明（一九四〇—）便推衍其義，謂儒學的宗教性是從「終極的自我轉化」出發的，【五】由此體現內在超越的精神，以臻「天人合一」的最高境界。

令人掛心的是，儒教迄今只存殘餘的宗教性及其危微精一的儒學。過度知識化、學院化的儒學，是否會重蹈傳統儒教的覆轍，變得曲高和寡，與實際社會兩不相涉？這方面余英時師的觀察極為敏銳：以心性論為內核的（新）儒家之「道」，得之極難，而失之極易。【六】循此，新儒家的「宗教性」甚易淪為「菁英文化」，僅為少數人所理解，而未能起信大眾。

【一】牟宗三，《中國哲學的特質》（收入《牟宗三先生全集》第二八冊；臺北：聯合報系文化基金會，二〇〇三年），第十二講「作為宗教的儒教」（一九六〇年），頁一〇七。引文最後一句倒數第六暨第七字的「如何」兩字，該文原作「如可」，當是誤植。

【二】C. K. Yang, *Religion in Chinese Society: A Study of Contemporary Social Functions of Religion and Some of Their Historical Factors*, chs. X & XII。依楊慶堃的觀點：所謂「擴散型宗教」乃宗教的思想與制度滲透或拓展至世俗的社會組織，而無獨立的存在。楊氏的見解甚有見地，唯獨無法涵蓋作為儒教聖域的孔廟。

【三】以「人道之教」標舉「孔教」作為宗教的特色，散見康氏的著述，不勝枚舉，姑以康有為的〈中華救國論〉（一九一二年六月）為例，頁六九九—七三一。另，陳煥章，《孔教論》，頁一—四。

【四】參見牟宗三，〈人文主義的基本精神〉（一九五三年），《道德的理想主義》（收入《牟宗三先生全集》第九冊），頁一九五—二〇三；〈孔子與「人文教」〉（一九五七年），《時代與感受續編》（收入《牟宗三先生全集》第二十四冊），頁一四三—一四六。牟氏復引唐君毅為同調。

【五】杜維明著，段德智譯，林同奇校，《論儒學的宗教性：對《中庸》的現代詮釋》（武漢：武漢大學出版社，一九九九年），頁一三六。

【六】余英時，〈錢穆與新儒家〉，氏著，《猶記風吹水上鱗：錢穆與現代中國學術》（臺北：三民書局，一九九一年），頁七〇—八九。

況且，新儒家猶陷於經義闡釋的窠臼，徒恃「創造性」的衍義，證成己說，【一】頗有「智識化約論」（intellectual reductionism）之虞。【二】此一取徑明顯欠缺人類學的面相，不但難以涵蓋，甚且無法關照以信仰者為主體的言思行為。

要之，「孔教何以非宗教而似宗教」，【三】這個議題不斷困擾著近代中國的知識分子。清朝的潰亡代表中華帝國體制的崩解，而鑲嵌其中的祭孔祀典驟然如似失根的蘭花，四處飄泊，形神俱散；何況作為傳統社會支柱的儒家禮教，更遭受全面的抨擊。禮崩樂壞之後，梁漱溟說的得當：「禮樂是孔教惟一重要的作法，禮樂一亡，就沒有孔教了。」【四】既無外顯的形體（禮），毋怪後起的新儒家只得高揚「心性之學」，往「仁」的超越層面尋求內在心靈的寄託，以致當代新儒家只敢高談危微精一的「仁」，而不敢奢言文質彬彬的「禮」；豈非忘記孔子所謂「仁」，需「克己」、「復禮」互濟，方能一日天下歸仁。【五】換言之，徒有精神層面的「宗教性」，而無有踐行的「宗教之體」（若：儀式、組織等），儒教難免成為無所掛搭的遊魂，與現實社會兩不相涉。

從比較宗教的觀點，西方的宗教改革（Reformation）俾便新教得以摒棄繁瑣的儀式（ritual），令宗教立基於個人的信仰上面，而啟蒙運動以降不斷的世俗化（secularization），尤使「宗教」的概念由「公領域」（public sphere）往「私人信仰」（private belief）推移。【六】

於此，處於禮崩樂壞的新儒家差可比擬。但析言之，儒家或儒教是否為宗教，與其說是哲學的問題，毋寧說是歷史的問題。不同階段的儒家與異時異地所衍生的宗教的概念，在在影響了這個提問的答案。換言之，這個判斷乃因時因地因人而異，而無有超越時空的恆定答案。

【一】舉其例：杜維明，《論儒學的宗教性：對《中庸》的現代詮釋》。英文原著係：Tu Weiming, *Centrality and Commonality: An Essay on Confucian Religiousness*（Albany, New York: State University of New York Press, 1989, revised edition）。初版為 1976 年。

【二】宗教學上，謂將「信仰」（belief）化約為「智識」（knowledge）。

【三】梁漱溟，《東西文化及其哲學》，第四章，頁九〇。

【四】同上書，頁一四〇—一四一。

【五】語出《論語・顏淵》。參見朱熹，《論語集注》（收入氏著，《四書章句集注》；北京：中華書局，一九八三年），卷六，「顏淵第十二」，頁一三一：「顏淵問仁。子曰：『克己復禮為仁。一日克己復禮，天下歸仁焉。為仁由己，而由人乎哉？』」

【六】Talal Asad, *Genealogies of Religion: Discipline and Reasons of Power in Christianity and Islam*（Baltimore and London: Johns Hopkins University Press, 1993）, chs. 1 & 2.

研究儒教的反思*

曾經有個故事：有位醉漢在別處掉了家裏的鑰匙，卻老是在街燈之下，尋尋覓覓，一無所獲；別人好奇問他為何不去他處尋找呢？他回答說：「這裏比較亮呀！」

——Abraham Kaplan【一】

顧頡剛（一八九三——一九八〇年）在〈古史辨自序〉（一九二六年）曾記述了一件陳年往事，他說：

有友人過我，見案頭文廟典禮之書，叱嗟曰：「烏用此，是與人生無關係者，而前代學者斤斤然奉之以為大寶，不可解甚也！」予謂不然。【二】

文中，顧氏雖未詳細交代他何以有如此的判斷，但他的回應實得我心之同然。

個人研究儒教，因偶閱清人所撰的《文廟祀典考》，【三】而取儒教的聖域（holy ground）——孔廟（文廟）作為著眼點。此一進路聚焦神聖空間（sacred space）與信仰者的互動，而具有人類學的面相，卻和前賢擷取教義（doctrines）與經典文本作為探索的重心，略有出入。純粹概念的討論，易流於淩空立論，而不符歷史的實情。尤其與其他歷史宗教比較，作為儒教聖典的《論語》，其宗教性顯得有些迂迴而力有未逮。

簡之，迥異於以經典教義為依據的宗教，[四]儒教卻自闢蹊徑，以祭祀儀式空間突顯了它的宗教特質。權且擱此不論，一般探討宗教的進路，不外涂爾幹（Émile Durkheim, 1858-1917）或韋伯（Max Weber, 1864-1920）兩種方式。[五]他們二位均是標竿性的學者，不僅在宗教學領域取得豐碩的成果，並且具有極清晰嚴謹的方法論意識。

---

* 初刊於《東アジア文化交渉研究：東アジア文化交渉學の新しい展望》（大阪：関西大學文化交涉學教育研究拠點，二〇一二年），別冊八（二〇一二年二月），頁二七—四〇；復收入《從理學到倫理學：清末民初道德意識的轉化》（北京：中華書局，二〇一四年），頁二〇七—二三五。

【一】Abraham Kaplan, *The Conduct of Inquiry: Methodology for Behavioral Science*（San Francisco: Chandler Publishing Company, 1964）, p. 11.

【二】顧頡剛，《古史辨》（臺北：明倫出版社據樸社一九二六年初版影印，一九七〇年），第一冊，〈自序〉，頁三一。

【三】龐鍾璐，《文廟祀典考》（臺北：中國禮樂學會據光緒四年刊本影印，一九七七年）。

【四】例如《聖經》（the Bible）之於基督教，《可蘭經》（the Koran）之於回教，《吠陀》（the Vedas）之於印度教。

【五】參見 Bryan S. Turner, *Religion and Social Theory*（London: Sage Publications, 1991）, pp. 15-16。

涂爾幹明白，傳統以西方基督教為範式所下的定義，在研究其他社會的宗教有所缺陷，因此他不斷予以修訂；另一方面他卻堅持宗教的探討，必須以清晰的界義作為前提。涂爾幹研究澳洲土著的宗教時，即是遵循此一進路，【一】否則便可能搞混了研究的對象，以致前功盡棄。又，宗教心理學家詹姆士（William James, 1842-1920）固然對執一不變的宗教定義感到不滿，認為：

「宗教」（religion）一詞，與其代表任何單一的原則（principle）或本質（essence），毋寧是一集合的名稱。【二】

但他的研究策略卻是與涂爾幹站在同一陣線。【三】

相對地，韋伯的取徑截然有異。他不認為在研究的開端，便能知曉宗教的定義；相反的，唯有在研究完成之際，宗教的定義方能顯現。甚至，韋伯認為宗教的本質並不是我們所關切，最重要的，乃探討某種社會行為的條件和效果。這誠然與他注重個人宗教行為的意義攸關。對韋伯而言，受宗教因素所激發最基本的行為模式，係面對「此世」（this world）的。【四】

約言之，韋伯對「定義」的認知，其實與他的方法論的觀點息息相關。他主張：

> 方法論只能幫助我們把研究中證明具有價值的方法，從思考的瞭解提升至明顯的意識層面。它並非有效的智力工作的先決條件，就如解剖知識不是「正確」步行的先

【一】Émile Durkheim, *The Elementary Forms of Religious Life*, trans. by Karen E. Fields（New York: The Free Press, 1995）, ch. 1.

【二】William James, *The Varieties of Religious Experience*（New York and London: Penguin Books, 1982）, p. 26.

【三】詹姆士一方面認為所有宗教定義為徒然，另方面即界定他所探討的宗教心理原於「個人宗教」（personal religion）的範疇，而非「制度性的宗教」（institutional religion）。William James, *The Varieties of Religious Experience*, pp. 27-29。類似的研究策略在晚近探討宗教現象的著作中，依舊相當普遍。例如：泰勒（Charles Taylor, *b.* 1931）於其鉅著《俗世的世紀》裏，明白知曉界定「宗教」（religion）的困難，另方面，則權挪「超越／內涵」（transcendent/ immanent）的分辨，以剖析其所擬定的議題。Charles Taylor, *A Secular Age*（Cambridge, Massachusetts.: Belknap Press of Harvard University Press, 2007）, p.15。

【四】Max Weber, *The Sociology of Religion*, trans. by Ephraim Fischoff（Boston: Beacon Press, 1964）, p.1.

決條件一樣。【一】「定義」即歸屬方法的先行步驟。基本上，韋伯認為科學的建立與方法的拓展，端賴實質問題（substantial problems）的解決，而非依靠知識論或方法論的省思。韋伯的進路傾向歷史的探索，在方法上採且戰且走的策略。【二】晚近的人類學家亦傾向拒斥有所謂普世性的宗教定義，蓋宗教定義的質素及構成關係，均具有歷史的獨特性，況且定義本身即是論述過程的歷史產物。【三】

以上兩種典範性的研究方式，各有所長。而我自己過去的研究取徑較接近韋伯，其實卻是受維根斯坦（Ludwig Wittgenstein, 1889-1951）晚期哲學的啟發。【四】維根斯坦以「家族類似性」（family resemblance）的概念，取代「本質性定義」（essentialism），令我茅塞頓開，眼界煥然一新，不止跳脫蔽固定義的無謂糾纏，【五】並且得以直搗問題的核心，逕探儒教的宗教性格。【六】

維根斯坦的「家族類似性」，精神上係與尼采（Friedrich Wilhelm Nietzsche, 1844-1900）相契。【七】尼采反覆闡釋：歷史過程的複雜性令抽離時空的定義難以捉摸，他明言：「惟有非歷史的概念（concepts），方得予以定義。」【八】而「宗教」一詞恰恰是歷史文化的

【一】Max Weber, *The Methodology of the Social Sciences*, trans. & ed. by Edward A. Shils and Henry A. Finch（Taipei: Rainbow-Bridge Book Company., 1971）, p. 115.

【二】同上書，頁一一六。

【三】Talal Asad, *Genealogies of Religion: Discipline and Reasons of Power in Christianity and Islam*（Baltimore and London: Johns Hopkins University Press, 1993）, p. 29.

【四】Ludwig Wittgenstein, *Philosophical Investigations*, trans. by G. E. M. Anscombe（New York: Macmillan Publishing Company., 1968）, p. 32.

【五】例如〈作為宗教的儒教：一個比較宗教的初步探討〉乙文。初載《亞洲研究》（香港），第二十三期（一九九七年），頁一八四—二二三；後收入拙著《聖賢與聖徒：歷史與宗教論文集》（北京：北京大學出版社，二〇〇五年），頁一一七—一四三。另收入游子安編，《中國宗教信仰——中國文化中心講座系列》（香港：香港城市大學，二〇〇六年）；以及陳明編，《儒教新論》（貴陽：貴州人民出版社，二〇一〇年），頁四三—六三。日譯本〈宗教としての儒教——比較宗教による初步的檢討〉，收入奧崎裕司、石漢椿編，《宗教としての儒教》（東京：汲古書院，二〇一一年），頁七四—一一〇。

【六】例如〈聖賢與聖徒〉乙文。初載於《中央研究院歷史語言研究所集刊》，七一本三分（二〇〇〇年九月），頁五〇九—五六一；後收入拙著，《聖賢與聖徒：歷史與宗教論文集》（北京：北京大學出版社，二〇〇五年），頁一四四—二〇四。

【七】參見 Aydan Turanli, "Nietzsche and the Later Wittgenstein: An Offense to the Quest for Another World," *The Journal of Nietzsche Studies*, Issue 26（Autumn 2003）, pp. 55-63。

【八】Friedrich Nietzsche, *On the Genealogy of Morals*, trans. by Walter Kaufmann and R. J. Hollingdale（New York: Vintage Books, 1967）, p. 80.

產物。

在十九世紀的西方，攸關「宗教」（religion）一辭，觀念論者（idealists）業已玩盡了「字源學的把戲」（etymological tricks）；但在古老的中國，卻猶不能忘情於這齣戲法。【一】在中國，毋論支持或反對「儒教為宗教」的人，與其說尋找歷史真正的根源，毋寧說在浩瀚的經典裏各取所需，證成己說。

首先，正、反雙方均喜援引儒家經典為己用，以主觀性（美其稱則謂「創造性」）的解釋支持自身的立場。他們動輒訴諸訓詁，以闡字義。例如：陳煥章（一八八〇—一九三三年）取《中庸》的「修道之謂教」以證成「孔教」；【二】陳獨秀（一八七九—一九四二年）卻認為「教」者，意謂「教化」，非謂「宗教」；【三】蔡元培（一八六七—一九四〇年）進而質疑「孔教」殊不成名詞。【四】雙方於字義各遂己意，針鋒相對，最終只供出了一個道理：闡釋字義並無法解決概念的衝突。

究其實，經典或字義的爭執僅是表象，真正的底蘊卻是雙方皆執「基督教」作為宗教的基型，以此裁度儒教。所不同的是，他們深受致用觀念的影響，因此對基督教在西方歷史的不同評價，直接左右了他們以儒教作為宗教的立場。以康有為（一八五八—一九二七年）為例，他認為歐美所以強盛，不徒在政治與物質方面，更根本的是基督教的教化。【五】

相反地，梁啟超（一八七三—一九二九年）、陳獨秀諸人卻認為基督教在近代文明乃屬陳舊勢力，亟需加以革除。【六】

梁氏以《論語》曾記載孔子曰「未能事人，焉能事鬼」、「未知生，焉知死」以及「子

【一】例如：唯物論者恩格思（Engels）對觀念論者費爾巴哈（Feurbach）的批評。參見 Frederick Engels, *Ludwig Feurbach and the End of Classical German Philosophy*（London, GBR: ElecBook, 1886）, pp. 32-33。

【二】陳煥章，《孔教論》（收入《民國叢書》第四編第二冊；上海：上海書店據孔教會一九一三年版影印，一九九二年），頁二—三及頁九三。

【三】陳獨秀，〈駁康有為致總統總理書〉（一九一六年十月一日），在《獨秀文存》（合肥：安徽人民出版社據一九二二年上海亞東圖書館本重版，一九八七年），卷一，頁六九。

【四】蔡元培，〈在信教自由會之演說〉（一九一七年一月，北京），收入孫常煒編，《蔡元培先生全集》（臺北：臺灣商務印書館，一九七七年），頁七二四—七二五。蔡氏甚至說「宗教」亦不成一名詞。

【五】康有為，〈孔教會序二〉（一九一二年十月七日），收入湯志鈞編，《康有為政論集》（北京：中華書局，一九八一年），下冊，卷三，頁七三五—七三六。

【六】梁啟超，〈保教非所以尊孔論〉（一九〇二），在「文集之九」（《飲冰室文集》第二冊；臺北：臺灣中華書局，一九六〇年），頁五三；陳獨秀，〈駁康有為致總統總理書〉（一九一六年十月一日），頁六九—七〇。

不語，怪力亂神」，遂定位孔子為「哲學家、經世家、教育家」而非「宗教家」。【一】而此一論點遂成此後儒教非宗教的基調。他又說「西人常以孔子與梭格拉底並稱，而不以之與釋迦、耶穌、摩訶末並稱，誠得其真」。【二】梁氏等的看法，適見證孔子意象的蛻化，正逐步邁向其師——康有為所極力撻伐的「謬論」：

> 近人（遂）妄稱孔子為哲學、政治、教育家，妄言誕稱，皆緣是起，遂令中國誕育大教主而失之。【三】

惟觀諸日後的發展，梁氏的說詞「孔教者，教育之教，非宗教之教」，【四】反而佔了絕對的優勢。

要言之，梁氏不意啟動了清末民初「儒教去宗教化」的按鈕，從此「儒教非宗教之說」一發不可收拾，成為日後的主流論述；而今日絕大多數華人並不認同「儒教為宗教」，便是此一趨勢的結果。【五】

概言之，清末以降的智識界，之所以視「儒教非為宗教」，原因大致有三：其一，遵循「界義式的進路」（definitional approach），取當時的基督教作為一切宗教的基型

(archetype)，以衡量儒教的宗教屬性。[六]必須點出的，基督教在歷史上自有不同的樣態；[七]而清末民初中國對基督教的認識，主要是傳教士所引進的。該時各個基督教派毋寧以個人靈魂的救贖為主旨，而呈現私人宗教（private religion）的特徵。此一特徵與該

【一】梁啟超，〈保教非所以尊孔論〉（一九〇二），頁五二。

【二】同上注。

【三】康有為，〈請尊孔聖為國教立教部教會以孔子紀年而廢淫祀摺〉（一八九八年六月十九日），收入湯志鈞編，《康有為政論集》，上冊，卷一，頁二八二。

【四】梁啟超，〈論佛教與群治的關係〉（一九〇二），在「文集之十」（《飲冰室文集》第二冊），頁四五。

【五】詳細的論證，請參閱拙作，〈清末民初儒教的去宗教化〉，初刊於《古今論衡》第二三期（二〇一一年六月），頁三三—六〇；又收入香港中大哲學系中國哲學與文化研究中心，劉笑敢主編，《中國哲學與文化》（桂林：漓江出版社，二〇一二年），第一〇輯（二〇一二年九月）「儒學：學術，信仰和修養」專輯，頁一七七—二〇二；復收入《從理學到倫理學：清末民初道德意識的轉化》，頁二三六—二八一。

【六】請參閱拙作，〈作為宗教的儒教：一個比較宗教的初步探討〉。

【七】基督教在歷史上有繁複的面貌。簡略的基督教發展史可參閱 Jaroslav Pelican, “Christianity,” in Mircea Eliade ed., *The Encyclopedia of Religion*（New York: Simon & Schuster Macmillan, 1995）, vol. 3, pp. 348-362。

時「追尋一己之福」的釋、道二教相契，卻與儒教在帝制中國所顯現公共宗教（public religion）的形態格格不入。這且說明了儒教的宗教性，在清末屢屢受到質疑，然而釋、道二教的宗教地位卻安然如故。

其二，清末民初的知識分子，陷於「教義」的論辯，而忽略了帝制時期（Imperial China）儒教所曾發揮的宗教角色與功能。【一】前述，梁啟超即擷取《論語》，反證儒家非為宗教。究其實，經典的詮釋與「教義」的真諦，大多為菁英分子的興趣，普通的信眾則以「效益」與「靈驗」為依歸。【二】

最終，則涉及價值判斷，蓋其時「宗教」一詞已淪為貶義，希冀儒教非為宗教，或予以改造為非宗教。【三】

有幸的是，由於偶然的機緣，個人在重建歷史上孔廟祭祀制度的過程中，逐漸發現儒教的宗教現象及其獨特的性質。業已隱微的儒教宗教特質，終得再次朗現。

反諷的是，毋須繁複的論證，最便捷的方式，竟是直接尋繹傳統社會對儒教信仰的認知。例如：明人馮夢龍（一五七四—一六四六年）的《古今小說》對儒教忝列「三教」之一，便輯有一段極生動的記載：

從來混沌初判，便立下了三教：太上老君立了道教、釋迦祖師立了佛教、孔夫子立了儒教。儒教中出聖賢，佛教中出佛菩薩，道教中出神仙。那三教中，儒教忒平常，佛教忒清苦，只有道教學成長生不死，變化無端，最為瀟落。【四】

上段引文一望即知，作者於道教別有偏愛；但無意中道出三教雖有不同，但儒教的成德者——「聖賢」，與釋教的「佛菩薩」、道教的「神仙」卻均為信仰的典範（exemplars）。這些聖者咸得從祀立教者，其中尤以儒教的孔廟法度最為森然，其位階素為中華帝國所一

【一】請參閱拙作，〈解開孔廟祭典的符碼——兼論其宗教性〉，收入田浩編，《文化與歷史的追索——余英時教授八秩壽慶論文集》（臺北：聯經出版公司，二〇〇九年），頁五三五—五五八。日譯本：〈伝统中国における孔子廟の祭典とその宗教性〉（林雅清訳），收入《東アジアの儀礼と宗教》（東京：雄松堂出版，二〇〇八年），頁一三九—一六五。

【二】撰諸事實，世上的芸芸眾生有多少人是研讀了宗教經典（例如：佛藏、道藏的文本）之後，才去參拜廟門的？答案恐甚少。這只要在古刹名寺門前，攔住信眾一問究竟，則知不無根據。

【三】請參閱拙作，〈清末民初儒教的去宗教化〉。

【四】馮夢龍輯，《古今小說》（收入《古本小說叢刊》第三十一輯第一—四冊；北京：中華書局，一九九〇年），卷十三，〈張道陵七試趙昇〉，頁一 a（總頁五五三）。

體奉行。【一】

民初陳煥章說得肯綮：「凡宗教必有教堂。」【二】惟他又汲汲辯道：「不能謂惟佛寺、道院、清真寺、福音堂等始可謂之教堂，而夫子之廟堂，獨不可謂之教堂。」【三】他歸結：「孔教之教堂，則學校是矣，或曰文廟、或曰聖廟、或曰學宮。」【四】陳氏之有是言，著眼正是傳統的「廟學制」，孔廟與學校連結一體，有學必有廟。而「孔廟」正是儒教的教堂，儒教的聖地。【五】

其實不勞陳氏多費口舌，傳統的士人對此自有定論。舉其例：明弘治二年（一四八九年）所撰的〈重建清真寺記〉便明確表達此一觀點。它如是記載：

愚惟三教，各有殿宇，尊崇其主。在儒則有「大成殿」，尊崇孔子。在釋則有「聖容殿」，尊崇尼牟（照原碑）。在道則有「玉皇殿」，尊崇三清。在清真，則有「一賜樂業殿」，尊崇皇天。【六】

惟需注意的，此處言及的「清真寺」並非伊斯蘭教（Islam）的聚會所，乃意指猶太會堂（synagogue）。【七】觀此，雖然四教屬性有別，但儒教的孔廟同其他宗教的聖域（holy

【一】請參見拙作，〈學術與信仰：論孔廟從祀制與儒家道統意識〉，初載《新史學》，五卷二期（一九九四年六月），頁一—八二。後收入《優入聖域：權力、信仰與正當性》（北京：中華書局，二〇一〇年），頁一八五—二六〇。

【二】陳煥章，《孔教論》，頁二七。

【三】同上注。

【四】同上注。

【五】關於孔廟與學校環環相扣的歷史演進，請參閱拙作，〈權力與信仰：孔廟祭祀制度的形成〉，初載《大陸雜誌》，第八六卷第五期（一九九三年五月），頁八—三四，後收入《優入聖域：權力、信仰與正當性》，允晨版頁二〇一—二〇三，中華版頁一七一—一七二。陳煥章以「孔林」為儒教的「聖地」，其實「孔廟」亦是「聖地」，特為點出。民初一位中國通莊士敦（Reginald F. Johnston, 1874-1938）雖認為儒學非宗教，但見到國家祭孔典禮時，卻很難不將這看作與基督教相對應的異教的儀式和教堂。Reginald F. Johnston, *Confucianism and Modern China: The Lewis Fry Memorial Lectures 1934-35, Delivered at Bristol University*（New York: D. Appleton-Century Company, 1935）, p.77。中譯本：莊士敦著，潘崇和崔萌譯，《儒學與近代中國》（天津：天津人民出版社，二〇一〇年），頁六〇。

【六】轉引自：陳垣，〈開封一賜樂業教考〉，收入吳澤主編，《陳垣史學論著選》（上海：上海人民出版社，一九八一年），頁六七—六八。另見：徐珂，《清稗類鈔》（臺北：臺灣商務印書館，一九六六年），第十五冊宗教類（稗三七），「青回回教」，頁四〇。

【七】楊永昌，〈中國清真寺名稱的由來及其沿革〉，在氏著，《漫談清真寺》（銀川：寧夏人民出版社，一九八一年），頁一。陳垣，〈開封一賜樂業教考〉，頁七七：「一賜樂業，或翻以色列，猶太民族也。」

ground）竟毫無軒輊。

不但如此，儒教甚至可與基督教及回教並駕齊驅。以元憲宗（蒙哥汗）與道士的對話為例，他說：

> 今先生言道門最高，秀才人言儒門第一；迭屑人奉彌失訶，言得生天；達失蠻叫空，謝天賜與；細思根本皆難與佛齊。【一】

以上引言牽連甚廣，有細繹之必要。首先，「先生」即道士的尊稱，「秀才」望文即知為儒生。「迭屑」與「彌失訶」均為外語音譯，意指基督徒與耶穌。「達失蠻」乃元代對伊斯蘭教教士的通稱。【二】此二引言顯然旨在宣示憲宗以釋教為依歸。但從我們關注的脈絡，卻看出儒教可與其他宗教並排齊觀的事實。這種認知，下抵清代末葉猶未曾改變。有位自號「浮邱士」的讀書人便言：

> 三代而上其教一，周秦以降其教三，暨乎今也其教五。所謂其教一，儒教是已。所謂其教三，儒教而外，贅以道教、釋教是已。所謂其教五，三教而外，贅以天主

教、回回教是已。【三】

顯見在帝制中國，儒教係與他教尚屬同一範疇，直迄晚清，此一態勢方始不保。

職是之故，一旦我們稍加瀏覽歷代殘存的孔廟碑文、地方志，以及大量私人文集中所錄的「學記」、「廟學記」、「祭孔文」，甚或地方官循例所撰的「告先聖文」、「告先師文」等等文類，則信仰者或祭祀者心目中的「儒教」的宗教意象，立即躍然紙上。這些為數眾

【一】（元）祥邁，《辯偽錄》，卷三；在《大正新修大藏經》（臺北：新文豐出版公司，一九八三年），第五二冊，頁七七〇c。

【二】參見蔡美彪主編，中國歷史大辭典遼夏金元史卷編纂委員會編，《中國歷史大辭典．遼夏金元史卷》（上海：上海辭書出版社，一九八六年），頁三一四「迭屑」條；頁三三四「彌失訶」條；與頁四七八「答失蠻」條。又，「達失蠻」一作「答失蠻」。

【三】湯鵬，《浮邱子》（長沙：岳麓書社，一九八七年），卷十一，〈原教上〉，頁三三七。

多的文本，在在曉示儒教的宗教性質乃屬官方的公共宗教（public religion），【一】換言之，也就是一般通稱的「國家宗教」（state religion），而非今人較為熟稔的「私人宗教」（private religion）。

以下，則略為揀擇若干文本，以佐證上述斷言。

孔廟或孔子廟，顧名思義，係祭祀孔子以及歷代傑出的先賢、先儒的儒教聖域，乃道統之所繫。清聖祖（一六五四—一七二二年）於康熙二十三年（一六八四年）進謁闕里孔廟，敬題「萬世師表」，懸於大成殿內。【二】這四個大字適透露孔廟主要的信仰者，不出統治者與士人階級。

之所以致此，正是帝制時期，儒教與政治文化發展的積澱。自漢初以來，孔子從一介書生，逐漸演變成漢代政權的創制者。例如，現存最古之孔廟碑文見於「孔廟置守廟百石孔龢碑」，該碑立於東漢桓帝永興元年（一五三年），文中即明白宣示：

> 孔子大聖，即象乾坤，為漢制作。【三】

稍後，立於東漢桓帝永壽二年（一五六年）「魯相韓敕造孔廟禮器碑」亦稱道：

孔子近聖，為漢定道。【四】

更遲，立於東漢靈帝建寧二年（一六九年）的「魯相史晨祠孔廟奏銘」，也稱頌孔子「主

【一】José Casanova, "Public Religion Revisited," in Hent de Vries ed., *Religion: Beyond a Concept* (New York: Fordham University Press, 2008), pp. 101-119. 傳統的公共宗教與晚近的公共宗教有所不同，後者著眼介於「國家」與「個人」之間的社會空間。一九八〇年代，西方興起的公共宗教則請參閱：José Casanova, *Public Religions in the Modern World*（Chicago and London: University of Chicago Press, 1994）。

【二】清聖祖〈康熙二十三年（一六八四）御題萬世師表刻石〉，收入駱承烈彙編，《石頭上的儒家文獻——曲阜碑文錄》（濟南：齊魯書社，二〇〇一年），下冊，頁八〇〇。按，該書雖較為系統整理孔廟碑文，但僅止於曲阜一隅。地方上尚有為數眾多的碑文，可資參考。舉其例：韓愈的〈處州孔子廟碑〉，參見馬伯通校注，《韓昌黎文集校注》（臺北：華正書局，一九七五年），頁二八三—二八四；柳宗元的〈道州文宣王廟碑〉、〈柳州文宣王新修廟碑〉，在《柳宗元集》（臺北：漢京文化事業有限公司，一九八二年），頁一二〇—一二六。

【三】洪适，《隸釋》（北京：中華書局據洪氏晦木齋刻本影印，一九八五年），卷一，〈孔廟置守廟百石孔龢碑〉，頁一五 a—b。

【四】洪适，《隸釋》，卷一，〈魯相韓敕造孔廟禮器碑〉，頁一八 a。

為漢制，道審可行」。【一】

觀上，孔子竟然神乎其神，能為數百年後的王朝定制，可見他已儼然成為「為漢立制」的先知。此例一開，後來的王朝則爭相仿效，祭孔遂成「創業垂統、皇朝受命」的政教象徵。舉其例，魏文帝（一八七—二二六年）履位之初，即訪求孔氏聖裔，行祭孔之禮，並定調孔子「可謂命世大聖，億載之師表」。【二】

原先緣孔子能「模範百王，仁極天下」，因此「後世願治之主，莫不宗之」，【三】日後則進而演變成規範性的成規，「有國家者所當崇奉」。【四】元代的曹元用（一二六八—一三三〇年）把其中奧妙，講得極為透徹。他說：

> 孔子之教，非帝王之政不能及遠；帝王之政，非孔子之教不能善俗。教不能及遠，無損於道；政不能善俗，必危其國。【五】

「教不能及遠，無損於道」，顯然為儒生自貴之辭罷了。重要的是，曹氏道出統治者與祭孔之間互相為用的實情。

明代的創業之君——朱元璋（一三二八—一三九八年），在與孔家聖裔對話，則更露骨地表白：

你祖宗留下三綱五常，垂憲萬世的好法度，你家裏不讀書，是不守你祖先法度。【六】

【一】洪适，《隸釋》，卷一，〈魯相史晨祠孔廟奏銘〉，頁二六b。

【二】魏文帝〈黃初元年魯孔子廟碑〉，收入《石頭上的儒家文獻——曲阜碑文錄》，上冊，頁六二—六四。陳壽的《三國志》則繫於黃初二年（二二一年），參見陳壽，《三國志》（臺北：鼎文書局，一九八三年），卷二，頁七七—七八。

【三】元成宗〈大德五年（一三〇一年）重建至聖文宣王廟碑〉，收入《石頭上的儒家文獻——曲阜碑文錄》，上冊，頁二四八。

【四】元仁宗〈至大四年（一三一一年）保護顏廟禁約榜碑〉，收入《石頭上的儒家文獻——曲阜碑文錄》，上冊，頁二五八：「孔子之道，垂憲萬世，有國家者所當崇奉。」

【五】元文宗天曆二年（一三二九年）〈遣官祭闕里廟碑〉，收入（明）孔貞叢撰，《闕里志》（明萬曆三十七年刊本），卷十，頁四〇b。

【六】明太祖〈洪武元年（一三六八年）朱元璋與孔克堅孔希學對話碑〉，見《石頭上的儒家文獻——曲阜碑文錄》，上冊，頁三四九。

清代的雍正（一六七八——一七三五年）於其上諭，也坦承：

孔子之教在明倫紀、辨名分、正人心、端風俗，亦知倫紀既明，名分既辨，人心既正，風俗既端，而受其益者之尤在君上也。【一】

「在君上尤受儒教之益」，雍正無疑道出尊孔的底蘊。

蓋歷代統治集團祈求孔子「護國脈，安民生」、「文教昌明，舉國蒙慶」，屢見不鮮。【二】明成祖（一三六〇——一四二四年）即祈求孔聖道：

作我士類，世有才賢。佐我大明，於斯萬年。【三】

而元武宗（一二八一——一三一一年）在加封孔聖「大成至聖文宣王」的謚號時，尚祈孔夫子「尚資神化，祚我皇元」，【四】均是此一心態的具體表徵。而這正是傳統公共宗教的特色，而為今人所忽視。

因此，祭孔一事不止澤及孔家子孫，明武宗（一四九一——一五二一年）便敕告孔氏家人：

茲惟我國家之盛事，非獨爾一家之榮也。【五】

其實，不止於孔家的殊榮，連儒生都與有榮焉；朝廷命官咸額手稱慶：

【一】轉引自龐鍾璐，《文廟祀典考》卷一，頁十二b，雍正五年「雍正諭禮部」。

【二】明神宗〈萬曆四十七年（一六一九年）呂維琪修孔廟疏碣〉，見《石頭上的儒家文獻——曲阜碑文錄》，下冊，頁六八一。地方官甚至懷疑，「近來荒災異常，未必非文廟失修所致，修理一節，決難遲緩」。

【三】見（明）葉盛撰，魏中平點校，《水東日記》（北京：中華書局，一九八〇年），卷十九，頁一九一，「太宗文皇帝御製重修孔廟碑文」（永樂十五年九月十九日立石）。並比較明孝宗〈弘治十六年（一五〇三年）重立永樂十五年（一四一七年）御製重修孔子廟碑〉，收入《石頭上的儒家文獻——曲阜碑文錄》，上冊，頁四四三：「……作我士類，世有才賢。左我大明，於斯萬年。」又，成祖廟號原為「太宗」，至世宗嘉靖十七年方改為「成祖」。

【四】元武宗〈大德十一年（一三〇七年）加封制詔碑〉，收入《石頭上的儒家文獻——曲阜碑文錄》，上冊，頁二五〇。另，《石頭上的儒家文獻》將此事誤植為成宗所為。查元成宗於大德十一年春正月崩，大德十一年五月武宗即位，七月武宗加封「至聖文宣王」為「大成至聖文宣王」，隔年（一三〇八年）方改年號為至大。見宋濂等，《元史》（北京：中華書局，一九七六年），卷二十二，頁四八四。

【五】孔繼汾，《闕里文獻考》（清乾隆二十七年刊本），卷九，頁六下。

豈惟孔氏子孫有光，實天下儒服之士舉有光也。【一】

惟必須提示的是，並非所有統治者均對孔廟祭祀優崇有加，例如：明太祖曾一度停止天下通祀孔子；明世宗則藉孔廟「毀像」、減殺祭孔禮儀，壓制士大夫集團。【二】惟終究無法抹滅孔廟作為儒教聖域的事實。

孔廟乃「道統之所繫」，本係儒生精神的原鄉，因此晉謁孔廟遂成文人雅士朝聖之旅，特別是參訪闕里孔廟，意義尤為非凡，致有「幸遂平生願，今日獲登龍」之歎。【三】以曾為地方官的理學大儒——朱熹（一一三〇—一二〇〇年）為例，舉凡任官、辭官，均撰有「告先聖文」、「謁先聖文」、「辭先聖文」，以虔告先聖之靈，無一非以闡揚斯文為己任，使天下學者知所依歸。【四】

要之，迥異於「私人宗教」，儒教的祭孔主要為「昭一代文明之治」的集體訴求（collective appeals），【五】而非邀個人的福祉。誠如傳統對三教的分疏：儒教旨在「治世」，而佛教、道教卻在個人的「修心」與「養生」上面。【六】

同時，孔廟祭典只允許官員與儒生參加。即使下迄清代末葉，孔廟照舊是「非尋常祠宇可比，可以任人入內遊觀」。【七】

【一】元惠宗〈後至元五年（一三三九年）御賜尚醴釋奠碑〉，收入《石頭上的儒家文獻——曲阜碑文錄》，上冊，頁二九〇。

【二】請參見拙作，〈道統與治統之間：從明嘉靖九年（一五三〇年）孔廟改制論皇權與祭祀禮儀〉，初載《歷史語言研究所集刊》，第六一本第四分（一九九〇年十二月），頁九一七—九四一；後收入《優入聖域：權力，信仰與正當性》，頁一〇七—一三七。英譯本見 “The Cultural Politics of Autocracy: The Confucius Temple and Ming Despotism, 1368-1530,” trans. by Curtis Dean Smith and Thomas Wilson, *On Sacred Grounds: Culture, Society, Politics, and the Formation of the Cult of Confucius*, ed. by Thomas A. Wilson（Cambridge: Harvard University Press, 2002）, pp. 267-296。

【三】明思宗〈崇禎十三年（一六四〇年）王泆仁謁聖人詠詩碣〉第一首，「朔望謁聖廟」，收入《石頭上的儒家文獻——曲阜碑文錄》，下冊，頁七〇五。

【四】參閱陳俊民校編，《朱子文集》（臺北：財團法人德富文教基金會，二〇〇〇年），卷八十六。

【五】參見明憲宗〈成化十二年（一四七六年）褒崇先聖禮樂記碑〉，收入《石頭上的儒家文獻——曲阜碑文錄》，上冊，頁四〇九。另，《石頭上的儒家文獻》誤植此文標題為成化十年。

【六】宋孝宗謂：「以佛修心，以道養生，以儒治世。」（宋）志磐，《佛祖統紀》，卷四十七；見《大正新修大藏經》，第四九冊，頁四三〇a。

【七】見光緒廿四年四月初十日（一八九八年五月二十九日）《申報》第九〇二二號第一版〈閱報紀毀聖訛言一則率書其後〉，云：「文廟……非尋常祠宇可比，可以任人入內遊觀。」

就社會成員而言，士農工商，唯有士的階級允予參預，而具有強烈的排他性與壟斷性。是故，與一般百姓的關係，自然就相當隔閡。清初的禮學名家秦蕙田（一七〇二—一七六四年）一語點出百姓對孔子「尊而不親」的情結，【一】不啻道破此中的底蘊。清末的嚴復（一八五四—一九二一年）復見證庶民百姓「無有祈禱孔子者」，【二】他說：

今支那之婦女孺子，則天堂、地獄、菩薩、閻王之説，無不知之，而問以顏淵、子路、子游、子張為何如人，則不知矣。【三】

他又觀察道：中國之窮鄉僻壤，苟有人跡，則必有佛寺尼庵，歲時伏臘，匍匐呼籲，則必在是，而無有祈禱孔子者。【四】連當時保教甚力的康有為亦不得不坦承：「吾教自有司朔望行香，而士庶遍禮百神，乃無拜孔子者。」【五】這無疑是著眼信仰者的行為而發。

馮友蘭（一八九五—一九九〇年）在他的回憶錄《三松堂自序》，刊載了這麼一段孔廟的趣談：

有個笑話説：關帝廟、財神廟的香火很旺盛，有很多人去燒香。孔子的廟前很冷落，很少人去燒香。孔子有點牢騷。有個聰明人問孔子：你有關公的大刀嗎？孔子說：沒有。又問：你有財神爺的錢嗎？孔子說：也沒有。那個人就說：你既然沒有關公的大刀，又沒有財神爺的錢，那當然沒有人理你，你何必發牢騷呢！【六】

馮氏在登錄了這個笑話之後，復加了如是的按語：「這雖然是個笑話，但說的也是社會上

【一】秦蕙田著，盧文弨、姚鼐等手校，《五禮通考》（中壢：聖環圖書公司據味經窩初刻試本影印，一九九四年），卷一百一十七，頁一b。

【二】嚴復，〈保教餘義〉（一八九八年六月七日、八日），收入林載爵編，《嚴復文集編年（一）》（在《嚴復合集》第一冊；臺北：辜公亮文教基金會，一九九八年），頁一五七。

【三】同上注。

【四】同上注。

【五】康有為，〈兩粵廣仁善堂聖學會緣起〉（一八九七年五月十七日），收入姜義華、吳根樑等編校，《康有為全集》（上海：上海古籍出版社，一九九〇年），第二集，頁六二一。

【六】馮友蘭，《三松堂自序》（收入《三松堂全集》第一卷；鄭州：河南人民出版社，一九八五年），頁四四。

的實際情況。」【一】

然而「儒門淡薄，收拾不住」，並不止於此。在傳統民間社會，與孔廟同屬文廟系統的「梓潼廟」、「文昌廟」反而香火鼎盛，甚至達到「梓潼，則靡士而勿祀」的光景，【二】而相形之下孔廟則見冷落，此一奇特的現象殊堪留意。譬如：在帝制時代，孔夫子所傳的儒教經典原為科考最終的依據，然而考生卻是向文昌、魁星祈求功名，而非向孔子本人，其親疏於此盡見。這種情況，即使在今日的臺灣依舊如此，臺北的文昌宮每逢考試季節，七千盞光明燈不歇時銷售一空；反觀去孔廟祈求加持考運的考生，卻寥寥無幾。

其實，在太平天國起義前夕，傳播福音的梁發（一七八九—一八五五年）就指出：

（儒教）所以把文昌、魁星二像，立之為神而敬之，欲求其保庇睿智廣開、快進才能、考試聯捷高中之意。然中國之人，大率為儒教讀書者，亦必立此二像奉拜之，各人亦都求其保佑中舉、中進士、點翰林出身做官治民矣。【三】

梁啟超在清末亦供出當時的學塾：

吾粵則文昌、魁星，專席奪食，而祀孔子者殆絕矣！【四】

梁氏又感歎道：

入學之始，（文昌、魁星）奉為神明，而反於垂世立教大成至聖之孔子，薪火絕續，俎豆蕭條，生卒月日，幾無知者。【五】

孔聖誕辰向來官民殊少措意，原是歷史的事實。遲迄雍正五年（一七二七年），孔子誕辰

【一】馮友蘭，《三松堂自序》（收入《三松堂全集》第一卷；鄭州：河南人民出版社，一九八五年），頁四四四。
【二】陳確，《陳確集》（臺北：燕京文化出版公司，一九八四年），卷七，〈聖廟議〉，頁一九〇。
【三】梁發，《勸世良言》（臺北：臺灣學生書局影印美國哈佛大學藏本，一九六五年），卷一，〈論世人迷惑於各神佛菩薩之類〉，頁五 a—五 b。
【四】梁啟超，〈變法通議〉（一八九六年），在「文集之一」（《飲冰室文集》第一冊），頁四九。
【五】同上注。

甫由異族統治者——清世宗定為齋日。【一】但其繼承者乾隆旋另持異議，認為「誕辰之說，出於二氏，經傳不載。……士不通經，所宜擯斥」。【二】其實，孔誕非但無法與釋、老二氏相比，竟連民俗神祇若觀音、關帝、魯班、嫘祖均無法比擬。【三】而文昌、魁星，民間一向認為是司命、司祿之神，與百姓有切身的關係，相較之下，孔子神格則顯得模糊而遙遠。

又，孔廟拒庶民於「萬仞宮牆」之外，而文昌宮、梓潼廟則是大門敞開，歡迎四方信眾。【四】二者重要的差別可能存於：孔廟作為官方祀典，基本上是國家的宗教，而非個人的宗教（personal religion），而文昌、梓潼卻是道地的民俗信仰。

此外，孔廟祭典的宗教意義之所以受到忽略，與近代的思潮亦息息相關。析言之，清末以來，傳統禮制備受攻擊，因此有心闡發儒家義理者，恆捨「禮」而就「仁」，譚嗣同（一八六五—一八九八年）的《仁學》便是最經典的代表。【五】自此以往，蔚為風潮。民國以來，自詡為新儒家者，從第一代至第三代，幾乎無一例外。因此，「仁學」被奉為近代儒學的圭臬思想。清朝潰亡之後，中華帝國體制遂隨之崩解，作為傳統社會支柱的儒家禮教，更遭受全面的抨擊。禮崩樂壞之後，梁漱溟（一八九三—一九八八年）說的得當：「禮樂是孔教惟一重要的作法，禮樂一亡，就沒有孔教了。」【六】既無外顯的形體（禮），毋怪後起的新儒家只得高揚「心性之學」，朝「仁」的超越層面，尋求內在心靈的寄託，以致當代新儒家只敢高談危微精一的「仁」，而不敢奢言文質彬彬的「禮」；豈非忘記孔子所謂「仁」，需「克己」、「復禮」互濟，方能一日天下歸仁。【七】換言之，徒有精神層面的「仁」，而無有踐行的「禮」，儒家難免成為無所掛搭的遊魂，與現實社會兩不相涉。職是，晚近

【一】參閱龐鍾璐，《文廟祀典考》，卷一，頁一一b—一二a，「雍正五年春二月諭內閣」。

【二】轉引自陳垣，〈孔子誕感言〉，收入陳智超編，《陳垣全集》（合肥：安徽大學出版社，二〇〇九年），第一冊，頁四九。

【三】同上注。

【四】試比較陶希聖，〈梓潼文昌神之社會史的解說〉，《食貨月刊》復刊二卷八期（一九七二年十一月），頁一一—九。

【五】譚嗣同，《仁學》（收入《譚嗣同全集》下冊；北京：中華書局，一九八一年），頁二八九—三七四。

【六】梁漱溟，《東西文化及其哲學》（香港：自由學人社，一九六〇年），第四章，頁一四〇—一四一。

【七】語出《論語．顏淵》。參見朱熹，《論語集注》（收入氏著，《四書章句集注》；北京：中華書局，一九八三年），卷六，「顏淵第十二」，頁一三一：「顏淵問仁。子曰：『克己復禮為仁。一日克己復禮，天下歸仁焉。為仁由己，而由人乎哉？』」

的新儒家復受西方啟示，[一]只顧抉發形上層面的「宗教性」、「精神性」，顧此失彼，其前景委實令人堪憂。

唯一例外的是，西方哲學家芬格列（Herbert Fingarette, *b.* 1921-）孤鳴獨發，在一九七二年發表《即凡作聖》（*Confucius: the Secular as Sacred*），論證「禮」在孔子原始思想的樞紐地位。芬氏鑑於中外的儒學專家往往受近代西方哲學心理主義的影響，過度解釋《論語》的內在主體（主觀）思想。他受奧斯汀（John Langshaw Austin, 1911-1960）「展演言語」（performative utterance）概念的啟示，刻意彰顯「禮」的行為意義，論證「仁」、「禮」乃一體兩面，缺了「禮」，則「仁」無所指。[二]這一提出，在西方漢學界造成極大的論戰，但在東方則寂然罕聞。

毋論芬氏的說詞是否周延無誤，卻也無意中平衡了往昔只向「仁」一端傾斜的儒學。可是新儒家與芬氏固然在義理上有所出入，二者仍然只就儒家經典上「做文章」，卻殊少留意傳統儒教信仰者的實踐層面：這包括了制度面的孔廟祭禮以及信仰者主觀的認知。職是之故，探討「孔廟」作為儒教的祭祀制度，於當前顯得特別迫切。因為作為儒教禮制核心的孔廟，民初以來同受到極大的破壞與蔑視，造成原有的宗教意涵闇暗不明、隱而未發。

歸結地說，個人探究儒教進路，若有任何特點的話，首先係受西哲維根斯坦的啟發，得以擺脫宗教定義的糾纏。【三】這項轉向毋乃是祛除觀念障礙的工作，屬於「破」的成分居多。而所「立」的，則是逕取孔廟作為聖域，以剖析儒教的宗教性格。也就是說，聚焦儒教的空間實踐，而暫擱置經義的爭執，希冀孔廟聖域的探討可充作一把鑰匙，適時解開儒教的宗教之謎。

【一】Peter van der Veer, "Spirituality in Modern Society," in Hent de Vries ed., *Religion: Beyond a Concept*, pp. 789-797.

【二】Herbert Fingarette, *Confucius: The Secular as Sacred*（New York: Harper & Row, 1972）. 奧斯汀的語言分析哲學，則見：J. L. Austin, *How to Do Things with Words*（Cambridge, Massachusetts: Harvard University Press, 1962）。文本根據為一九五五年奧氏在哈佛大學系列的講稿。

【三】《正義論》（*A Theory of Justice*）的作者勞爾思（John Rawls）亦曾自道，他之所以能逐漸發展自己的「公平理論」的原因之一，在於放棄以往分析哲學的討論方式，避免為「字義」的「釐清」糾纏不休。參見 John Rawls, *A Theory of Justice*（Cambridge, Massachusetts.: Belknap Press of Harvard University Press, 1971）, p. Xi。

作者簡介

黃進興，一九七三年臺灣大學歷史系畢業，一九七五年獲該校碩士學位，一九八三年取得美國哈佛大學博士學位。二〇〇八年膺選中央研究院院士，現任職中央研究院歷史語言研究所特聘研究員。著有《哈佛瑣記》、《歷史主義與歷史理論》、《優入聖域：權力、信仰與正當性》、《聖賢與聖徒》、《後現代主義與史學研究：一個批判性的探討》、《從理學到倫理學：清末民初道德意識的轉化》等，其著作或有英文、日文、韓文等譯本。英文著作 *Philosophy, Philology, and Politics in Eighteenth-century China* 由英國劍橋大學出版社刊行。

著述年表

1 《皇帝、儒生與孔廟》，北京：生活．讀書．新知三聯書店，二〇一四年。

2 《從理學到倫理學：清末民初道德意識的轉化》，臺北：允晨文化公司，二〇一三年；北京：中華書局，二〇一四年。

3 《後現代主義與史學研究：一個批判性的探討》，臺北：三民書局，二〇〇六年；北京：生活．讀書．新知三聯書店，二〇〇八年。

4 《聖賢與聖徒》，臺北：允晨文化公司，二〇〇一年；北京：北京大學出版社，二〇〇五年。

5 *Philosophy, Philology, and Politics in Eighteenth-century China: Li Fu and the Lu-Wang School under the Ch'ing*. Cambridge: Cambridge University Press, 1995. Paperback edition, 2002。（中譯本）南京：江蘇教育出版社，二〇一〇年。

6 《優入聖域：權力、信仰與正當性》，臺北：允晨文化公司，一九九四年；西安：陝西師範大學出版社，一九九八年；北京：中華書局，二〇一〇年。

7 《歷史主義與歷史理論》，臺北：允晨文化公司，一九九二年；西安：陝西師範大學出版社，二〇〇二年。

8 《半世紀的奮鬥》，臺北：允晨文化公司，一九八八年；（日譯本）《臺灣の獅子》，東京：講談社，一九九二年；（英譯本）*Business as a Vocation*, Cambridge: Harvard University Press, 2002, second printing, 2003。

9 《哈佛瑣記》，臺北：允晨文化公司，一九八六年；北京：生活．讀書．新知三聯書店，一九九七年；西安：陝西師範大學出版社，一九九八年；北京：中華書局，二〇〇九年；（韓文版）Geulhangari Publishers，2012。